普通高等职业教育“十三五”规划教材

# 国际贸易概论

GUOJIMAOYI GAILUN

主　编：马静敏　唐星汉　黄　艳

副主编：李春霞　陈　玮　闫红珍

王晨曦　刘　超

参　编：朱晓红　曾雪惠



清华大学出版社

北　京

## 内容简介

本书融汇理论界近几年在国际贸易领域的最新研究成果，在体系结构安排和具体内容构思方面立足于21世纪国际贸易领域出现的新变化和新特点，力求使本书既具有较强的知识性和理论深度，又具有较强的现实指导意义和时代特色。全书包括10个项目，分别为认知国际贸易、追溯国际贸易的成因、探究当代国际贸易产生的原因、解析国际贸易政策、认知关税贸易壁垒、认知非关税贸易壁垒、认知鼓励出口措施、区域经济一体化的实践、了解世界贸易组织，以及中国与当代的国际贸易格局分析。

本书适合高职高专院校经济类专业的学生使用，也可供从事国际贸易研究和实践的人员学习、参考。



**图书在版编目(CIP)数据**

国际贸易概论 / 马静敏，唐星汉，黄艳主编. —北京：清华大学出版社，2017(2023.9重印)
(普通高等职业教育“十三五”规划教材)
ISBN 978-7-302-48217-8

Ⅰ.①国… Ⅱ.①马… ②唐… ③黄… Ⅲ.①国际贸易-高等职业教育-教材 Ⅳ.①F74

中国版本图书馆CIP数据核字(2017)第207281号

**责任编辑**：刘志彬
**封面设计**：汉风唐韵
**责任校对**：王凤芝
**责任印制**：刘海龙

**出版发行**：清华大学出版社
网　　址：http：//www. tup. com. cn，http：//www. wqbook. com
地　　址：北京清华大学学研大厦A座　　邮　　编：100084
社 总 机：010-83470000　　邮　　购：010-62786544
投稿与读者服务：010-62776969，c-service@tup. tsinghua. edu. cn
质量反馈：010-62772015，zhiliang@tup. tsinghua. edu. cn
**印 装 者**：三河市人民印务有限公司
**经　　销**：全国新华书店
**开　　本**：185mm×260mm　　**印　　张**：14.25　　**字　　数**：305千字
**版　　次**：2017年8月第1版　　**印　　次**：2023年9月第6次印刷
**定　　价**：39.80元

---

产品编号：075458-01

# 前　言

在全球贸易格局越来越复杂的情况下，2015 年我国的货物贸易进出口依然稳居世界第一，国际市场份额进一步扩大，贸易结构持续优化，质量效益继续提高。中国与世界各国之间的相互依存关系将越来越密切。

国际贸易学是伴随着国际贸易实践的发展而逐渐发展起来的，而且随着时代的发展需要被不断注入新的内涵。为了充分体现国际贸易现象的变化，我们在参阅大量国际贸易最新论著和广泛参考国内外国际贸易理论与政策教材的基础上，结合多年国际贸易教学的实践，编写了这本《国际贸易概论》教材，供经济类专业学生和从事国际贸易研究和实践的人员学习、参考。

本书试图融汇理论界近几年在国际贸易领域的最新研究成果，在体系结构安排和具体内容构思方面立足于 21 世纪国际贸易领域出现的新变化和新特点，力求使本书既具有较强的知识性和理论深度，又具有较强的现实指导意义和时代特色。

本书具有以下特点。

1. 各项目的设置充分考虑贸易理论的应用及贸易理论的结构体系，从而使各项目之间具有更强的关联性，各项目内容层层递进，逻辑清晰。

2. 本书文字通俗易懂，在解释贸易理论及政策的时候，较多地使用了经济学的分析工具，对贸易理论分析得更透彻。

3. 本书注重理论的实践应用，通过导入案例、知识链接、任务互动、拓展阅读等帮助学生运用理论知识分析和解读贸易政策，透过贸易现象看到本质。

4. 本书在每个项目的开篇都明确了知识目标和能力目标，可以很好地指导学生进行有针对性的学习，每个项目结束都附有思考与实训，其设置具有很强的实践性和应用性，便于学生加深对问题的理解，以培养学生独立思考问题的能力以及对现实问题的分析与解决能力。

本书由惠州城市职业学院马静敏、浙江农业商贸职业学院唐星汉和惠州城市职业学院黄艳任主编，惠州城市职业学院李春霞、陈玮，开封大学闫红珍，河南中医药大学王晨曦和安徽商贸职业技术学院刘超任副主编，惠州城市职业学院朱晓红和曾雪惠参与编写。在编写过程中，我们参阅了大量的国内外有关国际经济学和国际贸易方面的经典著作及文献资料，吸收了很多国内外理论界专家、学者真知灼见的研究成果，在此向他们一并表示衷心的感谢。

由于编者水平所限，本书难免存在疏漏和失当之处，恳请读者批评指正。

编　者

# 目　录


## 项目一　认知国际贸易　1

学习目标 …… 1
任务一　国际贸易概述 …… 1
任务二　国际贸易基本概念 …… 9
任务三　国际贸易基本分类 …… 15
思考与实训 …… 22

## 项目二　追溯国际贸易的成因　23

学习目标 …… 23
任务一　重商主义 …… 23
任务二　绝对优势理论 …… 29
任务三　比较优势理论 …… 37
任务四　要素禀赋理论 …… 46
任务五　里昂惕夫之谜 …… 53
思考与实训 …… 57

## 项目三　探究当代国际贸易产生的原因　60

学习目标 …… 60
任务一　规模经济贸易理论 …… 61
任务二　产业内贸易理论 …… 65
任务三　技术差距理论 …… 68
任务四　产品生命周期理论 …… 71
任务五　需求偏好相似理论 …… 74
任务六　国家竞争优势理论 …… 77
思考与实训 …… 81

## 项目四　解析国际贸易政策　82

学习目标 …… 82
任务一　国际贸易政策概述 …… 83

任务二　自由贸易政策 …… 85
任务三　保护贸易政策 …… 88
思考与实训 …… 94

**项目五　认知关税贸易壁垒　95**

学习目标 …… 95
任务一　关税的概念及分类 …… 96
任务二　关税的经济效应 …… 107
任务三　关税水平与保护程度 …… 111
思考与实训 …… 115

**项目六　认知非关税贸易壁垒　117**

学习目标 …… 117
任务一　非关税壁垒的特点和作用 …… 117
任务二　非关税壁垒的种类 …… 121
任务三　非关税壁垒的经济效益 …… 127
思考与实训 …… 133

**项目七　认知鼓励出口措施　135**

学习目标 …… 135
任务一　鼓励出口措施的种类 …… 136
任务二　鼓励出口措施的经济效益 …… 146
思考与实训 …… 147

**项目八　区域经济一体化的实践　149**

学习目标 …… 149
任务一　区域经济一体化概述 …… 150
任务二　区域经济一体化分析 …… 154
任务三　相关的实践合作区域 …… 161
思考与实训 …… 168

**项目九　了解世界贸易组织　170**

学习目标 …… 170
任务一　关贸总协定 …… 170
任务二　世界贸易组织概述 …… 173
任务三　世界贸易组织原则 …… 177
任务四　中国与世界贸易组织 …… 181

思考与实训 …… 187

## 项目十 中国与当代的世界贸易格局分析 189

学习目标 …… 189
任务一 我国贸易发展状况 …… 190
任务二 “一带一路”对世界贸易的影响 …… 198
任务三 国际贸易发展的新动向 …… 206
思考与实训 …… 213

参考文献 …… 215

# 1 项目一 认知国际贸易

## 学习目标

**知识目标**

⊙了解国际贸易的产生与发展。

⊙掌握国际贸易的基本概念。

⊙掌握国际贸易的基本分类。

**能力目标**

⊙能够利用国际贸易的基本概念解读一国的贸易数据和贸易现象。

⊙能够描述一国的贸易发展概况。

国际贸易是一个历史范畴，它是在一定历史条件下产生和发展起来的。随着国际分工格局的日益变化，我国的贸易规模不断扩大，并逐渐成为世界具有重大影响力的贸易大国。本项目主要介绍国际贸易的产生与发展、国际贸易的基本概念和分类，使学生对国际贸易有个初步的了解，为后续学习打好基础。

## 任务一 国际贸易概述

### 导入案例

出使西域的张骞

公元前138年，张骞奉命率人前往西域，寻找并联络曾被匈奴赶跑的大月氏，合力进击匈奴。张骞一行从长安起程，经陇西向西行进。他们来到河西走廊一带后，被占据此地的匈奴骑兵发现，张骞和随从一百多人全部被俘。

整整过了11个春秋，张骞才乘机和他的贴身随从一起逃走，离开匈奴地盘，继续向西行进。历尽千辛万苦，终于越过沙漠、戈壁，翻过冰冻雪封的葱岭(今帕米尔高原)，来到了大宛国(今费尔干纳)。国王热情地接见了张骞，并帮助他先后到了康居(今撒马尔罕)、大月氏、大夏等地。但大月氏在阿姆河游安居乐业，不愿再东进和匈奴作战。张骞未能完成与大月氏结盟夹击匈奴的使命，却获得了大量有关西域各国的人文地理知识。

张骞在东归返回的途中，再次被匈奴抓获，后又设计逃出，于13年后回到长安。这次出使西域，使生活在中原内地的人们了解到西域的实况，激发了汉武帝“拓边”的雄心，发动了一系列抗击匈奴的战争。

公元前119年，汉王朝为了进一步联络乌孙，断“匈奴右臂”，便派张骞再次出使西域。这次，张骞带了三百多人，顺利地到达了乌孙，并派副使访问了康居、大宛、大月氏、大夏、安息(今伊朗)、身毒(今印度)等国家。但由于乌孙内乱，也未能实现结盟的目的。汉武帝派名将霍去病带重兵攻击匈奴，消灭了盘踞河西走廊和漠北的匈奴，建立了河西四郡和两关，开通了丝绸之路。

张骞不畏艰险，两次出使西域，沟通了亚洲内陆交通要道，与西欧诸国正式开始了友好往来，促进了东西经济文化的广泛交流，开拓了丝绸之路，完全可称为中国走向世界的第一人。

资料来源：丝绸之路的故事. 百度知道.

**思考：**什么是“一带一路”?

## 一、国际贸易的概念

国际贸易(international trade)又称世界贸易(world trade)，泛指世界各国(或地区)之间所进行的以货币为媒介的商品交换活动。狭义的国际贸易，主要指有形商品(货物)的国际交换活动；广义的国际贸易除指有形商品外，还包含无形商品，如劳务、技术、咨询等的交换。

对外贸易(foreign trade)又称国外贸易(external trade)或进出口贸易，指国际贸易活动中的一国(或地区)同其他国家(或地区)所进行的商品、劳务、技术等的交换活动。这是立足于一个国家(或地区)去看待它与其他国家(或地区)的商品与劳务的贸易活动。某些海岛国家(如英国、日本等国)和某些海岛地区(如我国台湾地区等)的对外贸易则称为海外贸易(oversea trade)。

国际贸易与对外贸易的观察视角不同，前者是从国际或世界的角度出发，而后者则是从国家(或地区)角度出发的。

国际贸易相对于国内贸易而言，由于国际贸易属于跨国交易，因此交易环境、交易条件、贸易方法等都相对错综复杂。国际贸易的中间环节较多、需要办理的手续比国内贸易烦琐，国际贸易风险较大，具有不稳定性和难以预知性，国际市场竞争相对较激烈。

## 拓展阅读

### 义乌 30 年：小商品成就大市场

2012 年在种种不平凡中匆匆走过。2012 年，全球经济迎来了最为错综复杂的一段时期：美国、日本等国相继改选，地缘政治风险有增无减，全球利率依然走低，各大经济体及机构重新预测未来全球经济走势……各种事件时刻改变着市场对未来经济增长的预期。

然而，面对金融危机导致的全球经济不振的大背景，在出口形势并不乐观的 2012 年，被誉为“小商品之都”的浙江义乌市，却演绎了逆市而上的精彩。据杭州海关统计显示，2012 年 1—9 月，义乌市实现外贸进出口总值 44.5 亿美元，同比增长 53.6%。2013 年，义乌小商品城的运营模式是否能将“义乌速度”保持下去呢？

1. 逆市增长背后的嬗变

30 年前，浙江义乌正式开放水泥板铺设的露天市场——稠城镇小百货市场；30 年后，义乌一跃成为全球最大的小商品批发市场，演绎了“华夏第一市”的传奇。30 年间，义乌上演着“无中生有、有中生奇、无奇不有”的发展奇迹，实现了华丽转身。30 年前，义乌小商品城诞生，从闻名中国的小商品市场，到“世界小商品之都”，义乌的成长有目共睹，而它的发展之路也正是中国深化国际贸易改革历程的缩影。

欧债危机和美国经济下滑使全球外贸市场笼罩着一片阴霾，这也给重度依赖外贸的义乌经济带来了压力。在此背景下，义乌出口仍能保持增长。北京大学中国金融研究中心证券研究所所长吕随启在接受本报记者采访时表示，正是凭借适销对路产品和对新兴市场的开拓，义乌实现了出口的逆市增长。

“义乌销售多种生活必需品，这些商品即使遭遇再严重的经济危机，依然是不可或缺的，国外消费者也不例外。”吕随启告诉记者，“当经济环境不好时，消费者会关注价格更低廉的商品，这一点对于义乌出口来说是有利的。”

义乌海关表示，外部需求疲软，使义乌市外贸维持高速增长面临较大的压力，但也暗藏商机。此次金融危机将外需从以高端消费品为主逐渐转移至以低端消费品为主，这对一直以来以出口服装、纺织制品等产品为主的义乌而言是一种利好。

正如业内人士所言，在经济环境不佳的状况下，义乌外贸发挥着“船小好调头”的优势，寻找到另一种出路。不论是出口国家的转变，还是出口商品的变化，凭着敏锐的嗅觉，义乌不断寻找着新的商机。

义乌拉链业龙头企业浙江鑫鸿拉链有限公司总经理吴锦明认为，日用商品类“中国制造”越来越被国际市场认可。“我们通过这些年的引进、吸收、消化，技术逐渐成熟，产品质量已经达到相当的水准，跟欧洲企业相比，有性价比优势。”吴锦明说。

2. 节令和政策助力出口

美国人过圣诞所用的 10 棵圣诞树中，有 6 棵产自义乌。2011 年，美国市场 70%、欧洲市场 40%以上的圣诞用品都来自义乌。除了圣诞商品，义乌 4 000 多个种类 170 多万种商品每天吸引着来自世界各地的采购商，商品出口国家及辐射地区达215个。义乌的进出口贸易额占全市GDP的65%以上。

“经济不景气，消费者仍有强烈的消费欲望，只是消费者会更倾向于购买低端商品。而义乌外贸出口产品一直以服装、纺织制品等低端劳动密集型产品为主，且属于易耗生活必需品，刚需大，因此义乌出口未受影响。”吕随启告诉记者，“而像欧洲杯、奥运会等大赛事以及圣诞节采购则对义乌小商品出口有明显的刺激作用。”

在义乌前三季度出口数据中，9月份的表现颇为亮眼。“9月份单月的进出口值占前三季度的35%，出口值呈爆发式增长。”义乌海关工作人员介绍。2012年9月，义乌市外贸进出口总值15.6亿美元，同比增长2.9倍，月度进出口值创年内新高；其中，出口15.2亿美元，同比增长3.2倍。

据业内人士表示，义乌小商品出口超常增长主要是受多重因素影响。一方面和圣诞用品采购旺季有关，2012年1—9月，经义乌海关出口的圣诞用品总值达1.33亿美元，每年的第三季度是义乌圣诞用品出口高峰期，9月出口值达5 365万美元。另一方面，第三季度开始，尤其是9月，各级政府出台的促外贸稳增长政策开始显现效果。义乌多部门合力开展的“市场采购”贸易方式、海关推行的分类通关、“义乌——舟山新区直通车”等政策推动义乌出口快速增长。

3. 新兴市场快速崛起

一直以来，欧盟都是义乌第一大出口市场，但由于欧债危机的影响，2012年以来，这一市场出口增势趋缓。尽管欧盟市场的出口状况不尽如人意，但2012年上半年，印度、阿联酋等国出口增势明显。第三季度开始，巴西、印度市场异军突起，出口快速增长。据国家商务部统计，目前，中国已成为巴西最大进口国。

从中国海关相关数据可以看出，2012年1—9月，义乌对阿联酋、巴西和印度分别出口2.1亿美元、1.6亿美元、1.5亿美元，同比分别增长了55.7%、58.3%、92.3%；欧盟及美国同比仅增长20.9%、24.4%。

据义乌市场商户和部分外贸企业反映，国际经济形势依然严峻，欧美市场需求疲软，订单大幅下滑，迫使他们将目光瞄向巴西、印度、俄罗斯等金砖国家。

4. 遭遇老赖应反思

受全球经济环境不佳的影响，义乌小商品城的商户们遭遇国外客户欠账、赊账、跑单已经不是什么新鲜的事，由于年底是集中结账期，这类事情更加频繁。

对于外商欠货款跑路的事件，中国小商品城商会副主任、义乌市双童进出口有限公司董事长楼仲平表示，这或许不是一件坏事，“除了与商户自身有着很大的关系外，还和市场的不规范有关。这需要市场、商户和当地政府反思自身的不足之处，只有市场规范了，外商才没有空子可钻”。

5. 义乌模式可以模仿但无法复制

义乌小商品城模式获得成功，越来越多的地方开始效仿，于是遍地开花的小商品城就如雨后春笋般地出现了。各地小商品城的出现，让此模式受到了严峻挑战。

楼仲平在接受记者采访时表示，义乌小商品城之所以成功，靠的不仅仅是硬实力，更重要的是软实力。“在过去的30年里，义乌小商品城积累的物流、客户等资源都是其得以发展壮大的核心所在，同时也与天时地利人和分不开，该地具备其他地方没有的优势。”楼仲平说，“小商品城经历了从无到有，从启蒙到成熟，从无序到有序的各个阶段，在今天看来，这些都不是一蹴而就的。”他认为，义乌小商品城模式可以被模仿，但无法被复制。

的确，义乌具备多种优势。首先是先发优势，义乌小商品城模式诞生于中国紧缩经济时期的1982年，由于价廉物美、品种丰富吸引中外众多商家入驻，汇聚16大类9 105子类商品，从小商品到生产资料等应有尽有。2005年，联合国、世界银行等机构发布报告称，义乌是全球最大的小商品市场。其次是低成本优势，这取决于当地产业链、物流通关配套设施的完善。最后是义乌小商品本身的品牌优势。作为小商品体验之都，义乌具有与大型电子商务公司合作的本钱，赶上了电子商务快车。2012年7月，义乌小商品城与阿里巴巴签订合作框架协议，一方提供体验、生产、配送基地与庞大的客户，另一方提供电子平台，双方开始进行传统商务与电子商务大规模合作的尝试。

“义乌小商品城走到今天，会有越来越多的老经营者慢慢退出，取而代之的将是优秀、规范的新经营者，如果重复10多年前的经营方式肯定是不可行的。”楼仲平说，“未来，小商品城毫无疑问会随着时代的变化而提升。”

资料来源：义乌30年：小商品成就大市场. 新浪财经.

## 二、国际贸易的产生

国际贸易的产生必须具备两个基本条件：一是有剩余的产品可以作为商品进行交换；二是商品交换要在各自为政的社会实体之间进行。因此，从根本上说，社会生产力的发展和社会分工的扩大，是国际贸易产生和发展的基础。

在原始社会初期，人类处于自然分工状态，生产力水平极度低下，人们只能在集体劳动的基础上获得有限的生活资料，并在公社成员之间进行平均分配，维持自身生存的需要。因此，这一时期既没有私有制，也没有阶级和国家，当然也就没有国际贸易。

人类历史上第一次社会大分工，推动了社会生产力的发展，开始有了少量剩余产品，于是在氏族公社之间、部落之间出现了剩余产品的交换。这是最早的、原始的、偶然的物物交换。

人类历史上第二次社会大分工，进一步推动了社会生产力的发展。手工业出现以后，逐渐产生了直接以交换为目的的商品生产，商品生产和商品交换不断扩大，产生了货币，商品交换逐渐变成了以货币为媒介的商品流通，随着商品货币关系的发展，出现了专门从事贸易的商人。

人类历史上第三次社会大分工，出现了一个只从事商品交换的群体。随着生产力的发展，商品生产和商品交换活动更加频繁、广泛地发展起来，加速了私有制的产生，阶级和国家相继产生。在这个时期，商品交换开始超越国界，对外贸易开始产生。

## 三、奴隶社会和封建社会的对外贸易

在奴隶社会初期，随着商品交换的发展和国家的形成，商品交换开始超越国界，产生了对外贸易。奴隶社会的生产方式是自然经济占统治地位，商品生产在整个社会生产中所占的比重很小，进入交换领域中的商品极其有限，商品品种不多，对外贸易的范围也受到生产技术和交通运输等条件的限制。

封建社会的经济虽然也是自然经济，但到了封建社会晚期，随着城市手工业的发展，商品经济和对外贸易都相应迅速地发展，商品种类有所增加，贸易范围不断扩大，促进了各国之间的经济往来及文化技术的交流。在封建社会时期，国际贸易中心已经出现，早期位于地中海东部，后来其范围逐渐扩大到地中海、北海、波罗的海和黑海沿岸。然而，在奴隶社会和封建社会，国际贸易在社会经济中都不占主要地位。

## 四、资本主义社会国际贸易的广泛发展

国际贸易真正获得巨大的发展，是在资本主义生产形成和发展时期。在资本主义生产方式下，生产力不断提高，商品种类日益繁多，国际贸易活动范围遍及全球，促使国际贸易成为资本主义扩大再生产的重要组成部分。

### (一) 资本主义生产方式准备时期的国际贸易

资本主义生产方式准备时期(16—18 世纪中叶)是资本主义原始积累和工场手工业发展的时期。在这个时期，由于工场手工业的广泛发展，劳动生产率得到了提高，商品生产和商品交换也发展起来，促进了国际贸易的发展。这一时期的国际贸易明显地反映出资本原始积累的一些特征，特别是欧洲国家提高暴力、掠夺、欺骗等方式，扩大了对殖民地的贸易，宗主国从中攫取了巨额利润。

不过，整体来说，由于在这一时期资本主义机器大工业尚未建立，通信、交通工具尚不完善，所以，这一时期的国际贸易的范围、商品品种和贸易额等，还是受到了一定的限制。

### (二) 资本主义自由竞争时期的国际贸易

资本主义自由竞争时期(18 世纪后期—19 世纪中叶)是资本主义生产方式得到确立的时期。欧洲国家先后爆发的工业革命和资产阶级革命，推动了资本主义机器大工业的建立。生产力迅速发展，物质产品更为丰富，真正的国际分工开始形成，交通运输和通信联络手段也有突飞猛进的发展。真正意义上的世界市场建立起来了，国际贸易有了巨大的发展。不仅贸易额空前迅猛增长，而且商品的种类越来越多，商品结构不断变化，贸易方式也有所进步，各种信贷关系随之发展起来，同时，经营国际贸易的组织机构纷纷建立并日益专业化，国家之间的贸易条约关系也逐渐发展起来。

### (三) 资本主义垄断时期的国际贸易

资本主义垄断时期(19 世纪末 20 世纪初)是各主要资本主义国家从自由竞争时期过渡到垄断资本主义时期，国际贸易发生了重大变化，而且明显带有垄断特点。在国际贸易中，垄断组织通过垄断价格，不断扩大不等价交换，把资本输出和商品输出结合起来，加

重了对殖民地附属国的掠夺，使国际贸易成为垄断组织追求最大利润的重要手段，资本主义的世界经济体系由此形成。帝国主义国家之间的矛盾日益加剧，重新瓜分世界市场的斗争更趋尖锐化，并引起了第二次世界大战的爆发。第二次世界大战后，科学技术的革命进一步促进了国际贸易的发展，使国际贸易的地位得到了进一步提高。

## 五、“二战”结束后，全球贸易的格局

第二次世界大战后，苏联、中国等一些国家相继建立了社会主义制度，许多发展中国家纷纷走上了民族独立的道路。多种社会制度共存的基本事实，打破了资本主义生产方式在国际经济关系中占绝对统治地位的格局。随着民族经济的发展，广大发展中国家在世界经济中的地位不断提高，国家之间分工不断深化，经济合作不断加强，国际贸易不断发展。

虽然“二战”后世界政治与经济的发展经历了曲折的道路，然而和平与发展已成为当今时代的两大主题。在科学技术革命的影响下，生产国际化趋势越来越突出，这是国际贸易不断发展的强大动力。同时，不同社会制度在竞争的大前提下，东西关系、南北关系也日益趋向缓和，各种类型的国家都有必要，也有可能更多地参与国际分工和国际协作，这也必然促进国际贸易的发展。进入 21 世纪，国际贸易必将在其自身发展的同时，对世界政治、经济的发展产生越来越大的影响。

## 六、电子商务迅猛发展时代，高速发展的国际贸易

电子商务的蓬勃发展，为外贸企业注入了强大的活力，使国际贸易呈现蓬勃发展的态势。1950—2000 年的 50 年间，全世界的商品出口总值从约 610 亿美元增加到 61 328 亿美元，增长了约 100 倍。即使扣除通货膨胀因素，实际商品出口值也增长了约 15 倍，远远超过了工业革命后乃至历史上任何一个时期的国际贸易增长速度。

20 世纪四五十年代，以微电子技术为基础的计算机技术与光纤通信技术结合，使人类进入一个前所未有的高效时代。20 世纪 70 年代，电子数据变换技术使人们开始尝试在不同的计算机之间进行商业数据的自动交换。随后，随着宽带技术的普及与网络安全技术的更新，电子商务逐渐成为近年来在全球广泛应用的一种新型商务模式。依托 Internet(因特网)、Intranet(企业内部网)和 Extranet(企业外部网)，电子商务诞生后，电子单证、网络传输、网络营销、网上谈判逐渐取代传真、信函、电话，以及面对面谈判等传统的费时、费钱的国际贸易交易方式。人们借助先进的电子网络技术，建立电子数据信息系统和电子交易系统，通过互联网企业更好地掌握国际市场行情和交易动态，减少人为因素和信息不畅通问题，最大限度地了解交易信息，降低交易成本。电子商务还降低了商务文件传输成本，提高了文件处理效率。据统计，电子数据交换使文件成本降低 44%，文件处理成本降低 38%，由于错误信息造成的商贸损失减少 40%，市场竞争能力则提高 34%。

**拓展阅读**

### 跨境电商帮企业走出国门

“双 11”已变为电商行业的集体狂欢，“全球化”已经为关键词。2016 年“双 11”，网红

经济和跨境电商成为这一“电商狂欢节”的两大看点。

跨境电商在2016年里风起云涌，跨境电商大潮之下，各大电商都在寻求更好的发展机遇。数据显示，在进出口行业经济增速放缓的情况下，跨境电商的交易额始终保持着高速增长。据阿里研究院一份报告，预计到2020年，中国跨境电商交易规模将达12万亿元，占中国进出口总额的约37.6%。

在经济全球化趋势下，随着网络普及率提升，物流水平进步，网络支付环境进一步改善，跨境电商将会越来越普遍。业内人士指出，通过跨境电商这一平台，企业省去不少中间环节，节约交易成本，缩短交易时间，为我国企业创建品牌、提升品牌的知名度提供了有效的途径，将成为推动我国经济升级的重要新生力量。

1. 外贸进出口的新增长点

“我们主要通过电商平台，来运营出口业务。电商平台具有很强的专业性，不仅能帮助解决出口、退税等问题，还能通过这个平台找到更多的合作伙伴，对接全球订单。”漳州一家食品加工企业负责人说。

当前世界贸易增速趋于收敛，为开拓市场、提高效益，越来越多的商家开始着力于减少流通环节、降低流通成本、拉近与国外消费者距离，而跨境电子商务正为此提供了有利的渠道。

据了解，在进出口行业增速放缓的情况下，跨境电商却异军突起，保持着很高的增速。来自福建跨境通电子商务有限公司的数据显示，自平潭跨境电商进口业务开启以来，截至9月4日，平潭跨境电商业务累计入境货物货值6 012万元，累计放行出区货物货值达5 008万元，出区总票数11万余票。值得一提的是，在2016年3月底时，跨境电商累计放行出区货物货值才3 000万元，如今不到半年时间，就增长了2 000多万元。

跨境电商的兴起，也让一些一度走入瓶颈的传统企业找到了新的销售渠道。茶花现代家居用品股份有限公司是福州一家著名的日用塑料制品企业，长期以来一直以内销为主。2015年开始，通过跨境电商的平台，将产品销往了美国、沙特、新加坡等国家。

投身跨境电商的企业获得的发展，被越来越多的同行看在眼里，很多外贸企业专门成立了跨境电商团队。“传统外贸已经很难做了，特别是大订单、长订单锐减。如果按传统方法去做小订单，根本赚不到钱。”福州一家外贸企业负责人告诉记者，跨境电商跳开了中间贸易商，直接与海外消费者对接，让小订单也有了利润。

数据显示，目前福州已有近600家外向型企业自建或借助国内外知名平台开展跨境电商交易。

2. 助力产业升级

“通过跨境电商，业绩有了较好的回升。”福州一家工艺品出口企业负责人方春敏告诉记者，企业生产木制品，产品销往欧美国家。从2013年开始，受国际环境影响，公司业绩持续下降，没想到通过跨境电商企业有了很好的发展前景。

“要打开销路，就得了解国外的消费方式，另一方面也要求我们把产品做得更精细。”泉州一家食品加工厂负责人说，对于福建各类外贸企业，跨境电商带来的不仅仅是便利，更是企业转型升级的好契机。

“跨境电商绕过发达国家的贸易壁垒和渠道优势，直接面对国外消费者，掌握大量消费者数据，为中国制造业的品牌塑造、产业升级提供了机会。”福建纵腾网络有限公司副总经理李聪说。

福建省商务厅相关负责人表示，在当下外贸形势复杂严峻、下行压力不断加大的态势下，转型升级是许多传统外贸企业面对的问题，而跨境电商则成为这些企业的一个很好的选择。

在福州闽侯县，有工艺品出口企业300多家，但近几年受到国际市场的影响，不少企业陷入困境。2016年以来，他们转变思路，通过跨境电商销售平台进行零售，都有了回暖迹象。

跨境电商还为一些传统代工企业转型升级带来契机。莆田市有不少国外品牌鞋代工企业，虽然有实力，但没有自己的品牌，长期只能赚取微薄的利润。“通过跨境电商，我们找到了平台，在网络上树起自己的品牌，做了宣传。”莆田一家代工企业负责人说。

9月13日，福建省商务厅副厅长刘德培在出席“2016福建跨境电商峰会”时也提到，福建省不断加大对互联网新业态的支持力度，把跨境电商作为促进外贸发展的重要抓手，发挥跨境电商对传统外贸企业的转型升级作用，助力闽企开拓国际市场。

3. 站在未来的视角

业内人士指出，随着物流配套的持续升级尤其是海外仓模式的兴起，出口电商在品类与区域扩张上正在加快。而整个支付体系的进一步打通，也有助于跨境购物的便利化与安全化，将促进跨境支付业务迎来实质性发展。

在跨境电商发展的同时，由于各国家地区法律法规、质量标准、消费习惯等存在差异，不少初涉境外市场的传统企业也遭遇了种种“水土不服”。

在中国电子商务研究中心网络零售部主任、高级分析师莫岱青看来，随着跨境电商的发展，消费市场呈现普及化的特点，消费者的需求从标品爆款走向个性化、差异化。

这也意味着，消费者对跨境电商服务有着新期待：一是要有更强的正品货源保障能力；二是有更好的物流速递服务；三是货源的丰富性。业内人士认为，跨境电商行业已经发展成一个相对成熟的行业，跨境电商更需要用更加多元化的产品、优质的服务来赢得市场机会。

资料来源：跨境电商帮企业走出国门. 网易新闻.

## 任务二 国际贸易基本概念

### 导入案例

甲国家统计局公布的2014年国民经济和社会发展统计公报显示，2014年度该国GDP达98 987亿元。在对外贸易方面，由于国家采取了包括提高出口退税在内的一系列鼓励出口的政策，该国外贸出口转降为升。全年进出口总额达到5 113亿美元。其中：出口总额 2 662 亿美元，进口总额 2 436 亿美元，在全年出口中，纺织品出口达 1 188 亿美元，机电产品出口达 987 亿美元，农产品出口达 487 亿美元。从出口地区看，全年对 A 国出口占 543 亿美元，对 B 地区出口 465 亿美元，对 C 国出口 184 亿美元，对 D 国出口 125 亿美元，对 E 国出口 27 亿美元。

根据上述资料，结合所学内容，对甲国 2014 年的对外贸易发展概况做简要分析。

1. 对外贸易额与贸易差额。

2. 对外贸易商品结构。

3. 对外贸易地理方向。

4. 对外贸易系数。

资料来源：上海商学院国际贸易精品课程网站.

## 一、国际贸易额与对外贸易额

国际贸易额(value of internationa trade)又称国际贸易值，是用货币表示的反映一定时期内世界贸易规模的对外贸易总额，它能反映某一时期内的贸易总金额。

对外贸易额(value of foreign trade)又称对外贸易值，是由一国或地区一定时期进口总额(货物与或服务)与出口总额(货物与或服务)构成，是反映一国对外贸易规模的重要指标之一，一般采用国际上通行的货币表示。联合国编制和发表的世界各国对外贸易额的数字是以美元表示的，中国商务部公布的中国对外贸易额统计数字也以美元表示。

把世界上所有国家的进口总额或出口总额用同一种货币换算后加在一起，即得到世界进口总额或世界出口总额。就国际贸易而言，一国的出口就是另一国的进口，如果把各国所有进出口值相加作为国际贸易总值会造成重复计算。因此，一般的做法是把各国的出口值相加，作为国际贸易总值。由于各国一般按 FOB 价格(即启运港船上交货价，只计成本，不包括运费和保险费)计算出口额，按 CIF 价格(即成本加保险费、运费)计算进口额，因此世界出口总额略小于世界进口总额。

**任务互动：**据海关统计，按美元计，2014 年我国进出口总值 4.3 万亿美元，其中出口 2.34 万亿美元，进口 1.96 万亿美元。贸易顺差 3 824.6 亿美元。请讨论 2014 年我国的对外贸易额是多少？

## 二、国际贸易商品结构与对外贸易商品结构

国际贸易商品结构(international trade by commodities)，是指一定时期内各大类商品或某种商品在整个国际贸易中所占的比例，它用各类或某种商品的贸易额与国际贸易额之比重来表示。

对外贸易商品结构(foreign trade by commodities)，是指一个国家或地区在一定时期内各种类别的商品在整个国际贸易额中所占的比重，通常以它们在世界出口总额或进口总额中的比重来表示。一个国家的对外贸易商品结构，主要由该国的经济发展水平、产业结构状况、自然资源状况、科技发展水平和贸易政策等决定。研究对外贸易商品结构，通常

看初级产品和工业制成品两大类分别占世界贸易额的比重。

发达国家对外贸易商品结构的特征是以进口初级产品，出口工业制成品为主；发展中国家的对外贸易商品结构的特征则是以出口初级产品，进口工业制成品为主。

**任务互动：**2014 年，我国工业制成品占出口总额的 95.2%。装备制造业成为出口的重要增长点，铁路机车、通信设备出口增速均超过 10%。七大类劳动密集型产品出口 4 851亿美元，增长 5%。生物技术产品、航空航天技术产品、计算机集成制造技术产品等高新技术产品进口增速均在 15%以上。请讨论 2014 年我国的对外贸易商品结构有怎样的特征？

## 三、国际贸易地理方向与对外贸易地理方向

国际贸易地理方向(international trade by region)亦称国际贸易地区分布，用以表明世界各洲、各国或各个区域集团在国际贸易中所占的地位。计算各国在国际贸易中的比重，既可以计算各国的进、出口额在世界进、出口总额中的比重，也可以计算各国的进出口总额在国际贸易总额(世界进出口总额)中的比重。

对外贸易地理方向(direction of foreign trade)，是指一定时期内世界上一些国家或地区的商品在某一国对外贸易中所占的地位，通常以它们在该国进出口总额或进口总额、出口总额中的比重来表示。对外贸易地理方向指明一国出口商品的去向和进口商品的来源，从而反映一国与其他国家或区域集团之间经济贸易联系的程度。

**任务互动：**讨论一国对外贸易地理方向是集中好还是分散好？

## 四、贸易差额

贸易差额(balance of trade，BOT)是一国在一定时期内(如一年、半年、一季、一月)出口总值与进口总值之间的差额。当出口总值与进口总值相等时，称为“贸易平衡”。当出口总值大于进口总值时，出现贸易盈余，称“贸易顺差”或“出超”。当进口总值大于出口总值时，出现贸易赤字，称“贸易逆差”或“入超”。通常，贸易顺差以正数表示，贸易逆差以负数表示。一国的进出口贸易收支是其国际收支中经常项目的重要组成部分，是影响一个国家国际收支的重要因素。

**任务互动：**2013 年，某国的出口总值是 2 000 亿美元，进口总值是 2 200 亿美元，请计算该国当年的贸易差额。想一想，长期贸易顺差对一国是否有利？

## 五、对外贸易依存度

对外贸易依存度(foreign dependence degree)又称对外贸易系数(传统的对外贸易系数)，是指一国的进出口总额占该国国民生产总值或国内生产总值的比重。其中，进口总额占 GNP 或 GDP 的比重称为进口依存度，出口总额占 GNP 或 GDP 的比重称为出口依存度。对外贸易依存度反映一国对国际市场的依赖程度，是衡量一国对外开放程度的重要指标。

一般来讲，在同等条件下，发达国家比发展中国家的对外贸易依存度要高一些，小国比大国的对外贸易依存度要高一些。

**任务互动：**某国某年的国内生产总值(GDP)为5 000亿美元，贸易出口额为200亿美元，贸易进口额为115亿美元。计算该国当年的对外贸易依存度。(计算结果精确到1%)

**知识链接**

**GDP和GNP**

国内生产总值(gross domestic product，GDP)是指在一定时期内(一个季度或一年)，一个国家或地区的经济中所生产出的全部最终产品和劳务的价值，常被公认为衡量国家经济状况的最佳指标。它不但可反映一个国家的经济表现，还可以反映一国的国力与财富。2012年1月，国家统计局公布2011年重要经济数据，其中GDP增长9.2%，基本符合预期。2012年3月，温家宝总理做政府工作报告时提出，2012年国内生产总值预期增长7.5%。是中国GDP预期增长目标八年来首次低于8%。

国民生产总值(gross national product，GNP)是最重要的宏观经济指标，是指一个国家地区的国民经济在一定时期(一般一年)内以货币表现的全部最终产品(含货物和服务)价值的总和。它是一国所拥有的生产要素所生产的最终产品价值，是一个国民概念。与国内生产总值不同，国内生产总值是在一国范围内生产的最终产品的价值，是一个地域概念。具体来讲，国民生产总值中有一部分是本国拥有的生产要素在国外生产的最终产品价值。

美国经济学家萨缪尔森认为，GDP是20世纪最伟大的发明之一。他将GDP比作描述天气的卫星云图，能够提供经济状况的完整图像，能够帮助领导者判断经济是在萎缩还是在膨胀，是需要刺激还是需要控制，是处于严重衰退还是处于通胀威胁之中。如果没有像GDP这样的总量指标，政策制定者就会陷入杂乱无章的数字海洋而不知所措。

## 六、国际分工

国际分工(international division of labor)指世界上各国(地区)之间的劳动分工，是各国生产者通过世界市场形成的劳动联系，是国际贸易和各国(地区)经济联系的基础。它是社会生产力发展到一定阶段的产物，是社会分工从一国国内向国际延伸的结果，是生产社会化向国际化发展的趋势。

国际分工是国际贸易的基础，是生产力发展到一定水平后，一国国内社会分工的延伸，表现为生产的国际化和专业化。

## 七、国际贸易条约

国际贸易条约(international trade treaty)，是两个或两个以上的国家之间、国家与国际组织之间，以及国际组织之间依据国际经济法所缔结的，以条约、公约、协定和协议等名称出现的，以调整国际贸易关系为内容的一切有法律拘束力的文件。一般地，国际贸易条约作为国际经济法的渊源，其拘束力仅以其缔约国为限。国际贸易条约可以是双边的，也可以是多边的；前者是指仅有两个缔约方的国际贸易条约，后者是指有三个或三个以上缔约方的国际贸易条约。

**拓展阅读**

### 中澳自由贸易协定

中澳自由贸易协定(free trade agreement，FTA)简称中澳自贸协定，是中国与澳大利亚之间正在进行谈判的一个自由贸易协定。中澳自贸协定于2005年4月启动谈判，2015年6月17日正式签署，2015年12月20日正式生效。

2015年6月17日，中国商务部部长高虎城与澳大利亚贸易与投资部部长安德鲁·罗布在澳大利亚堪培拉分别代表两国政府正式签署《中华人民共和国政府和澳大利亚政府自由贸易协定》。

《中华人民共和国和澳大利亚政府自由贸易协定》2015年12月20日正式生效并第一次降税，2016年1月1日第二次降税。

2016年1月1日，中方实施零关税的税目数即达29.2%，主要有药品、医疗器械、板材、化工品、农业机械、船舶等；澳方将有45%的税目在协定生效时立即实现零关税，加上原已实施零税率的商品，零税率税目数超过90%。中澳自贸协定在内容上涵盖货物、服务、投资等十几个领域，实现了“全面、高质量和利益平衡”的目标，是我国与其他国家迄今已商签的贸易投资自由化整体水平最高的自贸协定之一。

在货物领域，双方各有占出口贸易额85.4%的产品将在协定生效时立即实现零关税。减税过渡期后，澳大利亚最终实现零关税的税目占比和贸易额占比将达到100%；中国实现零关税的税目占比和贸易额占比将分别达到96.8%和97%。这大大超过一般自贸协定中90%的降税水平。

在服务领域，澳方承诺自协定生效时对中方以负面清单方式开放服务部门，成为世界上首个对我国以负面清单方式做出服务贸易承诺的国家。中方则以正面清单方式向澳方开放服务部门。此外，澳方还在假日工作机制等方面对中方做出专门安排。

在投资领域，双方自协定生效时起将相互给予最惠国待遇，澳方同时将对中国企业赴澳投资降低审查门槛，并做出便利化安排。

澳方最终实现零关税比例是税目100%，贸易额100%。

除此之外，协定还在包括电子商务、政府采购、知识产权、竞争等“21世纪经贸议题”在内的十几个领域，就推进双方交流合作做了规定。

资料来源：中澳自由贸易协定. 百度百科.

## 八、电子口岸

电子口岸(electronic port)是电子口岸执法系统的简称，该系统运用现代信息技术，借助国家电信公网，将各类进出口业务电子底账数据集中存放到公共数据中心，国家职能管理部门可以进行跨部门、跨行业的联网数据核查，企业可以在网上办理各种进出口业务。在我国，电子口岸包括中国电子口岸和地方电子口岸两个层面。

目前，中国电子口岸已经与海关、国检、国税、外管等执法部门联网，提供了海关报关、加工贸易、外汇核销单、出口退税等业务功能。中国电子口岸目前主要开展全国统一的执法功能和网上备案、数据报送企业办事业务。现在各个地方都在建设各个地方的电子口岸，如广东的广州电子口岸、深圳电子口岸。

电子口岸具有一个“门户”入网、一次认证登录和“一站式”服务等功能，是集口岸通关执法管理及相关物流商务服务为一体的大通关统一信息平台，电子口岸的推广使用使口岸执法管理更加严密、高效，使企业进出口通关更加有序、便捷，进一步提高了我国对外开放水平和国际竞争力。

▶ 1. 我国电子口岸建设有利于增强管理部门的管理综合效能

企业只要与电信公网“一点接入”就可以通过公共数据中心在网上直接向海关、国检、外贸、外汇、工商、税务、银行等政府管理机关申办各种进出口手续，从而真正实现了政府对企业的“一站式”服务。

▶ 2. 使管理部门在进出口环节的管理更加完整和严密

管理部门实行“电子+联网核查”的新型管理模式，根本解决业务单证弄虚作假问题，严厉打击走私、骗汇、骗税违法犯罪活动，创造公平竞争市场环境。

▶ 3. 降低贸易成本，提高贸易效率

通过中国电子口岸网上办理业务，企业既节省时间，又减少奔波劳累之苦，提高贸易效率，降低贸易成本，方便企业进出。

总之，中国电子口岸是贸易现代化的重要标志，是提高行政执法透明度，实现政府部门行政执法公平、公正、公开的重要途径。

## 拓展阅读

### 北京贸易“单一窗口”上线　企业通关时间减少60%

如果按照联合国贸易便利化和电子商务中心33号建议书做出的解释，单一窗口是指参与国际贸易和运输的各方，通过单一的平台提交标准化的信息和单证以满足相关法律法规及管理的要求。

从单一窗口的概念以及它的基本要素来看，与我们中国所推动的电子口岸建设是十分相近或者说是相似的。但是中国的电子口岸是具有中国特色的，它考虑到了地域的不同、管理体制的不同，分为中央层面跟地方层面两个平台，相互协作，互为补充，其目标和国际上提倡的单一窗口提倡的目标是一致的。也可以这么说，我国的电子口岸是具有中国特色的单一窗口工程。

2016年11月17日，由北京市商务委员会(北京市人民政府口岸办公室)牵头共建推出的“中国(北京)国际贸易单一窗口”正式上线。上线后，通关企业可以享受一个门户入网、一次认证登录、一次提交办结的“一站式”操作的便捷与高效，企业的通关时间有望减少60%。

据北京市人民政府通关办副主任肖海涛介绍，北京“单一窗口”由北京市人民政府口岸办公室牵头，海关、国检、边检、国税、外汇、商务、工商等10余部门共建，内联全市各个口岸，外联津冀及全国口岸，提供货物进出口申报、运输工具申报、资质管理、金融物流、政企大家庭、业务查询六项服务内容。上线后，帮助企业打破区域限制，建立国际贸易全国运营中心，一点接入单一窗口办理全国口岸业务，实现国际贸易业务的整合管理。

富士康集团供应链营运中心总经理李强表示，原来由于通关涉及的部门很多，并且都是独立办公，导致企业供应链上下游信息难以共享、信息重复录入，难以跟踪通关流程，仅富士康集团负责通关的员工人数就高达4 000多人，另有100多家报关行提供服务。即便如此，通关出错率仍高达0.5%～1%，每年的损失高达亿元以上。

之所以能够提升企业的通关效率，肖海涛对北京商报表示，“单一窗口，打通了各个部门的行政壁垒，实现了数据的共享。原来企业通关需向海关申报100多项数据信息，需要向边检申报也近100项数据。单一窗口上线后，通关企业只需要合并申报100多项数据，各个部门只要各取所需进行审核，审核效率大大提高，原来需要两天的通关，现在只需要几个小时就可以办结。”

李强表示，作为“单一窗口”的试用单位，富士康集团在试用之后，单证处理和数据交换100%电子化，通关差错降低到万分之三，通关时间减少60%以上，通关成本降低了55%，每年节省5 000万的通关费用。富士康集团上下游企业通关时间也减少了40%，通关成本也减少了50%，物流企业送货到综合保税区的等待时间减少了30%。

值得注意的是，北京“单一窗口”还将助推京津冀物流协同，提升供应链管理水平。“单一窗口”将帮助企业进行数据简化、流程优化和应用结合，探索实现了各部门国际供应链上下游合作伙伴的数据无缝对接，打通了B2B2G的“最后一公里”。单一口岸的上线也能够整合、共享进出口环节各监管部门的处罚信息、评级信息等信用信息，实现各个部门对进出口企业全链条的联动监管，并利于企业及时掌握自身的信用情况，有效约束自身行为。

资料来源：北京贸易“单一窗口”上线　企业通关时间减少60%. 新浪财经.

## 任务三　国际贸易基本分类

### 导入案例

中国广东省惠州市建兴公司与韩国德诚公司于2015年5月15日签订了贸易合同。合同规定，建兴公司向德诚公司提供其生产的加工电动车成套设备，生产能力为每年10 000台，并提供该设备两年的零配件、检测仪、设备的安装和技术服务。设备主要部件装船离岸的最后日期不迟于2015年8月1日，剩余部件在2015年11月1日前运到德诚公司。合同总金额为800万美元，德诚公司分两年以该设备生产的电动车偿还全部款项。

**思考：**以上所提到的贸易方式属于什么贸易方式？

## 一、按商品(含各种劳务)的移动方向划分

国际贸易按商品(含各种劳务)的移动方向划分，可分为以下几类。

### (一) 出口贸易

将本国生产或加工的商品(包括劳务)输往国外市场进行销售的商品交换活动，称为出口贸易(export trade)或输出贸易。

净出口专指一国(或地区)某一时期某种同类商品的出口量大于进口量的部分。

### (二) 进口贸易

将从国外购买外国商品(包括劳务)输入本国市场的贸易活动，称为进口贸易(import trade)或输入贸易。

净进口专指一国(或地区)某一时期某种同类商品的进口量大于出口量的部分。

### (三) 转口贸易

转口贸易(entreport trade)指商品生产国与商品消费国不直接买卖商品，而是通过第三国进行的商品买卖。第三国对此类商品的买进，是为了销往商品消费国。第三国参与这笔买卖的商品价值转移活动，但不一定参与其实体运动，即这批货物可以运往第三国口岸(不入境)，也可以直接运到商品消费国。

### (四) 过境贸易

商品生产国与商品消费国之间进行的商品买卖活动，其实物运输必须通过第三国的国境，第三国对此批货物收取一定的费用，这对第三国来说，就构成了该国的过境贸易(transit trade)。过境国是商品运输过程的第三国，除了有时对过境商品征收很低的过境税或印花税以外，与商品交易双方并不发生任何贸易关系。

### (五) 复出口贸易

复出口贸易(reexport trade)又称再出口贸易，是指买进外国商品后，未经加工又输出到国外的贸易活动。

### (六) 复进口贸易

复进口贸易(reimport trade)又称再进口贸易，是指本国商品出口后，在国外未经加工又重新输入本国国内的贸易活动。

## 二、按贸易政策划分

国际贸易按贸易政策划分，可分为以下几类。

### (一) 自由贸易

自由贸易(free trade)一般是指国家的外贸政策中，不干涉国家间贸易往来，既不对进出口贸易活动设置障碍也不给予优待，而是鼓励和提倡市场交易自由公平竞争。

### (二) 保护贸易

保护贸易(protect trade)是指国家的外贸政策中，广泛地使用各种措施保护本国的国内市场免受外国企业和商品的竞争，主要是控制各种外国商品的进口；同时，对本国出口商所从事的出口本国商品的活动给予各种优惠甚至补贴，鼓励其出口。

### (三) 统治贸易

统治贸易(control trade)是指一些国家设置专门机构，利用其政权力量，统一组织和管理一切对外贸易活动的行为。

## 三、按国境与关境划分

国际贸易按国境与关境划分，可以分为以下几类。

### (一) 总贸易

总贸易(general trade)是指以国境为标准划分进口与出口的统计方法，又称总贸易体系。总贸易可分为总进口和总出口。凡是进入一国国境的商品一律列入总进口，包括进口后供国内消费的部分和进口后成为转口或过境的部分；凡是离开一国国境的商品一律列入总出口，包括本国产品的出口、外国商品的复出口及转口或过境的部分。总进口额加出口额构成总贸易额。目前，采用总贸易体系统计方法的有美国、英国、日本、加拿大、澳大利亚等 90 多个国家和地区。

### (二) 专门贸易

专门贸易(special trade)是指以关境为标准划分进口和出口的统计方法，又称专门贸易体系。专门贸易又可分为专门进口和专门出口。外国商品进入关境并向海关缴纳关税，由海关放行后才能称为专门进口；专门出口是指从国内运出关境的本国产品及进口后未经加工又运出关境的复出口商品。专门进口额加专门出口额构成一国的专门贸易总额。目前，采用专门贸易统计方法的有德国、意大利、瑞士、法国等 80 多个国家和地区。

## 四、按交易对象的性质划分

国家贸易按交易对象的性质划分，可分为以下几类。

### (一) 有形商品贸易

有形商品贸易(tangible goods trade)是指在进出口贸易中进行的实物商品的交易，因这些实物商品看得见、摸得着，故又称为有形商品或商品贸易。有形贸易的进口和出口都要办理海关手续，并在海关的进出口统计中反映出来，从而构成一个国家一定时期的对外贸易额。目前，联合国为便于统计，把有形商品分成 10 类、63 章、233 组、786 个分组和 1 924 个基本项目，几乎包括了国际贸易所交易的所有商品。

国际贸易标准分类的各类商品名称如下。

0 类：食品及活动物。

1 类：饮料及烟类。

2 类：非食用原料(燃料除外)。

3 类：矿物燃料，润滑油及有关原料。

4 类：动植物油脂及蜡。

5 类：化学成品及有关产品。

6 类：按原料分类的制成品。

7 类：机械及运输设备

8 类：杂项制品。

9 类：未分类的其他产品。

在上述分类中，0～4 类为初级产品，5～8 类为制成品，9 类为其他产品。

### (二) 无形商品贸易

无形商品贸易(intangible goods trade)是指一个国家的劳务或其他非实物形式的输入和输出，不仅包括与有形商品进出口贸易直接相关的运输、保险、金融等业务，还包括劳务、技术、信息、旅游、咨询服务、教育等。

## 拓展阅读

**跨境电商：贸易新引擎也需“合力”**

在全球传统贸易低迷的今天，跨境电商正成为推动贸易发展的新引擎。不过，和传统贸易一样，跨境电商也面临着贸易壁垒的困境。在 2016 年 9 月举行的二十国集团杭州峰会上，“二十国集团工商峰会”(B20)就建议 G20 成立世界电子贸易平台，促进跨境电子商务发展。破除壁垒成为跨境电商发展亟待破解的难题。

一、中国表现亮眼

随着全球贸易发展持续低迷，贸易增速已经连续 5 年低于世界经济增速，而多边贸易体制谈判也陷入困境。在这一背景下，跨境电商却发展迅猛。

中国电子商务研究中心 B2B 与跨境电商部主任、高级分析师张周平认为，目前，中国的跨境电商发展非常迅猛，这种发展速度在全球范围内都是很亮眼的，特别是几家龙头企业，如阿里巴巴、敦煌网等在国际上是有一定影响力的。

张周平指出，无论是在进口还是出口方面，中国在政策、资金等方面都有很大投入。跨境电商占中国整个外贸的比例虽然还不是很高，但增速非常快，未来还有很大增长潜力。

2015 年，在中国进出口贸易下降 7%的形势下，跨境电商却呈现逆势增长。阿里研究院在北京发布的《贸易的未来：跨境电商连接世界——2016 中国跨境电商发展报告》中显示，2015 年全年中国跨境电商(包括批发和零售)交易规模达 4.8 万亿元，同比增长 28%，占中国进出口总额的 19.5%。其中，中国跨境电商零售交易额达到 7 512 亿元，同比增长 69%。预计到 2020 年，中国跨境电商交易规模将达 12 万亿元，约占中国进出口总额的 37.6%；跨境电商零售出口额将达 2.16 万亿元，年均增幅 34%。

阿里研究院院长高红冰表示，跨境电商正连接世界，未来将成为全球贸易的主要形式。

而跨境金融服务、跨境物流服务、外贸综合服务、大数据和云计算等，也将得到快速发展。

张周平指出，跨境电商与传统外贸相比，其优势除了商品从线下转为线上、交易更加方便快捷外，税率也更低，特别是对个人消费者而言。明年中国将针对进口商品实行新税制，目的就是使跨境电商贸易与传统贸易更平衡地发展。

上述《报告》统计了G20国家(暂不包括欧盟)与中国在跨境电商贸易方面的紧密程度，其排名由高到低分别为美国、英国、澳大利亚、法国等。在"买全球"方面，2015年中国消费者购买最多的商品来源国分别为美国、日本、德国、韩国、澳大利亚。在"卖全球"方面，向中国企业发出询盘量最多的海外市场分别为美国、英国、印度、加拿大、俄罗斯。"跨境电商真正实现了全球连接、全球联动。"高红冰举例称，在2015年"双十一"期间，印度洋上的岛国塞舌尔通过阿里速卖通拍下356个订单，而该国的总人口不足10万。

二、全球发展需合力

张周平认为，目前，全球跨境电商仍以美国、欧洲、日本等发达国家和地区发展更为成熟，包括基础设施建设、网民的构成等，各方面比例都较高。中国、俄罗斯等则属于跨境电商快速成长的新兴国家。

在政策方面，张周平指出，美国、英国、法国、俄罗斯等国所处的环境各不相同，因此，在政策扶持力度上也是不同的。与中国政府大力扶持跨境电商发展不同，并没有看到其他国家在国家层面有这么系统、大力度的支持。但是其早年间电商平台发展很成熟，这为跨境电商发展打下了较好的基础。因为跨境电商和国内电商在性质上没有根本区别，都是通过网络平台进行贸易，只不过前者是不同国家间的。可以说，跨境电商和国内电商的发展息息相关，对商家和消费者来说，覆盖范围更广、更具有优势。

在这样的背景下，对于欧美日韩等电商平台成熟的国家和地区来说，更关键的是开放、平等的态度。这也是2016年中国在G20峰会期间提出世界电子贸易平台概念的原因。阿里巴巴董事局主席马云与各国总统、首相等深入交谈，也是为了推广这一想法，呼吁全球减少、消除跨境贸易壁垒。

张周平认为，该壁垒就是不少国家特别是发达经济体在限制进口商品种类方面非常严苛，但应该看到，全球互联网是未来的发展趋势。

张周平建议，一方面，各国应该在进口关税和商品种类、物流配送、服务等方面出台更多的便利政策；另一方面，各国应该在与跨境电商相关的产业链上的各端口出台优惠政策，给境外投资者创造更多的机会。以中国为例，中国企业希望在境外建立更多的仓储设施，这实际上也利于当地就业和消费，是双赢。

"此外，各国还应该有更完善的合作机制。"张周平说，这既能促进本国消费，也利于挖掘更多市场。

资料来源：跨境电商：贸易新引擎也需"合力". 天津商务网.

## 五、按贸易关系划分

国际贸易按贸易关系划分，可分为以下几类。

### （一）直接贸易

商品生产国与商品消费国不通过第三国而直接买卖商品的经营行为，称为直接贸易(direct trade)。直接贸易的双方直接谈判、直接签约、直接结算、直接运输货物。此概念也泛指贸易活动的买卖双方的直接交易。

### （二）间接贸易

商品生产国与商品消费国通过第三国所进行的商品买卖行为，称为间接贸易(indirect trade)。此类贸易或出于政治方面的原因，或由于交易双方的信息不通畅而形成的出口国与进口国之间不能直接进行洽谈、签约和结算，必须借助于第三国，对于第三国来说，则称为转口贸易。此概念也泛指进行一般贸易活动时买卖双方通过第三者(中间商)而进行的交易行为。

## 六、按参与贸易国家的多少划分

国际贸易按参与贸易国家的多少划分，可分为以下几类。

### （一）双边贸易

双边贸易(biateral trade)指由两国参加，双方的贸易以相互出口和相互进口为基础进行，贸易支付在双边交易的基础上进行结算，自行进行外汇平衡。

### （二）三角贸易

三角贸易(triangulat trade)是双边贸易的扩大，亦指在三个国家之间相互出口时和相互进口并进行合理搭配，以实现外汇平衡的一种方式。此方式往往因为双方在交易时出现商品不适销对路，或者因进出口不能平衡造成外汇支付的困难，而把交易活动扩大到第三国。这类方式往往是以三国共同签订相互贸易协定来保证其顺利进行的。例如，A、B、C三国，A对B出超2 000万美元，B对C出超2 000万美元，C对A出超2 000万美元。

### （三）多边贸易

多边贸易(multilateral trade)是指三个以上国家之间为了使相互间的贸易在整体上得到平衡，通过协议，相互进行若干项目的商品交换、相互进行多边清算的贸易行为。此类方式有助于若干国家相互贸易时，用对某些国家的出超支付对另一些国家的入超，从而寻求外汇平衡。世界贸易组织是多边经济体系中的三大国际机构之一，也是世界唯一处理国与国之间贸易规则的国际组织。

## 七、按清偿方式的不同划分

国际贸易按清偿方式的不同划分，可分为以下几类。

### （一）现汇贸易

以现汇结算方式进行交易的贸易称为现汇贸易(sport exchange trade)。由于现汇贸易在运用上灵活、广泛，可以自由地兑换其他货币，所以，该方式是目前国际贸易活动中运用最普遍的一种。其特点是银行逐笔支付货款，以结清债券、债务，结算方式包括信用证、托收、汇付等。

### (二) 记账贸易

记账贸易(clearing account trade)是指由两国政府间签订贸易协定或贸易支付协定，按照记账方法进行结算的贸易。其特点是在一定时期内(多为一年)，两国间贸易往来不用现汇逐笔结算，而是到期一次性结清。通过记账贸易获得的外汇称为记账外汇，一般仅用于协定国之间，不能用于同第三国的结算。

### (三) 易货贸易

易货贸易(barter trade)是指商品交易的双方依据相互间签订的易货协定或贸易合同，以货物经过计价作为结算方式，以货换货的一种交易行为。此种方式比较适用于那些外汇不足，或因其他各种原因无法以自由结汇方式进行相互交易的国家。

## 八、按交易方式的性质划分

国际贸易按交易方式的性质划分，可分为以下几类。

### (一) 商品贸易

商品贸易(goods trade)是指通过以商品买卖为目的的纯商业方式进行的贸易活动，包括经销(总经销、独家经销、一般经销)、代理(总代理、独家代理、一般代理)、寄售、拍卖、投标、展卖等交易方法。

### (二) 加工贸易

加工贸易(process trade)是指利用本国的人力、物力或技术优势，从国外输入原材料、半成品、样品或图纸，在本国加工制造或装配成成品后再向国外输出的，以生产加工性质为主的一种贸易方式。加工贸易又可分为来料加工和进料加工。

### (三) 补偿贸易

补偿贸易(compensation trade)是指参与两国间贸易的双方，一方用对方提供的贷款购进机器、设备或其他技术，或者用对方提供的机器、设备或技术进行生产和加工活动，待一定时期后，该方用该项目下的产品或其他产品或产品销售后的收入去偿还对方的贷款或设备技术款项的一种贸易方式。此种方式对解决买方的资金暂时不足、对帮助卖方推销商品均有一定的作用。

### (四) 租赁贸易

租赁贸易(renting trade)的本质是租，是所有权和使用权之间的一种借贷关系。它是由资产所有者(出租人)按照契约规定的租赁方式将商品出租给国外的用户使用，国外租户不交付商品货款而交付商品租金的一种交易方式，因此又称租赁信贷。国际租赁的方式一般有两种：一种是金融租赁，带有融资性质；另一种是经营租赁，带有服务性质。这种贸易方式的特点有：出租的商品一般都是价格较为昂贵的设备或交通工具等；租赁公司享有该商品的所有权，并可按期收回稳定的资金；租户可避免积压大量的设备资金，并可及时更新、使用更新的技术。

此种方式在国际贸易活动中发展迅速，并逐渐发展至租购结合，即先租，到一定时期后，该商品所有权即转为租户所有，变成了买卖关系。

## 思考与实训

1. 根据图 1-1，分析回答以下问题。

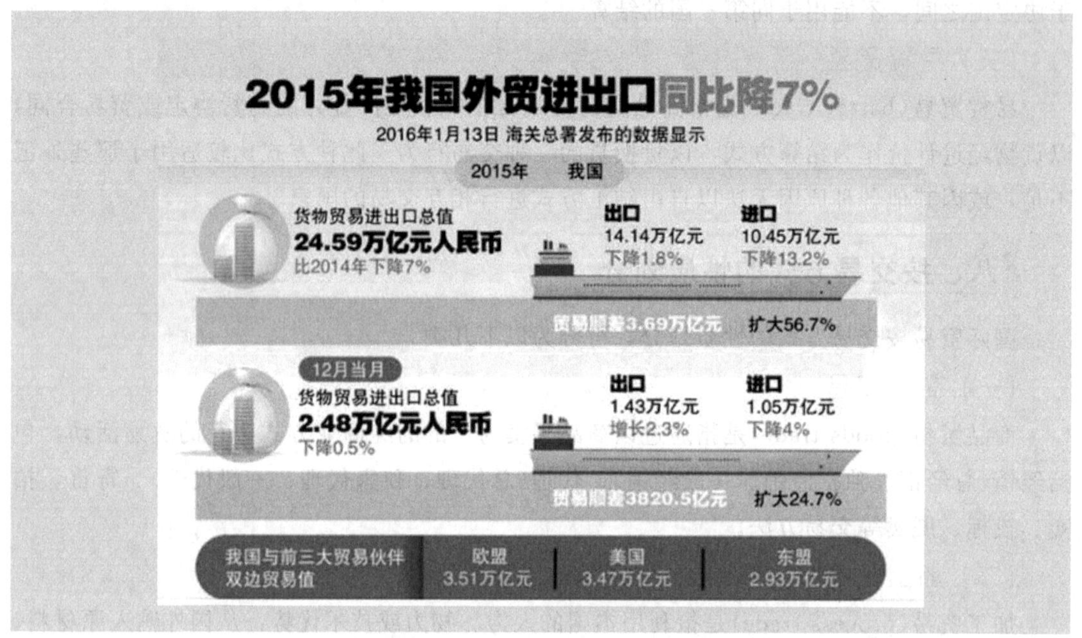


**图 1-1　2015 年我国对外贸易情况**

(1) 2015 年，我国的贸易差额是多少？

(2) 用图 1-1 给出的数据能否计算出 2015 年我国的对外贸易依存度是多少？

(3) 2015 年，我国的国际贸易地理方向是哪里？

2. 某纺织品公司准备以补偿贸易方式从日本进口纺织机，其具体做法是：先出口纺织品积存外汇，在外汇达到一定金额后，即用以购买 5 台纺织机。但该公司把这种做法报请主管机关给予补偿贸易的优惠待遇，却遭到拒绝。请对此进行分析。

3. 由于中国的工资水平增长，制造业成本普遍增加，我国广东的一部分服装工厂从中国迁移到柬埔寨等劳动力成本较低的国家。这些工厂里的生产秩序非常规整：设计图首先从各个服装品牌传输到工厂，工厂设计师们立即使用电脑和相关设备打出样板，然后一匹匹布被依照设计图裁剪成块状，接着再传输到各条缝纫生产线上，生产出来的服装成品再卖到世界各地，我们买到的许多知名品牌服装就是这样生产出来的。

**思考：**还有什么东西也是以这种方式生产出来的，举例说明。

# 2 项目二 追溯国际贸易的成因

## 学习目标

**知识目标**

⊙了解并熟悉古典的贸易理论产生的背景及重商主义的产生。

⊙重点掌握绝对优势理论、比较优势理论。

⊙熟悉要素禀赋及里昂惕夫之谜的内容。

⊙对古典与新古典的各种贸易理论进行比较和评价。

**能力目标**

⊙学会运用古典的贸易理论解析贸易现象、解决贸易问题。

⊙熟悉古典国际贸易模型的分析工具，能够推导古典国际贸易模型中的贸易均衡。

国际贸易中充满的异国情调和浪漫主义色彩，在历史上曾使许多国家的商人、航海家、旅行家和小说家为之神往。他们的口述笔札在促进各族人民的经济贸易交往中曾起过很大作用。错综复杂的国际贸易问题也吸引了各个时代的经济学家们的注意力，每一代的著名经济学家都参加到国际贸易问题的讨论中，经典作家和其他一些著名的经济学家曾在这上面倾注过大量的心血。

## 任务一 重商主义

### 导入案例

欧洲历史上的地理大发现，又名探索时代或大航海时代，时间为15—17世纪，最具有代表性的事件是：1492 年，哥伦布发现美洲；1497 年，达·伽马绕过好望角到达印度；1521 年，麦哲伦环球航行成功。西方探索东方的渴望是由多种原因造成的，其中最主要的原因是去寻找获取香料的新航线，以取代受政治环境影响而随时可能停止供应的陆地贸易。货币主义者则认为，开启探索时代的主要原因是欧洲贵金属的剧烈流失。欧洲经济建立在金、银货币的流通上，通货的短缺会让欧洲出现经济萧条。地理大发现的直接结果是将各洲独自发展的国家联系起来，使得国家之间的贸易具有了"世界"的概念。地理大发现后，各国资源条件的差异使得国际流通中的商品种类和数量急速增加，贸易的扩大促进了专门为交换而进行生产的专业化分工，国家之间商品价格的差异而产生的巨大利润进一步推动了世界贸易的发展。新航路的发现，对世界各大洲数百年后的发展也产生了久远的影响。对除欧洲以外的国家和民族而言，地理大发现带来的影响则是复杂而矛盾的，除了物资交流外，带给原生居民的常是死亡和占领，可以说是一部大侵略史。

**任务互动：**哥伦布曾经说过"谁有了黄金，谁就可以在这个世界上为所欲为；有了黄金，甚至可以使灵魂升入天堂"。请问哥伦布这句话中的"黄金渴望"揭示了什么理论？

重商主义，也称作商业本位，是十六七世纪封建主义解体之后西欧资本原始积累时期的一种经济理论或经济体系。重商主义认为，财富的唯一形式即金银，金银的多少是衡量一国富裕程度的唯一尺度，而获得金银的主要渠道就是国际贸易。通过"奖出限入"求得顺差，使金银流入，国家就会富裕。

重商主义是最早的西方传统国际贸易理论，是资本主义生产方式准备时期，代表商业资产阶级利益的一种经济学说和政策体系。

## 一、重商主义产生的历史背景

重商主义产生于 15 世纪，盛行于 16 世纪和 17 世纪上半叶，衰落于 17 世纪下半叶和 18 世纪初。它最早出现于意大利，后来流行于西班牙、葡萄牙、英国和法国等。16 世纪末叶以后，它在英国和法国得到了重大发展，出现了一些较重要的重商主义思想家和著作。历史上对国际贸易的研究和理论在最早的时候几乎都是出自重商学派的著作。

重商主义的产生有着深刻的历史背景，15 世纪以后，西欧各国手工业和商业开始与农业分离，封建自然经济不断瓦解，而与此形成对照的是商品货币经济急剧发展。当时正值地理大发现，商业规模空前扩大，货币需求急剧膨胀。商业资产阶级的力量不断增强，社会经济生活对商业资本的依赖日益加深。在这种情况下，流通中所需要的货币急剧增加。同时，封建君王间战争不断，军事费用不断增加，货币需求因此进一步扩大。由于当时处于金属本位币的货币制度下，印刷技术落后，信用制度不够发达，只有金银等贵金属是货币。政府无法像在纸币本位制下那样靠发行货币来满足扩张的货币需求。只有找到新的贵金属来源，才能填补这一货币缺口。货币需求的不断扩大导致对金银需求增加，但是当时西欧大多数国家都不产金银，结果金银需求矛盾极其尖锐，造成西欧各国普遍的金银荒，使人们产生出强烈的“黄金渴望”。拜金主义成为当时社会思想的主旋律。西欧各国把获取金银的希望寄托在发展国际贸易上，通过输出商品，从国外获得国内需要的大量金银货币。因此对外贸易被认为是财富的源泉，重商主义便应运而生。

**拓展阅读**

都铎王朝的重商主义

在都铎王朝(1485—1603)以前，英国仍然是一个经济落后，工商业不发达的“农业附庸国”。在整个国民经济中，羊毛和粮食的输出占有重要的地位。毛纺织业作为英国的支柱工业，虽然有所发展，但也远远落后于佛兰德尔、尼德兰、佛罗伦萨。为了改变这种状况，重商主义者认为必须大力发展工商业。例如，英国早期重商主义的代表人物威廉·司塔福特认为，从外国输入商品是有害的，从外国输入本国能够制造的商品则害处更大，他反对输出英国羊毛和输入外国羊毛制成品。重商主义者还认为，“货币是衡量国家富裕程度的标准。”因此，积累更多的货币成了当时社会的一种强烈的追求。都铎王朝的统治者也意识到要“使国家富强，使自己显赫的必要条件”就是迅速发展工商业，为此，都铎王朝的历代君主都实行重商主义政策。首先，都铎王朝扶植、鼓励发展呢绒制造业，以出口呢绒换取货币。都铎王朝的建立者亨利七世(1485—1509)三番五次通过国家法令，禁止羊毛特别是优质羊毛的出口，甚至还禁止半制成品的呢绒出口。亨利七世与尼德兰缔结了“大通商”条约，恢复了英国与尼德兰正常的贸易关系，将英国廉价的呢绒等工业品倾销至尼德兰，从而加速了尼德兰呢绒业的衰落，推动了英国呢绒业的大发展，促进了以伦敦一安特卫普为中心的对外贸易的加强与扩大。其次，大力发展海外商业，鼓励发展造船业。到第五代君主伊丽莎白女王统治时期(1558—1603)，英国海军终于战胜了西班牙的“无敌舰队”，确立了英国的海上霸权，为英国从事海外贸易和殖民掠夺提供了强有力的保障。可以说，都铎王朝卓有成效的重商主义政策是英国资本主义工业化的前奏。

资料来源：都铎王朝. 百度百科.

## 二、重商主义的理论发展

重商主义是对16—18世纪出现在欧洲的一种经济思想的统称。该思想揭示了贸易保护的必要性，是最早的贸易保护理论。重商主义将贸易盈余作为获取货币的重要途径之一。抛弃了西欧封建社会经院哲学的教义和伦理规范，开始用世俗的眼光，依据商业资本家的经验去观察和说明社会经济现象。它以商业资本的运动作为考察对象，从流通领域研究了“货币—商品—货币”的运动(资本产生的过程)。

重商主义的发展经历了早期重商主义和晚期重商主义两个阶段。

### (一) 早期重商主义

早期重商主义产生于15—16世纪，也称为重金主义，代表人物威廉·斯塔福，主张通过国家严厉的行政手段来增加金银财富，特别是要严格控制外国工业品和奢侈品的流入，即使外国产品的价格大大低于本国产品的价格也不准进口。早期重商主义强调贸易差额论，要求对外贸易中的每笔交易和对每个国家都保持顺差，不准出现逆差。早期重商主义主张扩大出口，减少进口或不进口，注重货币的差额，他们规定一切金银只许流入，不许流出。

**拓展阅读**

早期重商主义代表人物有英国的约翰·海尔斯(John Hales)、马林斯(Gerard Malynes)，法国的博丹(Jean Bodin)、安徒安·孟克列钦(A. Monthretien)。代表作是《对我国同胞某些控诉的评述》(1581年)："反对金银出口，反对原料出口，主张实行保护贸易政策，认为应禁止工业品进口特别是奢侈品的进口，要尽可能地多卖少买，保持顺差，以取得更多的金银货币"。后人认为这是英国的威廉·斯塔福(William Stafford)的作品。

### (二) 晚期重商主义

晚期重商主义盛行于17世纪上半期，也称贸易差额论，最著名的代表人物是英国的托马斯·孟。他认识到货币只有在运动中、在流通中才能增值，主张国家应该允许货币输出国外，通过"奖出限入"政策，保证贸易出超，达到金银流入的目的。晚期重商主义的主要内容强调多卖，主张允许货币输出国外，认为只要购买外国商品的货币总额少于出售本国商品所得的货币总额，就可以获更多的货币。晚期重商主义不反对把金银货币输出国外，认为在对外贸易中只要始终坚持多卖少买的方针，就能达到保持本国货币收入不断增长的目的。不赞同每一笔贸易都顺差，要看总的贸易收支情况。

**拓展阅读**

晚期重商主义最著名的代表人物是英国的托马斯·孟，其代表作《英国得自对外贸易的财富》(1664年)的主要观点如下。

(1) 货币产生贸易，贸易增多货币。

(2) 发展对外贸易，并保持贸易顺差。

(3) 发展对外贸易及保持贸易顺差的途径和手段主要有：利用荒地扩大种植面积，自行供应需向外国购买的农产品；在食品和服装方面要少消费外国货，以减少进口；为扩大出口，要降低产品价格，提高产品质量；用本国船运货，以取得运费、保险费和利润；设立贸易场所或货栈，发展转口贸易；发展渔业；发展远洋贸易等。

(4) 要培养全才的商人。

## 三、重商主义的主要理论观点

重商主义所重的"商"是对外经商，重商主义学说实际上是重商主义对外贸易学说。它并不是一个正式的思想学派，而只是一些商人、政府官员、学者在对外贸易差额、贸易政策、价格、汇率等许多问题研究的基础上形成的观点总结，其基本主张有以下几点。

(1) 金银是真正的财富，一切经济活动都是为了获取金银。一国的财富等同于该国拥有的金银数量。

(2) 世界资源是有限的，重商主义有一个共同的静态观念，认为国际贸易是一种“零和游戏”，一方获利是建立在另一方损失的基础上。同时重商主义以流通领域为研究对象，认为利润或利益来自流通过程，而不是来自生产过程。

(3) 除金银矿的开采之外，只有对外贸易是增加金银，增加货币财富的真正源泉，认为只有贸易顺差才会使金银流入国内。

(4) 坚持多卖少买的原则，实行保护关税政策。各国对本国不能生产的进口原材料免征关税，对本国能够生产的制成品和原材料进行保护，并严格限制原材料的进口。

(5) 国家应积极进行干预，采取鼓励出口限制进口的政策。政府应授予从事对外贸易的公司垄断特许权，控制国内商业活动的自由进出，以限制竞争。

## 四、对重商主义的评价

重商主义是西方最早的国际贸易理论，也是最早从外贸学说史的角度分析对外贸易对一国经济的影响的理论。

### (一) 重商主义理论的价值

重商主义的理论和措施在历史上曾起过进步作用。它们促进了资本的原始积累，推动了资本主义生产方式的形成和发展。冲破了宗教法典的禁区，促进了资本主义工厂手工业的发展，加速了封建社会向资本主义社会的过渡，其长远影响在于强调了国际贸易的重要性，商人对国家的作用，同时为经济学理论和实践的相互结合开辟了道路。重商主义提出的许多思想对后来的国际贸易理论和政策产生了巨大的影响，尤其是关于国际贸易顺差的概念。更重要的是重商主义已经开始把整个经济作为一个系统，而把对外贸易看成这个系统非常重要的组成部分。所以，经济学家熊彼特对重商主义的评价是“开始为18世纪末和19世纪形成的国际贸易一般理论奠定基础”。

### (二) 重商主义理论的缺陷

重商主义的理论体系和政策主张属于保护贸易的范畴，但是重商主义学说是建立在对国际贸易作用错误理解基础之上的，它把货币看作是财富的唯一形态，认为开展对外贸易的目的就是为了获得金银货币，通过对外贸易并不能使双方互利。因此，重商主义的保护贸易政策也必然是以损人利己为目的的“奖出限入”。

重商主义的错误观点如下。

(1) 黄金是财富，一味追求贸易顺差。一国保持顺差使得黄金净流入该国，黄金只是货币，一国不断地有货币流进来，而实物又没有相应的增长，只会导致通货膨胀，而绝不会增加财富。

(2) 由于不可能所有贸易参加国同时出超，而且任一时点上的金银总量是固定的，所以一国的获利总是基于其他国家的损失，即国际贸易是一种“零和游戏”。体现了重商主义对社会经济现象的探索只限于流通领域，而未深入生产领域，因此其经济理论是不科学的。

马克思指出：“现代经济的真正科学，是在理论考察由流通过程过渡到生产过程时开始的。”

## 拓展阅读

### 重商主义支配欧洲300年

所谓“无商不奸”，一说起重商主义，长期以来国人通常还是习惯把它和“唯利是图”的商业本性挂钩，也由此对西方经济学多持一种批判态度。随着我国社会主义市场经济的逐步建立，对西方经济学的态度才日趋客观，既注意其受制于意识形态影响，更注重探讨其所揭示出的经济发展的一般规律，以便更好地为我所用。

现代西方经济学流派纷呈，你方唱罢我登台。从发展历程来看，西方经济学思想可以追溯到重商主义。重商主义约产生于15世纪末，18世纪中期开始走向没落，支配了西方经济主流话语300余年。当时，西欧封建制度趋于瓦解，城市兴起，在国家和社会政治生活中扮演越来越重要的角色；航海发展和地理大发现大大拓展了贸易范围，加之西半球金银矿的发现，贸易日益繁荣；西欧各国都力图攫取殖民地和势力范围，国家间的竞争日趋激烈。正是在这样的历史环境下，一个主张建立强大中央集权、拥护国家干预主义和殖民主义，为经济掠夺进行辩护的学派——重商主义学派兴起。

重商主义的重要信条之一是只有金银货币才是真正的财富形态，将财富多寡等同于拥有金银的数量，金银是衡量一国富强与否的标准。获取金银财富有三个途径：第一，生产金银，如开采金银矿藏，但这要受限于自然矿藏；第二，通过对外贸易扩大出口，限制进口，保持贸易顺差和硬通货净流入，来增加和积累财富；第三则是掠夺，殖民扩张以扩大贸易和获取金银。

重商主义认为一切经济活动和经济政策制定与执行，都应该是为了获取尽可能多的金银货币，因此主张国家要积极干预经济生活。在政治上，重商主义认为必须建立强大中央集权，对全国实行统一的管制措施，扫除国内封建割据、各种路费杂税等内部障碍（内部贸易壁垒会提高商品价格，削弱出口竞争力），垄断贸易特许权，通过立法和行政等手段，限制进口，鼓励出口。在军事上，重商主义主张建立强大的军队，对外殖民扩张，掠夺殖民地原材料，以抑制殖民地的制造业，便于向其倾销商品获取黄金白银，甚至直接掠夺殖民地金银矿藏。恩格斯就曾对此做过十分形象的描述：“各国彼此对立着，就像守财奴一样，双手抱住他心爱的钱袋，用妒忌的目光打量着自己的邻居。”

为此，当时西欧不少国家制定了非常残酷的对内对外法律和政策。英国在1565—1566年的伊丽莎白女王统治时期，就颁布法律禁止出口活羊，违者被处没收财产、一年监禁和砍掉左手，第二次触犯此法将被处死刑。如此酷法，初衷就是尽力保护本国能够生产的制成品和原材料，严禁出口以保持国内制成品的竞争力。英国国王亨利八世统治时期(1509—1547)，绞死了7 200名小偷；1536年颁布的法令规定“身体健全的流浪汉”将被割除耳朵，第三次被发现的流浪汉将被处以死刑，如此残酷立法目的是促使更多的人加入劳动力大军，维持较低工资水平，从而降低出口产品的价格来提高价格优势。在对外方面，西欧国家加入对外扩张行列，掠夺原材料和倾销商品，甚至从事臭名昭著的黑奴贸易和鸦片贸易，牟取的巨额白银和黄金源源不断流入母国。可以毫不客气地说，重商主义学派以商为重，真正是不折不扣的唯利是图。

从历史的角度来看，重商主义对世界近代经济发展史具有重大影响。与中国传统的士农工商社会等级排序一样，中世纪的西方对谋利和经商也嗤之以鼻，而重商主义学派尽力提高商人地位，鼓励经商；另外，伴随重商主义而来的如建立国内贸易统一市场、重视国际贸易，以及其民族主义倾向等信条也已经成为现代经济生活的重要内容。20世纪30年代全球经济大萧条时期，各国竞相提高关税，贬值本币以限制进口扩大出口，结果进一步加剧了危机，许多发展中国家还曾经倡导出口替代和出口导向的经济发展战略；进入21世纪，贸易保护主义在发达国家又不时抬头，政府对贸易多有不同程度的干预，如进出口许可证、配额制度，还有保护国内产业和行业的竞争等。但是，重商主义学派混淆了货币与财富、货币与金银，夸大了金银货币的作用，又过于强调贸易顺差；其经济干预主张包括贸易管制等政策，也增加了政府和官员寻租和腐败的机会，阻碍经济持续发展。重商主义最丑恶的记录是对内对外的野蛮掠夺和扩张政策，造成了人类的深重灾难，因而不可避免地走向了衰落。

资料来源：陈国营. 重商主义支配欧洲300年[N]. 上海证券报，2007-7-9(012版).

## 任务二 绝对优势理论

### 导入案例

有兄弟俩都已结婚另立了门户。哥哥家养一头牛，弟弟家有一台拖拉机。如果用牛耕地，一天可赚40块钱，做运输能赚60块钱；拖拉机耕一天地可赚50块钱，做运输能赚120块。刚开始时，兄弟俩都是上午耕地，下午跑运输，一天下来，哥哥收入50块，弟弟收入85块。几天过后，聪明的弟弟发现了一个问题，就是哥俩一天干两种活，不如分一下工。于是就找哥哥说，从今以后，你替我耕地，我则专门跑运输，每天除了你耕地得到40块外，我再给你20块作为你替我耕了半天地的报酬，这样，你就可以得到60块，比以前多得10块，我在支付了给你的报酬之后，还能得到100块，比以前多15块，对我们俩都有好处。哥哥半信半疑，不知这多出的25块是从哪里来的？还以为是聪明的弟弟在骗他。你能帮他解释吗？

传统的国际贸易理论是在批判重商主义的基础上，对国际贸易发生的原因与影响的进一步解释，最早表现为英国古典学派经济学家亚当·斯密与大卫·李嘉图在劳动价值学说基础上，从生产成本方面，分别提出的绝对优势学说(the theory of absolute advantage)与比较优势学说(the theory of comparative advantage)。

## 一、绝对优势理论产生的历史背景

### (一) 绝对优势理论的创始人

亚当·斯密(Adam Smith，1723—1790)是英国古典经济学的奠基人，是18世纪英国著名经济学家。在经济思想史上，斯密被尊为古典经济学派的创始人，国际分工及传统的贸易理论的创始者，提出"经济人""看不见的手""大市场、小政府"等重要思想。1776年，斯密出版了一部奠定古典政治经济学理论体系的著作《国民财富的性质和原因的研究》(简称《国富论》)。在该著作中，他第一次把经济科学所有主要领域的知识归结成为一个统一和完整的体系，而贯穿这一体系的基本思想就是自由放任的市场经济思想。斯密的思想对国际贸易，乃至整个经济学的发展都产生了重大影响。他在《国富论》一书中提出了绝对优势论。

### (二) 绝对优势理论产生的背景

在亚当·斯密生活的时代，英国处于原始社会积累时期，以机器生产逐步替代手工业生产为标志的第一次产业革命时代。随着产业革命的逐步开展，英国的经济实力不断增强，新兴的产业资产阶级迫切要求在国民经济的各个领域中迅速发展资本主义，向海外市场扩张。但是他们面临两个制度性的阻碍：一个是存在于英国乡间的行业工会制度。在行会制度下，生产多少，卖什么价格都有了规定，而这种规定束缚了资本主义商品经济的发展；另一个是在欧洲对外贸易活动中盛行已久的重商主义理论。重商主义的支持者把金银珠宝看作一国财富的唯一表现，贸易则是增加财富的主要途径(另一途径是海外掠夺)，因此强调贸易顺差，政策上主张"奖出限入"，甚至禁止进口。极端的贸易保护主义严重阻碍了对外贸易的扩大，使新兴的资产阶级从海外获得生产所需的廉价原料，并为其产品寻找更大的海外市场的愿望难以实现。

## 二、绝对优势理论的主要观点

分工与交换是亚当·斯密绝对优势理论的逻辑起点。亚当·斯密认为互通有无、物物交换是人类共有的，也是人类所特有的倾向。这种倾向导致了分工的产生，而分工又能提高劳动生产率。在天然要素禀赋和后天共同技术的影响下，各国在生产不同产品时的劳动生产率就会产生一定的差异，这种劳动率的差异导致了各国生产成本的差异，并进而成为国际贸易的基础。

### (一) 分工极大地提高了社会劳动生产率

斯密认为，人类有一种天然的倾向，就是交换。交换是出于利己心并为达到利己的目的而进行的活动。他指出，"如果一件东西在购买时所费的代价比在家内生产时所花费的小，就永远不会想要在家内生产，这是每一个精明的家长都知道的格言。裁缝不想制作他自己的鞋子，而是向鞋匠购买。鞋匠不想制作他自己的衣服，而雇裁缝裁制。”交换的倾向形成分工，分工使社会劳动生产率极大提高。斯密在《国富论》一书中以制针为例，说明工场手工业中实行分工协作可以大大提高劳动生产率。他说，由一个人制针，所有的 18 道制针工序都由他自己来完成，每天最多只能生产 20 枚。如果实行分工生产，由 10 个人分别去完成各种工序，平均每人每天能生产 4 800 枚。这种劳动生产率的极大提高，显然是分工的结果。分工之所以能够提高劳动生产率，斯密认为原因主要有三点：一是劳动者的技巧因分工而日进；二是分工免除了从一个工序转到另一个工序所损耗的时间；三是分工促进了专业化机械设备的发明和使用。

### （二）国内的分工原则也适用于国家之间

斯密认为，适用于一国内部不同职业之间及不同工序之间的分工原则，也同样适用于国家之间。他认为，国际分工是各种分工形式中的最高阶段。国家之间进行分工能够提高各国的劳动生产率，使产品成本降低，劳动和资本得到正确的分配和运用，通过自由贸易用较小的花费换回较多产品，这样就增加了国民财富。斯密主张，如果外国的产品比自己国内生产的要便宜，那么最好是从国外进口而不要自己生产这种产品。他举例说，苏格兰这个国家气候寒冷，不适宜种植葡萄，因而应从国外进口葡萄酒。但如果采用建造温室等方法，苏格兰也能自己种植葡萄并酿造出葡萄酒，只是其成本要比从国外购买高 3 倍。斯密认为，在这种情况下，如果苏格兰政府限制进口葡萄酒，并鼓励在本国种植葡萄和酿造葡萄酒，显然是一种愚蠢的行为。

斯密主张，各国都应积极参加国际分工和国际贸易，用本国的优势产品去交换别国的优势产品，这对贸易双方都有利。斯密这里所说的优势指的是绝对优势。

### （三）国际分工的基础是有利的自然禀赋或后天的有利条件

亚当·斯密认为，一国在某种产品的生产上所花费的成本绝对地低于他国，就称为“绝对优势”。这种绝对优势是该国所固有的“自然优势”或已有的“获得优势”。所谓自然优势，是指一国先天所具有的气候、土壤、矿产和其他相对固定的状态的优势。所谓获得优势，是指一国后天所获得的优势，如发展某种产品生产的特殊技术和设备以及长期积累起来的大量生产资金。斯密认为每个国家或每个地区都有对自己有利的自然资源和气候条件，如果各国各地区都按照各自有利的生产条件进行生产，然后将产品相互交换，互通有无，将会使各国、各地区的资源、劳动力和资本得到最有效的利用，将会大大提高劳动生产率和增加物质财富。但是，绝对优势理论的运用有一个前提条件——双方可以自由地交易他们的产品，如果没有自由贸易，没有商品的自由流通，就不可能获得地域分工带来的益处。

总之，斯密认为，商品的价格是由劳动价值决定的，各国的社会劳动生产率是不同的，因此商品价值所决定的商品价格也有所不同。某些商品的价格国内比国外便宜，就可以出口卖高价，换回外国比本国便宜的商品。这样，通过国际贸易，双方都可以获得更多和更便宜的商品，既节约了本国的劳动力，又增加了使用价值。同时，贸易的开展使两国的资本和劳动力都从生产率低的行业转移到发达兴旺的出口行业中来，这一方面实现了资源的优化配置，提高了社会生产效率；另一方面又形成了合理的国际分工格局，其结果是，商品产量增加了，消费水平也提高了。也就是每个国家或地区都充分充分利用自己的优势，发展某种产品的生产，并且出口这种产品，以换回他国在生产上占有绝对优势的产品，这样做对贸易双方都更加有利。斯密的这种国际贸易理论被称作"绝对优势论"，又称"绝对成本说"或"地域分工论"。

斯密这种理论的核心是要求自由竞争、自由贸易，依靠市场这个"看不见的手"来对供求关系进行自发调节，维持均衡，控制社会利益，从而使社会获得进步和稳定。这种主张符合当时新兴资产阶级的要求，为突破封建统治对生产力的束缚提供了理论根据。

## 三、绝对优势理论的贸易模型

### (一) 绝对优势理论的假设前提

(1) 世界上只有两个国家，并且只生产两种商品。

(2) 劳动是唯一的要素投入，每国的劳动力资源在某一给定时间都是固定不变的，且具有同质性，劳动力市场始终处于充分就业状态。

(3) 劳动力要素可以在国内不同部门之间流动但不能在国家之间流动。

(4) 两国在不同产品上的生产技术不同，并且两国的技术水平都保持不变。

(5) 规模报酬不变。

(6) 所有市场都是完全竞争的，没有任何一个生产者和消费者有足够的力量对市场施加影响，他们都是价格的接受者；且各国生产的产品价格都等于产品的平均生产成本，没有经济利润。

(7) 实行自由贸易，不存在政府对贸易的干预或管制。

(8) 运输费用和其他交易费用为零。

(9) 两国之间的贸易是平衡的，因此，不用考虑货币在国家间的流动。

### (二) 斯密的贸易实例

为了进一步说明绝对优势理论，斯密列举了英国、葡萄牙两国的贸易实例来说明。在这个贸易中，假定有英国、葡萄牙两个国家，两国都生产葡萄酒和毛呢两种产品，生产情况如表 2-1 所示。

**表 2-1　绝对优势理论举例(分工前)**

| 国　家 | 酒产量(单位) | 所需劳动人数(人/年) | 毛呢产量(单位) | 所需劳动人数(人/年) |
|---|---|---|---|---|
| 英国 | 1 | 120 | 1 | 70 |
| 葡萄牙 | 1 | 80 | 1 | 110 |

从表 2-1 中可看出，斯密认为在这种情况下可以进行国际分工和国际交换，对两国都有利，分工结果如表 2-2 所示。

表 2-2 绝对优势理论举例(分工后)

| 国 家 | 酒产量(单位) | 所需劳动人数(人/年) | 毛呢产量(单位) | 所需劳动人数(人/年) |
|---|---|---|---|---|
| 英国 | — | — | 2.7 | 190 |
| 葡萄牙 | 2.375 | 190 | — | — |

分工后，英国以一单位毛呢交换葡萄牙一单位酒，则两国拥有产品状况发生了变化，如表 2-3 所示。

表 2-3 毛呢与葡萄酒交换结果

| 国 家 | 酒产量(单位) | 毛呢产量(单位) |
|---|---|---|
| 英国 | 1 | 1.7 |
| 葡萄牙 | 1.375 | 1 |

英国、葡萄牙两国在分工的情况下，产量比分工前都提高了，通过国际贸易，两国国民的消费都增加了。

## 四、贸易利益分析

### (一) 判断是否具有绝对优势的工具

#### 1. 用劳动生产率，即通过单位要素投入的产出率来衡量

产品 $j$ 的劳动生产率可用($Q_j/L$)来表示，其中，$Q_j$ 是产量，$L$ 是劳动投入。如果一个国家使用单位或相同数量的资源能够比另一国生产出更多的某种产品，那么该国在此产品生产上具有比别国高的劳动生产率，即该国在此产品上具有绝对优势。

#### 2. 用生产成本，即用生产 1 单位产品所需的要素投入数量来衡量

单位产品 $j$ 的生产成本(劳动使用量)可用 $\alpha L_j = L/Q_j$ 来表示。在某种产品的生产上，如果一国单位产品所需的要素投入量低于另一国，那么该国在此产品上就具有绝对优势。

假设现有两国：中国和美国，都生产棉布和小麦，但生产技术不同。劳动是唯一要素投入，且两国的劳动力数量都是 100 人。两国棉布和小麦的生产可能性如表 2-4 所示，劳动生产率如表 2-5 所示。

表 2-4 中国和美国棉布和小麦的生产可能性

| 国 家 | 棉布(万米) | 小麦(吨) |
|---|---|---|
| 中国 | 100 | 50 |
| 美国 | 80 | 100 |

表 2-5 中国和美国的劳动生产率

| 国 家 | 棉布(人均产量) | 小麦(人均产量) |
|---|---|---|
| 中国 | 1=100 万米/100 人√ | 0.5=50 吨/100 人 |
| 美国 | 0.8=80 万米/100 人 | 1=100 吨/100 人√ |

### (二) 比较结果

中国在棉布生产上具有绝对优势，美国在小麦生产上具有绝对优势。所以，两国可以进行完全的专业化分工生产。

**任务互动：** 用生产成本分析是否能得出相同的结论？

### (三) 分析贸易利益(见表 2-6)

**表 2-6　中美两国分工前后生产量和消费量比较**

| 项　目 | | 中　国 | | 美　国 | | 合　计 | |
|---|---|---|---|---|---|---|---|
| | | 棉布 | 小麦 | 棉布 | 小麦 | 棉布 | 小麦 |
| 分工前 | 生产量 | 50 | 25 | 28 | 65 | 78 | 90 |
| | 交换比例 | 1∶0.5 | | 1∶1.25 | | — | — |
| | 消费量 | 50 | 25 | 28 | 65 | 78 | 90 |
| 分工后 | 生产量 | 100 | 0 | 0 | 100 | 100 | 100 |
| | 交换比例 | 1∶1 | | | | — | — |
| | 消费量 | 70 | 30 | 30 | 70 | 100 | 100 |
| 分工前后 | | — | — | — | — | ＋22 | ＋10 |

### (四) 绝对优势理论的福利分析图(见图 2-1)

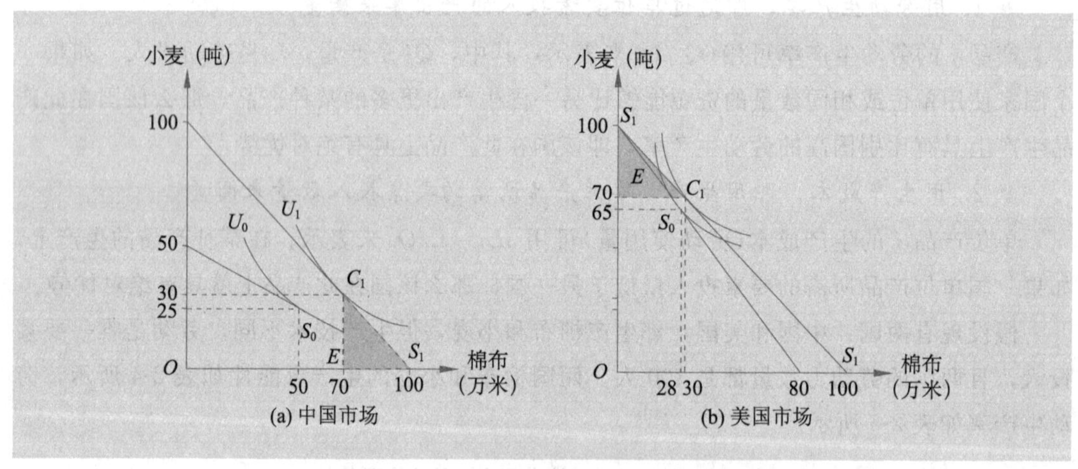


**图 2-1　绝对优势贸易模型中两国之间的贸易**

分工后产生国际贸易：两国产量增加，两国等优曲线都相交于原点更远的位置，社会福利增加了。

**知识链接**

**福利分析工具**

一、生产可能性曲线

生产可能性曲线(production-possibility frontier，PPF)是一国生产要素得到充分利用情况下，所能生产的最大产量组合的连线，用来表示经济社会在既定资源和技术条件下所能生产的各种商品最大数量的组合，反映了资源稀缺性与选择性的经济学特征。通常为两种商品的生产可能性比较。

当边际成本不变的时候，生产可能性曲线是一条直线；而当边际成本递增的时候，生产可能性曲线是一条凹向原点的曲线。某国将全部生产要素用于X产品生产，产量为OX，全部用于Y产品生产时，产量为OY，AB的斜率是衡量X与Y产品的国内交换比率。生产可能性曲线边界以下各点表示生产资源未充分利用，或即使被充分利用生产也缺乏效率，边界以上的点则表示在现有的资源和技术条件下无法达到的产量水平，如图2-2所示。

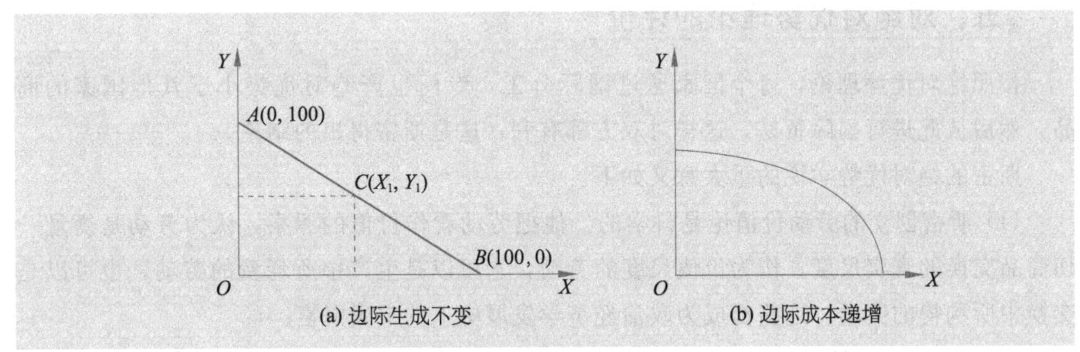


**图2-2 生产可能性曲线**

二、无差异曲线

无差异曲线是一条向右下方倾斜的曲线(见图2-3)，其斜率一般为负值。这在经济学中表明在收入与价格既定的条件下，消费者为了获得同样的满足程度，增加一种商品的消费就必须减少另一种商品，即给予整个社会相同满足水平的两种商品消费的不同组合。两种商品在消费者偏好不变的条件下，不能同时减少或增多，离原点越远，效用水平越大。

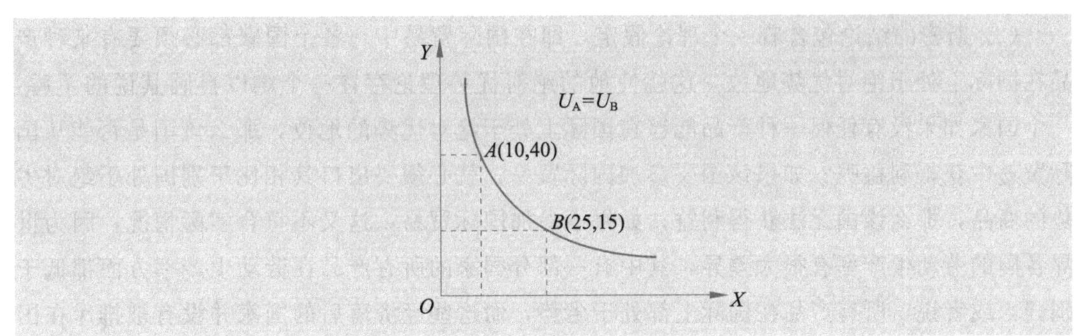


**图2-3 无差异曲线**

三、生产可能性曲线与无差异曲线相交得出最佳产量与消费量

*E*点达到生产与消费的均衡，产量最大，效用最大，如图2-4所示。

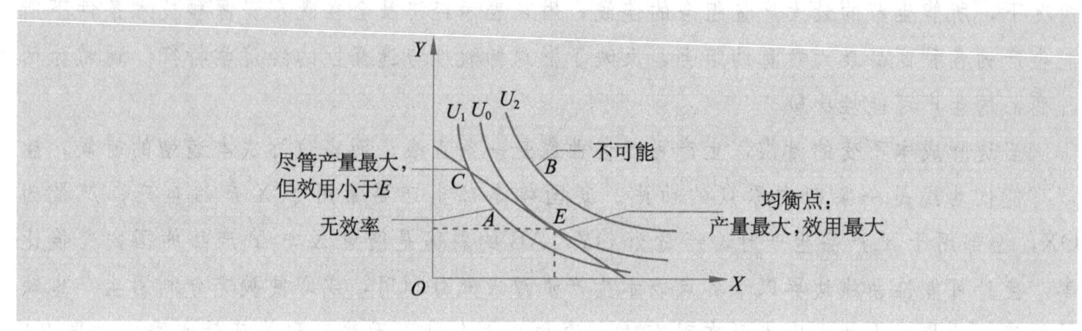


图 2-4 生产可能性曲线与无差异曲线相交

## 五、对绝对优势理论的评价

按照绝对优势理论，每个国家通过国际分工，专门生产绝对优势小于其他国家的商品，然后彼此进行国际贸易，这样对双方都有利，这是斯密得出的结论。

斯密的绝对优势学说的重大意义如下。

(1) 斯密创立的劳动价值论是科学的。他把劳动看作价值的源泉，认为劳动是衡量一切商品交换的真实尺度。作为价值尺度的劳动，它可以是生产中所耗费的劳动，也可以是交换中所购得的劳动。这些都成为政治经济学发展史上的宝贵财富。

(2) 指出一个国家只要根据有利生产条件参加国际分工就可以获得贸易利益。

(3) 提出了自由贸易的政策。

绝对优势理论的局限性如下。

(1) 关于交换的倾向产生了分工的观点是错误的。他认为，交换是人类固有的天性，正是由于人类有了交换的倾向，才产生了社会分工。斯密在这里颠倒了分工和交换的关系。人类社会是随着生产力的发展才逐渐有了社会分工和国际分工，有了分工，才有了以专业化生产为纽带的商品交换和国际贸易。斯密受时代的局限，未能正确地认识到这一点。

(2) 斯密的结论包含着一个理论假定，即在国际贸易中，各个国家都必须要有某种产品在国际上处于绝对优势地位，这就使他的绝对优势理论存在一个难以自圆其说的矛盾：一个国家如果没有任何一种产品能够在国际上处于绝对优势的地位，那么该国是否能从国际贸易中获得利益呢？如果该国要参加国际贸易，就必须要出口其相比于别国处于绝对劣势的商品，那么该国无法获得利益。如果不参加国际贸易，这又不符合实际情况，因为世界各国的劳动生产率有很大差异，其中有一部分国家的所有产品在劳动生产率方面都低于别国，或者说，所有产品在国际上都处于劣势，而这些经济落后的国家并没有被排斥在国际贸易之外。斯密无法解释这一矛盾，斯密的比较优势理论没有能够正确地解释国际贸易的成因，虽然斯密正确地说明了国际分工是国际交换的基础，但没有找出决定国际分工的原因。

## 拓展阅读

亚当·斯密，英国资产阶级政治经济学的主要代表人物，以《国民财富的性质和原因的研究》(简称《国富论》，严复最早译为《原富》)一书蜚声于世。1723 年，生于苏格兰的柯科迪。1737 年，入格拉斯哥大学。1740 年，转赴牛津大学学习。1746 年，回故乡。1748—1750 年冬，在爱丁堡公开讲学，内容有修辞学、历史和经济学。1751 年 1 月，受聘为格拉斯哥大学逻辑学教授，次年改任伦理学教授。1759 年，出版《道德情操论》。任教期间，参加市长组织的、讨论贸易的俱乐部。在那里结识一些大商人，接触到详细的贸易材料，为日后出版《国富论》打下了基础。在其影响下，该市商人不久即赞成谷物的自由贸易。1763 年，受聘为布克莱希公爵的私人教师。次年，陪同公爵出游欧陆，在巴黎会晤重农学派的 F. 魁奈和 A. R. J. 杜尔哥，这对斯密的经济思想有一定影响。1766 年，回国。1767 年 5 月，被选为皇家学会会员前，已返乡致力于《国富论》的写作，此书于 1776 年出版。出游欧陆期间，在日内瓦会晤启蒙运动思想家伏尔泰。在巴黎时，除魁奈、杜尔哥外，还晤及哲学家霍尔巴赫、银行家兼政治家 J. 内克等人；而与 A. 莫尔莱的深交，使之成为《国富论》的法文译者。斯密处于英国从工场手工业向工厂制转变的时期，国内还存在相当多的封建经济，贵族地主在政治上还处于支配地位，这就决定《国富论》在反对重商主义的同时，必须反对封建主义。因之，该书既攻击特许公司的垄断，也攻击地主阶级的不劳而获。斯密深知，不这样便无法为工业资产阶级开路。《国富论》出版不久，便对政府的经济政策产生影响。1778 年和 1780 年，英国先后开征房产税和麦芽税，似受它的启发；而最著名的则为 1786 年的英法商约，其互减关税的规定，与重商主义的做法大相径庭，显系符合斯密的自由贸易主张的。1784 年，对东印度公司建立政府监督的法案，则以其限制特许公司的权力而受到他的赞扬。1777 年，斯密被任命为苏格兰海关和盐税专员，移居爱丁堡。1787 年，被选为格拉斯哥大学校长。1790 年逝世。终身未婚。

资料来源：亚当·斯密. 百度百科.

# 任务三 比较优势理论

## 导入案例

齐国的大将田忌，很喜欢赛马，有一回，他和齐威王约定，要进行一场比赛。各自的马都可以分为上，中，下三等。比赛的时候，齐威王总是用自己的上马对田忌的上马，中马对中马，下马对下马。由于齐威王每个等级的马都比田忌的马强一些，所以比赛了几次，田忌都失败了。

有一次，田忌又失败了，觉得很扫兴，比赛还没有结束，就垂头丧气地离开赛马场，这时，田忌抬头一看，人群中有个人，原来是自己的好朋友孙膑。孙膑招呼田忌过来，拍着他的肩膀说："我刚才看了赛马，威王的马比你的马快不了多少呀。"孙膑还没有说完，田忌瞪了他一眼："想不到你也来挖苦我!"孙膑说："我不是挖苦你，我是说你再同他赛一次，我有办法准能让你赢了他。"田忌疑惑地看着孙膑："你是说另换一匹马来?"孙膑摇摇头说："连一匹马也不需要更换。"田忌毫无信心地说："那还不是照样得输!"孙膑胸有成竹地说："你就按照我的安排办事吧。"齐威王屡战屡胜，正在得意扬扬地夸耀自己马匹的时候，看见田忌陪着孙膑迎面走来，便站起来讥讽地说："怎么，莫非你还不服气?"田忌说："当然不服气，咱们再赛一次!"说着，"哗啦"一声，把一大堆银钱倒在桌子上，作为他下的赌钱。齐威王一看，心里暗暗好笑，于是吩咐手下，把前几次赢得的银钱全部抬来，另外又加了一千两黄金，也放在桌子上。齐威王轻蔑地说："那就开始吧!"一声锣响，比赛开始了。孙膑先以下等马对齐威王的上等马，第一局田忌输了。齐威王站起来说："想不到赫赫有名的孙膑先生，竟然想出这样拙劣的对策。"孙膑不去理他。接着进行第二场比赛。孙膑拿上等马对齐威王的中等马，获胜了一局。齐威王有点慌乱了。第三局比赛，孙膑拿中等马对齐威王的下等马，又战胜了一局。这下，齐威王目瞪口呆了。比赛的结果是三局两胜，田忌赢了齐威王。还是同样的马匹，由于调换一下比赛的出场顺序，就得到转败为胜的结果。

**思考：**田忌取胜说明了什么？反映了什么原理？

由于两个国家刚好具有不同商品生产的绝对优势的情况是极为偶然的，斯密的绝对优势理论仍然面临一些挑战。如果一个国家在任何商品的生产上都不拥有绝对优势，是否能够参与国际分工和国际贸易？

## 一、比较优势理论产生的历史背景

### （一）比较优势理论的创始人

大卫·李嘉图(DavidRicardo，1772—1823)古典经济学理论的完成者，古典学派的最后一名代表，最有影响力的古典经济学家，也是英国古典政治经济学的完成者。李嘉图早期是交易所的证券经纪人，后受亚当·斯密《国富论》一书的影响，激发了他对经济学研究的兴趣，其研究的领域主要包括货币和价格，对税收问题也有一定的研究。李嘉图的主要经济学代表作是1817年完成的《政治经济学及赋税原理》，书中阐述了他的税收理论。1819年，他曾被选为上院议员，极力主张议会改革，支持自由贸易。李嘉图继承并发展了斯密的自由主义经济理论，他认为限制政府的活动范围、减轻税收负担是增长经济的最好办法。大卫·李嘉图在其代表作《政治经济学及赋税原理》中提出了比较成本贸易理论，后人称为比较优势理论。

**知识链接**

一件商品的价值，或曰用以与之交换的任何其他商品的数量，取决于生产此件商品所必需的相对劳动量。

商品的交换价值以及决定商品交换价值的法则，即决定为了交换他种商品必须付出多少此种商品的规律，全然取决于在这些商品上所付出的相对劳动量。

——大卫·李嘉图《政治经济学及赋税原理》

### (二) 比较优势理论产生的背景

1815 年，英国政府为维护土地贵族阶级利益而修订实行了“谷物法”。“谷物法”颁布后，英国粮价上涨，地租猛增，它对地主贵族有利，而严重地损害了产业资产阶级的利益。昂贵的谷物，使工人货币工资被迫提高，成本增加，利润减少，削弱了工业品的竞争能力；同时，昂贵的谷物，也扩大了英国各阶层的吃粮开支，而减少了对工业品的消费。“谷物法”还招致外国以高关税阻止英国工业品对他们的出口。为了废除“谷物法”，工业资产阶级采取了多种手段，鼓吹谷物自由贸易的好处。而地主贵族阶级则千方百计维护“谷物法”，认为，既然英国能够自己生产粮食，就根本不需要从国外进口，反对在谷物上自由贸易。这时，工业资产阶级迫切需要找到谷物自由贸易的理论依据。李嘉图适时而出，他在 1817 年出版的《政治经济学及赋税原理》，提出了著名的比较优势原理，这是一项最重要的、至今仍然没有受到挑战的经济学的普遍原理，具有很强的实用价值和经济解释力。他认为，英国不仅要从外国进口粮食，而且要大量进口，因为英国在纺织品生产上所占的优势比在粮食生产上优势还大。故英国应专门发展纺织品生产，以出口换取粮食，取得比较利益，提高商品生产数量。

## 二、比较优势理论的主要观点

比较优势理论是在绝对成本理论的基础上发展起来的，在李嘉图看来，在商品的交换价值由生产中所耗费的劳动量决定的条件下，每个人都会致力于生产对自己说来劳动成本相对较低的商品。他举例说，“如果两个人都生产鞋和帽子，其中一人在两种商品的生产上都比另一个人具有优势，不过在帽子生产上只领先于其竞争对手 1/5 或 20%，而在鞋的生产上却要领先于其竞争对手 1/3 或 33%；那么，这个具有优势的人专门生产鞋，而那个处于劣势的人专门生产帽子，难道不是对于他们双方都有利吗?”

根据比较优势原理，一国在两种商品生产上较之另一国均处于绝对劣势，但只要处于劣势的国家在两种商品生产上劣势的程度不同，处于优势的国家在两种商品生产上优势的程度不同，则处于劣势的国家在劣势较轻的商品生产方面具有比较优势，处于优势的国家则在优势较大的商品生产方面具有比较优势。两个国家分工专业化生产和出口其具有比较优势的商品，进口其处于比较劣势的商品，则两国都能从贸易中得到利益，这就是比较优势原理。也就是说，两国按比较优势参与国际贸易，通过“两利相权取其重，两弊相权取其轻”，两国都可以提升福利水平。

**知识链接**

一个国家和一个人一样，只要出口那些它在生产率上最具有比较优势的产品或服务，进口那些它最不具有比较优势的产品或服务，它就会从贸易中获益。

——大卫·李嘉图《政治经济学及赋税原理》

比较优势理论认为，国际贸易的基础是生产技术的相对差别(而非绝对差别)，以及由此产生的相对成本的差别。每个国家都应根据“两优择其甚，两劣权其轻”的原则，集中生产并出口其具有“比较优势”的产品，进口其具有“比较劣势”的产品。比较优势贸易理论在更普遍的基础上解释了贸易产生的基础和贸易利得，大大发展了绝对优势贸易理论。

## 三、比较优势理论的贸易模型

李嘉图也像斯密一样，采取了由个人经济行为推广至国家经济行为的办法，来分析论证他所说的比较优势以及建立在比较优势基础上的贸易模型。

### (一) 比较优势理论的假设前提

与其他所有的经济分析一样，在研究国际贸易时，经济学家也常常将许多不存在直接关系和并不重要的变量假设为不变，并将不直接影响分析的其他条件尽可能地简化。为了进一步分析，需要对比较优势理论贸易模型做以下基本假设。

第一，采用“两个国家，两种商品”的模式进行分析，即假设世界是由两个国家组成，它们只生产两种产品。

第二，生产要素在一国国内可以自由流动，在两国间则不能流动，而且国内资源充分就业。

第三，自由贸易在完全竞争下进行的，以物物交换为形式。

第四，交易双方生产成本不变，无规模经济，亦不考虑运输成本和保险费用，同时假定不存在技术进步和经济发展。

第五，劳动决定商品价值，而且所有劳动都是同质的。

第六，收入分配，即一国公民的相对收入水平不受自由贸易的影响。

### (二) 李嘉图的贸易实例

在以上假设下，为说明比较优势理论，李嘉图引用了英国和葡萄牙的例子，如表 2-7 所示。

表 2-7 国际分工的利益

| 国家 | | 酒产量(单位) | 所需劳动人数(人/年) | 毛呢产量(单位) | 所需劳动人数(人/年) |
|---|---|---|---|---|---|
| 英国 | 分工前 | 1 | 120 | 1 | 100 |
| 葡萄牙 | | 1 | 80 | 1 | 90 |
| 英国 | 分工后 | — | — | 2.2 | 220 |
| 葡萄牙 | | 2.125 | 170 | — | — |
| 英国 | 国际交换 | 1 | — | 1.2 | — |
| 葡萄牙 | | 1.125 | — | 1 | — |

从表 2-7 中可看出，葡萄牙生产酒和毛呢，所需劳动人数均少于英国，从而英国在

这两种产品的生产上都处于不利地位，按绝对优势理论，两国之间不会进行国际分工，而李嘉图认为，葡萄牙生产酒所需劳动人数比英国少 40 人，生产毛呢少 10 人，即分别少 1/3 和 1/10，显然，葡萄牙在酒的生产上优势更大一些，虽然它在毛呢生产上也具有优势；英国在两种产品上都处于劣势，但在毛呢生产上劣势较小一些。但按照李嘉图的“两利取重，两害取轻”的原则，英国虽然都处于绝对不利地位，但应取其不利较小的毛呢生产，葡萄牙虽然都处于绝对有利地位，它应取有利较大的酒的生产。按照这种原则进行国际分工，两国产量都会增加，进行国际贸易，两国都会得利。从表 2-7 中还可以看出，分工后投入的劳动人数虽然没有变化，但酒的产量却从 2 个单位增加到 2.125 个单位，毛呢从 2 个单位增加到 2.2 个单位。如果英国以 1 单位毛呢交换葡萄牙 1 个单位酒，则两国都从这种国际分工、国际贸易中得利。因此，这种国际分工、国际贸易对两国都是有利的。

李嘉图的理论为自由贸易提供了坚实的理论基础。李嘉图认为，国际分工与国际交换的利益，只有在政府不干涉对外贸易，实行自由贸易的条件下，才能最有效地实现。“在一个具有充分商业自由的体制下，每个国家把它的资本和劳动置于对自己最有利的用途”。因此，他是坚定的自由贸易论者。

## 四、基于比较成本说的古典国际贸易模型

假定世界上有两个国家：甲国和乙国，它们生产两种产品：丙产品和丁产品，它们生产产品的时候投入一种生产要素：劳动。

### (一) 分析工具

#### ▶ 1. 生产可能性曲线

生产可能性曲线表示一国的生产要素得到充分有效利用的情况下，所能生产的产品最大数量的各种组合。生产可能性曲线的斜率表示边际机会成本。

#### ▶ 2. 无差异曲线

无差异曲线是消费两种产品获得同等效用满足的商品组合的连线。最优的生产和消费组合是生产可能性曲线和社会无差异曲线的切点。

#### ▶ 3. 交换比率(相对价格、贸易条件)

假定没有货币，用相对价格来衡量所交换的产品的价格水平，反映的交换比率就是直线的斜率，而不是直线在坐标图中的位置，即两种商品的交换比率就是图中直线的斜率。交换比率线重要的是斜率，而不是位置。如图 2-5 所示，$AB$ 与 $DE$ 的位置不同，但斜率相同，表示同样的交换比率。

奥地利经济学家戈特弗里德·哈伯勒运用机会成本的概念重新演绎了比较优势原理。所谓机会成本，是指为了得到某种东西而所要放弃另一些东西的最大价值；也可以理解为在面临多方案择一决策时，被舍弃的选项中的最高价值者是本次决策的机会成本；还指厂商把相同的生产要素投入其他行业当中去可以获得的最高收益，即在资源既定条件下，额

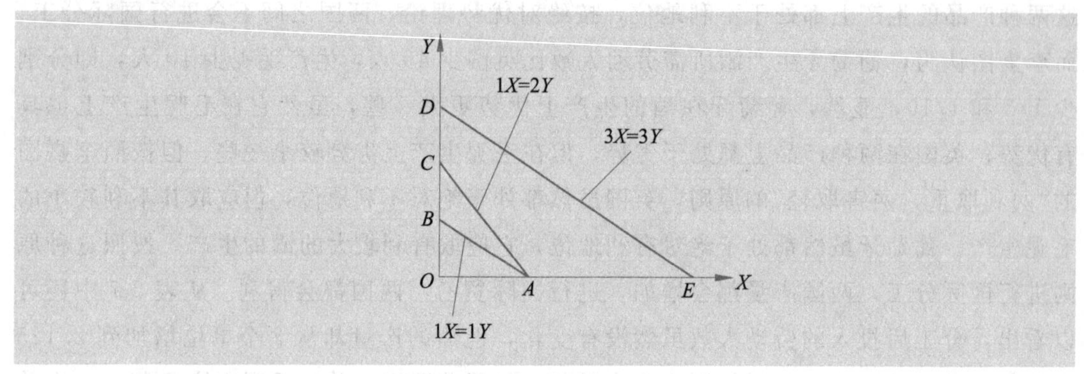


图 2-5　交换比率线

外生产 1 单位一种商品所必须放弃生产另一种商品的最大数量。引入机会成本后，就可以放松劳动价值论的假定，其结论是：当一国在一种商品的生产中相对另一国具有较低的机会成本时，该国在这种商品上便拥有比较优势，而在另一种商品上处于比较劣势。根据由机会成本决定的比较优势进行国际分工和交换，可以给有关国家带来贸易利益，两国机会成本差异越大，比较优势越明显。一般用生产可能性曲线来描述机会成本。生产可能性曲线上任一点的切线的斜率表示商品生产的机会成本。

### (二) 边际机会成本不变时的国际贸易平衡

开展国际贸易前，如果两国国内存在着充分竞争的话，它们的各自的边际机会成本和交换比率会趋于相等，也就是生产可能性曲线与交换比率线重合，实现完全专业化生产。

假定在开展国际贸易之前，甲国国内的边际机会成本和交换比率是 $1X=1Y$，而乙国国内的边际机会成本和交换比率是 $1X=3Y$，如图 2-6 所示。在这种情况下，甲国的生产者会发现，增加生产 1 单位丙需要减少 1 单位丁的生产，而多生产的这 1 单位丙在乙国却能够换回 3 单位的丁。在这种利益的驱使下，甲国的生产者就会扩大丙的生产，并出口到乙国，同时也就减少了丁的生产。乙国的生产者这时也会发现，在国内每增加生产 1 单位丁，需要减少生产 1/3 单位丙，而增加的这 1 单位丁在甲国却能换回 1 单位丙。乙国的生产者也就会扩大丁的生产并出口，同时减少丙的生产。这样，两国逐渐在国际市场上形成一个均衡的交换比率，在其他条件不变的情况下，国际贸易将会按照这个交换比率一直进行下去。

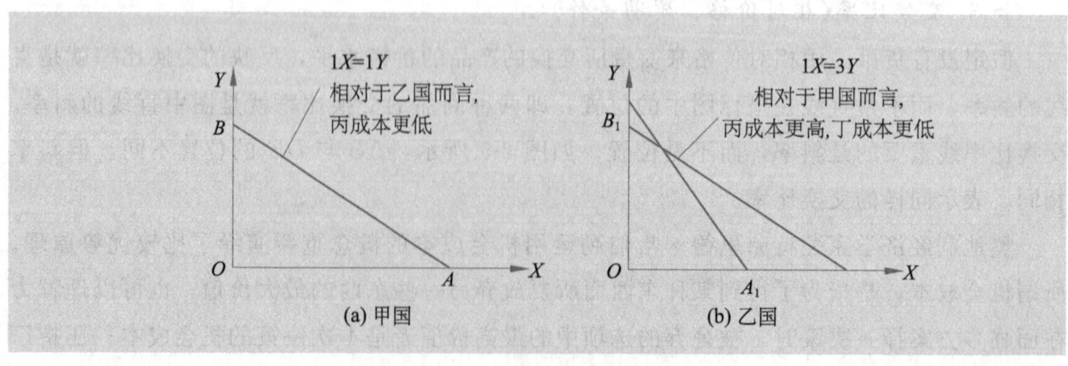


图 2-6　开展国际贸易之前

国际市场上丙价格下跌，丁价格下跌，最终形成一个均衡价格，设为 $T(1X=2Y)$，如图 2-7 所示。

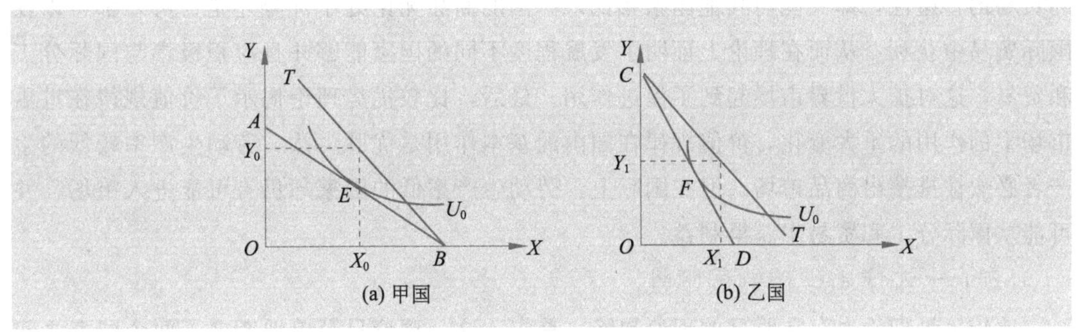


**图 2-7 国际市场上丙价格下跌，丁价格下跌**

国际贸易对价格的影响：丙产品(有比较优势)相对于国内价格提高，即出口商品的相对价格将会提高，同时进口商品相对价格则会降低。

对生产的影响：在边际机会成本不变的情况下，各国都会在自己具有比较成本优势的产品上实现生产的完全专业化。

对消费的影响：两国消费者都在位置更高的无差异曲线上消费产品，消费者福利都得到了改善。甲国丙产品：生产 $OB$，消费 $OX_0$，剩余 $X_0B$(出口)；甲国丁产品：生产 0，消费 $OY_0$(进口)。乙国丙产品：生产 0，消费 $OX_1$(进口)；乙国丁产品：生产 $OC$，消费 $OY_1$，剩余 $Y_1C$(出口)。市场的力量将会把国际交换比率调节到总供给与总需求相等的水平上。甲国的进口量等于乙国的出口量，甲国的出口量等于乙国的进口量，达到贸易均衡，如图 2-8 所示。

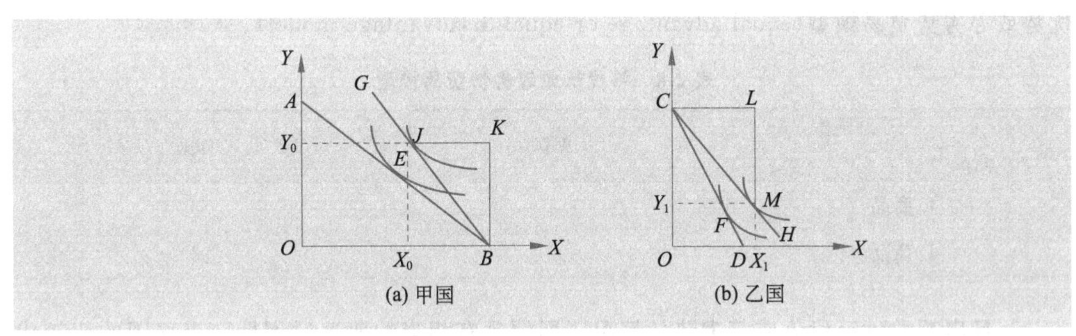


**图 2-8 贸易均衡**

**任务互动：** 边际成本递增时，国际贸易平衡是什么情况？

## 五、对比较成本理论的评价

### (一) 比较成本理论的积极性

整体来看，比较成本理论在加速社会经济发展方面所起的作用是不容置疑的。它对国际贸易理论的最大贡献是，首次，为自由贸易提供了有力证据，并从劳动生产率差异的角度成功地解释了国际贸易发生的一个重要起因。直到今天，这一理论仍然是许多国家，尤其是发展中国家制定对外经济贸易战略的理论依据。其次，较科学地揭示了国际分工和国际贸易的普遍性，即一国与其他国家相比，一国的商品无论处于优势还是劣势，都可以在国际贸易中获利，从而在理论上证明了发展程度不同的国家能够并且应积极参与国际分工和贸易，这对扩大世界市场起到了促进作用。最后，比较优势理论揭示了价值规律在世界市场上的作用的重大变化。价值规律在国内的基本作用是优胜劣汰，劳动生产率较低的生产者必然被排挤出商品市场。但在国际上，劳动生产率低的国家却仍有可能进入市场，并可能从国际分工和贸易中获得利益。

### （二）比较成本理论的局限性

比较优势理论也存在明显的理论缺陷。首先，这一理论只简单地考虑了两个国家之间的贸易情况。其次，该理论模式可解释各国交换替代性商品的情况，难以解释交换互补性商品的情况。在商品具有互补性的情况下，各国之间的贸易并不是出于对生产成本的考虑，而是因为各国内部缺乏某种资源，不得不相互依赖进口。最后，李嘉图没有讨论两个国家贸易的实际交换比率，李嘉图指出各国都可以从国际贸易中获得利益，但谁可以在交换中获得更多的利益？这个问题后来由他的学生穆勒(Mill)做了说明。另外，李嘉图只是对比较优势做了静态分析，而没有进一步揭示这种利益的具体来源及形成机制，这些都有待后来的经济学家修正和补充。

比较优势理论在理论上存在"硬伤"，或者说，存在理论分析上的"死角"。这是因为，在李嘉图的理论分析中，比较优势所以能够成立，全然取决于两国间两种商品生产成本对比上"度"的差异。但是，如果只是考察经过高度抽象的"2×2 贸易模型"，势必存在着这样一种情况，即两国间在两种商品生产成本对比上不存在"度"的差异。表 2-8 所示即为等优势或等劣势贸易模型(equal advantage or equal disadvantage model)。

**表 2-8　等优势或等劣势贸易模型**

| 商品＼国家 | A 国 | B 国 |
|---|---|---|
| C 商品 | 1 | 3 |
| D 商品 | 2 | 6 |

一旦出现此种等优势或等劣势的情况，即便具有相当的普遍适用性，李嘉图的比较优势理论及其基本原则"两优择其甚，两劣权其轻"就不再灵光了。人们惊异地看到，李嘉图陷入了"此优为彼优，无甚可择!"或"彼劣即此劣，何以权轻?"的尴尬境地。

### 拓展阅读

2013 年发生的中美、中欧纺织品贸易之间的摩擦就最好地揭示了李嘉图理论作为发展战略的误区。中国的纺织业据官方声称吸纳了近 2 000 万的就业人口，而美国和欧洲的纺织业吸纳的就业人口充其量不过几十万。按照比较优势理论，美国和欧洲应该放弃他们在纺织品行业的生产能力，并将其让位于像中国这样的发展中国家，以充分发挥后者劳动力廉价的优势(既是相对比较优势，也是绝对优势)。但问题恰恰出在这发达国家几十万人的小产业上。

第一，如果欧美放弃纺织品行业，这几十万的产业工人将面临巨大的工作转型的挑战，让这部分工人从纺织业转移到高技术行业或是其他欧美国家具有比较优势的行业，其中的培训和迁移成本远远高于这些产业工人的年薪收入。第二，这几十万工人的政治能力是巨大的。西方人常说，所有的政治问题都是当地的问题。这几十万人可以利用他们在当地的政治能量去游说本地的议员们，进而动用这些议员的政治能力和政治资本给本国的政府官员施加压力，要求对中国的纺织品加以限制。因此，纺织品贸易之战的本质实际上是就业之战，是几十万欧美纺织工人同近2 000万中国纺织工人的政治较量。在这种政治较量中，中国作为廉价劳动力丰富的出口国，是难以完全制胜的，尽管我们的政府官员具有高度的专业知识和技能，因为这个博弈的主战场不在中国，也不在WTO，而是在欧美的纺织业比较聚积的地区。

然而，问题还不止于此。2 000万人的就业相对于中国尚未转移的3亿多农村劳动力以及每年上千万的新增劳动力而言，仅仅是很小的一部分。像中国这样的发展中国家如果指望继续扩大以廉价劳动力为基础的产品出口来解决就业问题，其道路可谓艰难至极。这不是一个单纯的国际经济问题，更是一个国际政治问题。中国作为一个正在崛起的政治大国，在国际政治中所扮演的角色是多维的，这就注定我们在贸易问题上不可能用尽所有的国际政治资本，我们还有许多同样重要甚至更为重要的国际政治目标需要推进，如引导联合国常任理事国的改革、与周边国家的领土资源等问题的协商、祖国统一等。

再进一步分析，纺织品贸易还凸显出另一个更为棘手的问题：很多统计资料表明，中国在纺织品出口上赚取的利润差额远远不到10%。事实上，全球70%以上的纺织品进出口都是由若干家以香港为总部的公司所掌握，所以中国在所谓“中国制造”的游戏中，得到的仅仅是一部分劳动力就业以及极为可怜的利润份额，这样的发展显然不利于中国纺织业的产品升级和长期国际竞争力的提升。两大致命硬伤决定中国应当告别李嘉图。

可见，以大卫·李嘉图为先锋的比较优势理论，从经济学理论的角度而言几乎是无懈可击的，但如果把它推广到发展战略，尤其是像中国这样一个大国的发展战略上时，就出现了致命的硬伤。第一，来自于国际政治的困难。当年大卫·李嘉图高举自由贸易的旗帜、力主废除保护地主阶层利益的《玉米法》时，面对的主要是英国国内反对自由贸易的势力，而如今，发展中国家在争取自由贸易的问题上所面对的是发达国家。尽管发展中国家不论在国家的数量上还是在人口上都占绝对多数，发达国家则占少数，但这些少数国家的市场容量远远大于发展中国家的市场容量，因此，少数国家对于多数国家在谈判问题上反而是占有优势的。考虑到复杂的国际环境以及来自国内特定阶层的压力，发展中国家指望发达国家不断地开放市场、不断地让出那些已经不具有竞争力的产业是明显不现实的。第二，李嘉图的理论没有考虑到像中国这样的大国的潜在优势。作为一个大国，中国真正的优势在于它巨大的、潜在的国内市场。2013年，中国巨大的国内市场远远没有完全开发，包括中部、西部及东北等经济相对落后的地区蕴藏着巨大的市场。只有这部分市场不断地开发出来，中国的企业才能够不断地更加顺利地发展，才能成为世界级的大企业，也只有这样，中国就业问题的解决才能够从根本上找到出路。

资料来源：大卫·李嘉图. 百度百科.

## 拓展阅读

比较优势理论，尽管自李嘉图提出至今已近200年，但仍不失为指导一般贸易实践的基本原则。不仅如此，比较优势理论的原理除了可以用于对国际贸易问题的分析以外，还有较为广泛的一般适用性。

例如，大学教授一般都要聘请助教，专门负责对学生的日常辅导，负责批阅学生的作业，同时还要帮助教授做好讲授课程的有关准备工作。但我们知道，一位学术造诣高深的教授，完全可以在承担教学和科研工作任务的同时，兼顾这些工作，而且教授直接对学生进行辅导，学生们的收益一定会更大、更多。又如，经验丰富的外科大夫除了能够给病人动手术以外，肯定还完全能够胜任对病人的护理，完全能够亲自为一个外科手术做各方面准备。但外科大夫往往都要专门聘请护士小姐。再如企业的高级资深管理人员，除了可以全面打理公司业务外，还能非常熟练地处理公司的日常业务档案，至于文件的打印，资料的分类、整理、归档等，公司经理们更应是行家里手，但他们同样还是要专门聘请秘书和打字员。凡此种种，还可以举出很多其他例子。究其原因，无非是因为社会的在劳动分工中，普遍存在着绝对优势或绝对劣势中的比较优势。教授、外科大夫、公司经理同助教、护士小姐、总经理秘书相比，前者尽管在各方面都享有绝对优势，但他们更大的优势或曰比较优势分别在教学和科研、主刀动手术和企业的经营管理方面。后者虽然处在全面劣势地位，但他们在辅导学生的学业和批阅学生作业、对病员进行常规护理和处理公司的一般文件打印归档的日常事务上的劣势相对较小，或者说他们在这些方面具有比较优势。可见“两利相权取其重，两弊相权取其轻”不仅仅是指导国际贸易的基本原则，在社会生活的其他诸多方面，都应该成为进行合理社会分工，以取得最大社会福利与劳动效率的原则。

资料来源：李嘉图的比较优势理论. MBA智库百科词条.

# 任务四 要素禀赋理论

## 导入案例

沙特阿拉伯是一个石油大国，石油资源丰富，在其领土范围内，已探明的石油储量为2 615亿桶，约占全球总储量的25.2%。沙特阿拉伯现共有8座大型炼油厂，日提炼能力约158万桶，实际日产量约40万～150万桶，其中60%左右供国内消费，其余供出口。

沙特阿拉伯经济结构单一，石油是其经济发展的命脉，因此，对外贸易在其国民经济中举足轻重。石油收入占其国家财政收入的60%～80%，石油和石化产品出口占其出口总额的90%左右。进口中，机电设备、食品和交通工具所占比重最大。自20世纪70年代起，沙特阿拉伯利用其丰厚的石油资金大力发展经济和改善人民生活，进行了多期五年发展规划，经过20年的努力，使沙特阿拉伯从一个贫穷落后的国家变成一个举世闻名的现代化石油大国，而且成为中东最大的商品和承包劳务市场，并拥有大量的海外资产。依靠石油收入，沙特阿拉伯对外经济援助数量可观，共计向全世界70多个发展中国家提供了700亿美元的援助。对石油的高度依赖，是沙特阿拉伯深受国际市场上石油价格波动的影响。20世纪70年代石油价格高攀时，给沙特阿拉伯带来了可观的贸易收益，使其一跃成为世界人均高收入成员，而80年代以后的石油价格萎靡不振，也给其带来了巨大的不利影响。大多数发展中国家的出口商品都与其要素禀赋密切关联。尼日利亚、印度尼西亚、墨西哥、肯尼亚、埃及、委内瑞拉等是世界石油的主要供给国，赞比亚、扎伊尔、智利是著名的铜出口国，哥伦比亚、坦桑尼亚、埃塞俄比亚、巴西、科特迪瓦、危地马拉是文明的咖啡供应地。

**思考：**沙特阿拉伯对外贸易成功的例子说明了什么？

## 一、要素禀赋理论产生的背景

### （一）要素禀赋理论的创始人

埃利·赫克歇尔(EliF. Heckscher，1879—1952)出生于瑞典斯德哥尔摩，在乌普萨拉(UppsalaUniversity)大学学习历史和经济，毕业后在斯德哥尔摩大学任教。他对经济学的主要贡献是在经济理论上的创新和在经济史研究方面引入新的方法论——定量研究方法。1919年，《外贸对收入分配的影响》集中探讨了各国资源要素禀赋构成与商品贸易模式之间的关系，并运用总体均衡分析方法。1924年，《间歇性免费商品》提出不完全竞争理论，还探讨不由市场决定价格的集体财富问题。经济史方面主要著作有《大陆系统：一个经济学的解释》《重商主义》《古斯塔夫王朝以来的瑞典经济史》《历史的唯物主义解释及其他解释》《经济史研究》。

伯尔蒂尔·俄林(Bertil Gotthard Ohlin，1899—1979)出生于瑞典南方的一个小村子克利潘(Klippan)，在多个学校获得数学、统计学、经济学多个学位，并在多个学校任教，曾是赫克歇尔的学生。最著名的工作是对国际贸易理论的现代化处理，并由此获得1977年诺贝尔经济学奖。1924年，出版《国际贸易理论》；1933年，出版《区间贸易和国际贸易论》；1936年，出版《国际经济的复兴》；1941年，出版《资本市场和利率政策》。

**知识链接**

产生国际贸易的前提条件可以概括为相互进行交换的国家之间生产要素的相对稀缺程

度(即生产要素的相对价格)和不同产品中所用生产要素的不同比例。

——赫克歇尔《国际贸易对收入分配的影响》

### (二) 要素禀赋理论产生的背景

瑞典经济学家埃利·赫克歇尔、伯尔蒂尔·俄林所处的时代正是资本主义向帝国主义时代发展的时期，这时垄断资本与国家政权的融合得到了加强，国家垄断资本主义大大发展。“二战”后这一趋势更为明显，垄断资本利用国家机器不仅控制了国内的生活，而且力图控制世界市场，形成了以少数发达帝国主义国家为中心，多数落后国家为外围的“世界城市”与“世界农村”式的旧的国际分工，这时的西方国际贸易理论以当代西方经济学为理论基础，站在旧的国际经济秩序的立场上，来阐述国际贸易产生的原因及国际贸易的利益、分配等重大理论问题。要素禀赋理论就是其中具有代表意义的理论之一。

## 二、要素禀赋理论的主要内容

### (一) 要素禀赋理论的基本假设

要素禀赋理论存在以下几个基本的假设条件，这些假设条件具有特定的含义。下面对这些假设条件及其含义进行具体阐述。

(1) 两个国家(本国与外国)，使用两种生产要素(劳动与资本)，生产两种商品(X与Y)，即2×2×2模型。

该假设的目的是用一个二维平面图来说明这一理论。实际上，放松这一假设(即研究更为现实的多个国家、多种商品、多种要素)并不会对所得出的结论产生根本性的影响。

(2) 在两个国家中，商品X都是劳动密集型产品，商品Y都是资本密集型产品。

该假设表明，在两个国家中生产商品X相对于生产商品Y来说，使用的劳动的比例较高。就是在相同的要素价格下，生产商品X的资本/劳动比率要低于生产商品Y的这一比例。

(3) 两国在生产中都使用相同的技术。

该假设意味着，两国都可以使用相同的生产技术。这样，如果要素价格在两国是相同的，两国在生产同一种商品时就会使用相同数量的劳动和资本。由于要素价格通常是不同的，因此各国的生产者都倾向使用更多的便宜要素以降低生产成本。

(4) 在两个国家中，两种商品的生产都是规模报酬不变的。

该假设意味着，增加某一商品生产的劳动和资本投入会带来该商品产量的同一比例的增加。

(5) 两国在生产中均为不完全分工。

该假设表明，即使在自由贸易条件下，两国也继续生产两种商品，这意味着两国都不是“很小”的国家。

(6) 两国需求偏好相同。

该假设表明，由无差异曲线的位置和形状所反映的需求偏好在两国是完全相同的。也就是说，如果两国的相对商品价格是相同的，两国消费 X 和 Y 的比例是相同的。

(7) 在两个国家中，商品与要素市场都是完全竞争的。

该假设表明，商品 X 和 Y 的生产者、消费者和贸易者都很小，它们的行为不会影响这些商品的价格。对于劳动和资本的使用者和提供者也是一样的。完全竞争还表明，在长期中，商品价格将与生产成本相等，减去所有的成本(包括隐含成本)之后，生产者将不会获得任何超额利润。最后，在完全竞争下，所有的生产者、消费者、要素所有者对各地、各行业的商品价格和要素收入是完全了解的。

(8) 要素在一国国内可以自由流动，但不能在国际间自由流动。

该假设表明，劳动和资本可以自由、快速地从低收入的地区和产业流向高收入的地区和产业，直到该国各个地区和产业、同类劳动和资本的收益相等为止。同时，国际要素流动为零(即国与国之间没有要素流动)，因此在不存在国际贸易的情况下，国际要素收入差异将会永久存在。

(9) 没有运输成本、没有关税或影响自由贸易的其他壁垒。

该假设说明，在贸易存在的条件下，当两国的相对(或绝对)商品价格完全相等时，两国的生产分工才会停止。如果存在运输成本和关税，则当两国的相对(或绝对)价格差不大于每单位贸易商品的关税和运输成本时，两国的生产分工就会停止。

(10) 两国资源均得到了充分利用。

该假设表明两国均不存在未被利用的资源和要素。

(11) 两国的贸易是平衡的。

该假设意味着，每一国的总进口额等于其总出口额。

### (二) 要素密集度和要素丰裕度的含义

要素密集度和要素丰裕度是要素禀赋理论的两个关键概念。

#### 1. 要素密集度

不能用一种产品的生产中使用的生产要素绝对量来衡量产品的要素密集度(factorintensity)。假设生产 1 单位 X 产品需要投入 6 个单位的劳动和 2 个单位的资本，而生产 1 单位 Y 产品需要投入 8 个单位劳动和 4 个单位资本。在这种情况下，不能因为生产 Y 产品需要投入的劳动更多而认为它是劳动密集型产品，而是要根据每单位产品的要素投入比率来决定其要素密集度。在上面的例子中，X 产品的劳动/资本比率是 3(6/2)，Y 产品的劳动/资本比率是 2(8/4)，X 的劳动/资本比率高于 Y，因此 X 是劳动密集型产品。另一方面，Y 产品的资本/劳动比率是 0.5(4/8)，X 产品的资本/劳动比率是 0.33(2/6)，Y 的资本—劳动比率大于 X，因此 Y 是资本密集型产品。需要注意的是，要素密集度是一个相对概念。对 X 来说，它相对于 Y 是劳动密集型产品，对 Y 而言，则相对于 X 是资本密集型产品。

#### 2. 要素丰裕度

要素丰裕度(factorabundance)用来衡量国家的相对要素禀赋。需要注意的是，和要素密集度一样，要素丰裕度也是一个相对概念。

假设本、外两国的劳动价格分别以工资率 $w_A$ 和 $w_B$ 表示，资本价格分别以利息率 $i_A$ 和 $i_B$ 表示，令 $\theta_A = w_A/i_A$、$\theta_B = w_B/i_B$ 分别代表两国的要素相对价格。若不等式 $\theta_A < \theta_B$ 成立，则称本国劳动丰裕、资本稀缺，外国资本丰裕、劳动稀缺。

要素丰裕度亦可用资本总量与劳动总量的比率($T_K/T_L$)来定义，当本国的 $T_K/T_L$ 小于外国时，我们说本国是劳动丰裕的而外国是资本丰裕的。一般情况下，这两种定义方法所得出的结论是一致的。

通常，一国生产可能性曲线的形状与其要素丰裕度有关。如图 2-9 所示，如果本国劳动丰裕且 X 为劳动密集型商品，外国资本丰裕且 Y 为资本密集型商品，那么，本国生产可能性曲线 $AA'$ 相对偏向于 $X$ 轴，外国生产可能性曲线 $BB'$ 相对偏向于 $Y$ 轴。

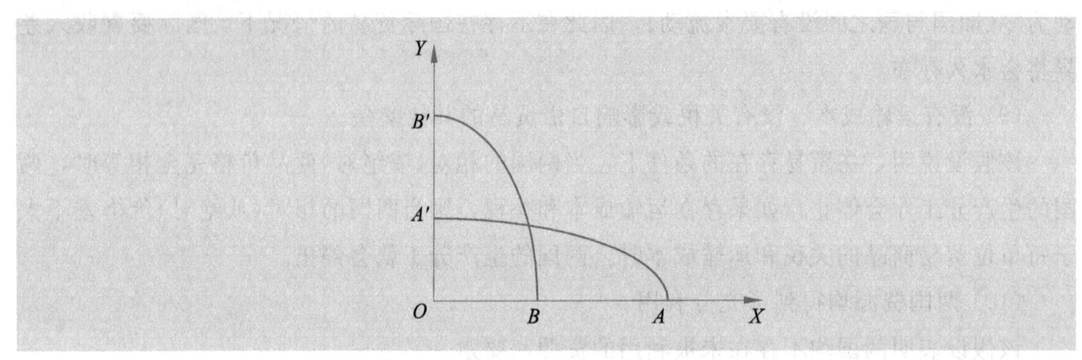


图 2-9　要素丰裕度与生产可能性曲线

### (三) 赫克歇尔—俄林理论的一般均衡框架

赫克歇尔—俄林理论(H-O 定理)模型的基本结论基于以下逻辑关系。

(1) 同一商品在不同国家的价格差异是国际贸易的直接动因。

(2) 在完全竞争的市场结构下，商品价格差异是由生产成本的差别造成的。

(3) 两国技术系数相同时，成本差异源于生产要素价格的不同。根据生产函数的线性齐次性，生产成本等于要素投入量与要素价格乘积的代数和，又因两国同一商品的要素投入系数相同，故其生产成本取决于生产要素的价格。

(4) 生产要素价格的差异是由要素丰裕度的不同造成的。在不考虑要素需求的情况下，要素价格取决于要素的供给，丰裕要素的价格相对较低，稀缺要素的价格相对较高。

图 2-10 清晰地表示出所有经济力量是如何共同确定最终商品价格的。这也就是赫克歇尔—俄林理论模型被称为一般均衡模型的原因。

从图 2-10 的右下角出发，生产要素所有权的分配和需求偏好共同决定了对商品的需求，对生产要素的需求可以从对最终商品的需求中派生出来，对要素的供需力量共同决定了要素价格，要素价格和技术水平决定了最终产品的价格，各国商品相对价格之间的差异确定了比较优势和贸易模式。由要素相对供给量的差异导致的要素价格差异和商品相对价格差异的过程如图 2-10 所示。

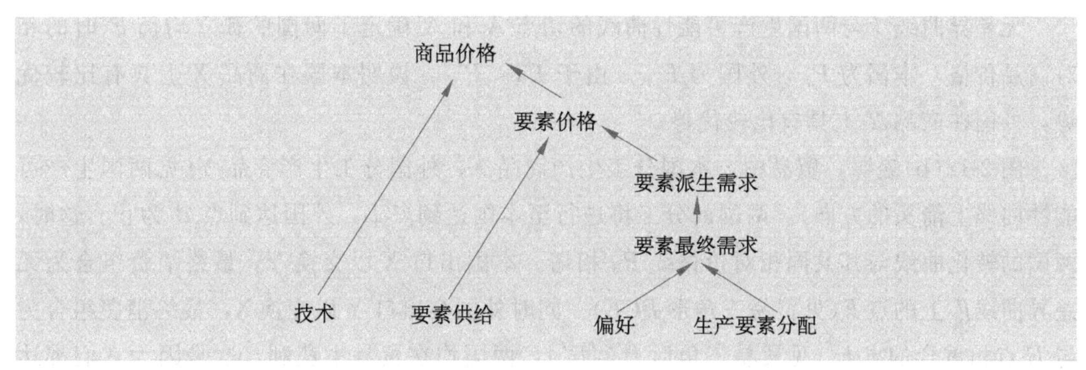


**图 2-10 赫克歇尔—俄林理论的一般均衡框架**

## (四) 赫克歇尔—俄林理论

边际成本递增时，A、B 两国的生产可能性曲线和贸易前的均衡如图 2-11 所示。

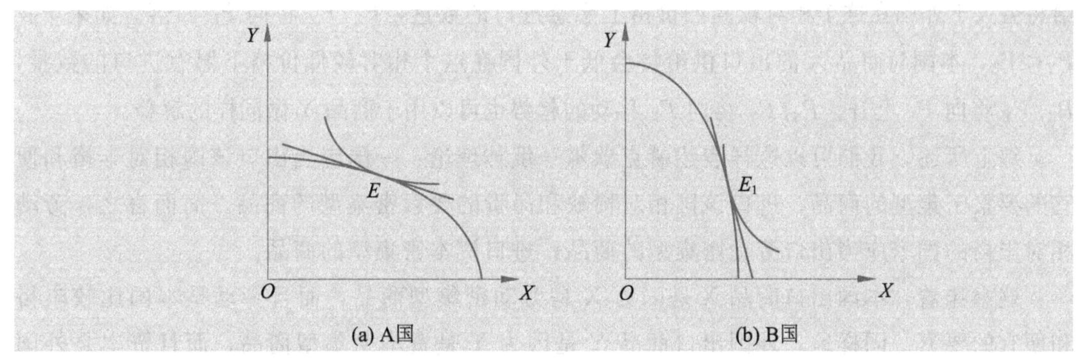


**图 2-11 边际成本递增时，两国的生产可能性曲线和贸易前的均衡**

图 2-12 说明了赫克歇尔—俄林理论模型。图 2-12(a)是本国和外国的生产可能性曲线。本国的生产可能性曲线斜向 $X$ 轴，因为 X 是劳动密集型商品，而本国是劳动丰裕的国家。两个国家均使用相同的技术。另外，因为两国有相同的需求偏好，它们的无差异曲线图是完全一样的。无差异曲线 $I$(两国共同的无差异曲线)与本国生产可能性曲线切于点 $A$，与外国生产可能性曲线切于点 $A'$。无差异曲线 $I$ 是本国和外国无贸易条件下所能达到的最高无差异曲线，点 $A$ 和点 $A'$反映了两国在无贸易发生时各国生产和消费的均衡点。

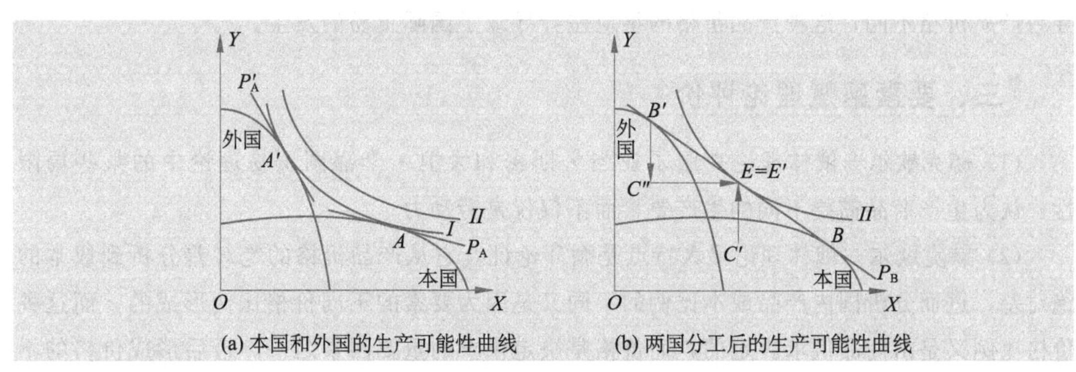


**图 2-12 赫克歇尔—俄林理论模型**

无差异曲线 $I$ 与两国生产可能性曲线的切点 $A$ 和 $A'$ 确定了两国的孤立均衡 $E'$ 时的相对商品价格，本国为 $P_A$，外国为 $P'_A$。由于 $P_A < P'_A$，说明本国在商品 X 上具有比较优势，外国在商品 Y 上具有比较优势。

图 2-12(b)表明，贸易中，本国分工生产商品 X，外国分工生产商品 Y(见两国生产可能性曲线上箭头的方向)。两国的分工将进行至本国达到点 $B$，外国达到点 $B'$ 为止。这时，两国的转化曲线与其共同相对价格线 $P_B$ 相切。本国出口 X 以交换 Y，最终消费组合为无差异曲线Ⅱ上的点 $E$(见贸易三角形 $BCE$)。同时外国会出口 Y 以交换 X，最终消费组合为与 $E$ 点相重合的点 $E'$(见贸易三角形 $B'C'E'$)。两国均在贸易中获利，这是因为它们都达到了更高的无差异曲线Ⅱ。

本国对商品 X 的出口等于外国对商品 X 的进口(即 $BC=C'E'$)。同样地，外国对商品 Y 的出口等于本国对商品 Y 的进口(即 $B'C'=CE$)。当 $P_X/P_Y > P_B$ 时，本国对商品 X 的出口供给将会大于外国在这个相对较高的价格上愿意进口的数量，$P_X/P_Y$ 将向 $P_B$ 回落。如果 $P_X/P_Y < P_B$，本国对商品 X 的出口供给将会低于外国在这个相对较低价格下愿意进口的数量，$P_X/P_Y$ 将向 $P_B$ 上升。$P_X/P_Y$ 将向 $P_B$ 移动的趋势也可以用于商品 Y 做同样的解释。

综上所述，我们可以这样表述赫克歇尔—俄林理论：一国应当出口该国相对丰裕和便宜的要素密集型的商品，进口该国相对稀缺和昂贵的要素密集型的商品。简而言之，劳动相对丰裕的国家应当出口劳动密集型的商品，进口资本密集型的商品。

这意味着，本国出口商品 X 是因为 X 是劳动密集型商品，而且劳动是本国比较丰裕和便宜的要素。同样地，外国出口商品 Y 是因为 Y 是资本密集型商品，而且资本是外国比较丰裕和便宜的要素(即外国的利率－工资比率小于本国的这一比率)。

在所有可能造成国家之间相对商品价格差异和比较优势的原因中，赫克歇尔—俄林理论认为各国的相对要素丰裕度即要素禀赋是各国具有比较优势的基本原因和决定因素。

这样，赫克歇尔—俄林理论解释了比较优势产生的原因，而不像古典经济学家只是假设其成立。赫克歇尔—俄林理论认为各国生产要素的不同丰裕度和各种产品所需要投入的要素比例的不同，使各国在不同的产品上形成了比较优势；生产要素丰裕度的差别使生产要素的价格产生了差别；生产要素价格的差异又形成了产品成本的差异；产品成本的差异导致产品价格不同；这种产品价格的绝对差异导致了国际贸易的发生。

## 三、要素禀赋理论评价

(1) 赫克歇尔—俄林理论克服了亚当·斯密和大卫·李嘉图贸易理论中的某些局限性，认为生产商品需要不同的生产要素而不仅仅是劳动力。

(2) 赫克歇尔—俄林理论最大特点是循环论证，它从产品价格的绝对差分析到成本的绝对差，进而分析国内产品成本比例的不同又是因为要素的不同价格比例形成的，而这种价格比例又是由商品供求决定的，而价格是决定供求的重要因素之一。最后形成价格的不同证明价格的绝对差，陷入了循环论证。在论证中，各个环节组成了一个封闭的圆圈，每一个环节都与前环节相联系，是上一环节的结果，又是下一环节的原因，相互决定，整个论证中没有一个是最终环节。

(3) 赫克歇尔—俄林理论是建立在三要素论基础上的。那么，从劳动价值论的角度分析，三要素论的实质是把资本对劳动者的剥削，土地所有者对劳动者的剥削转化为要素的报酬和收入，从而掩盖了资本主义生产关系。

(4) 赫克歇尔—俄林理论最终把国际贸易产生的原因归结到自然禀赋条件，事实上自然禀赋条件只是为国际分工的形成和贸易的发生提供了可能性，由可能性演变为现实性还需要有一定的条件，如生产力与生产关系的矛盾运动等。而且，具有相对丰富自然资源的国家并不意味着只能成为资源密集型产品出口的国家，具有相对充实资本的国家也并不一定仅是资本密集型产品的出口国。

(5) 赫克歇尔—俄林理论的假设条件把动态的经济视为静态经济，排除了生产力和科学技术的进步，把各国的相对优势看作是一成不变的，这实际是否定了发展中国家在发扬潜在优势方面的必要性，限制开拓新的生产领域。此外，该理论的前提离开现实较远，例如不存在贸易限制，生产要素在国内的完全流动与国际的完全不流动，没有规模收益等在现实是不存在的。

赫克歇尔—俄林理论的局限性是不能解释要素禀赋相同或相似的国家之间的贸易。

# 任务五 里昂惕夫之谜

## 导入案例

俄林的观点发表后，在国际上引起了强烈的反响，人们不仅对这一理论有浓厚兴趣，而且也希望这一理论是与实际相符合的一个规律，于是，有无数的经济学家开始对俄林的理论进行检验，在众多的实证分析中，最引人注目的实证工作由美籍学者瓦西里·里昂惕夫完成，里昂惕夫在1953年和1956年的两次研究中发现了一个难以解释的现象：按照传统理论，美国这个世界上具有最昂贵劳动力和最密集资本的国家，应主要出口资本密集型产品，进口劳动密集型产品。但事实恰好相反，美国出口量最大的却是农产品等劳动密集型产品，进口量最大的却是汽车、钢铁等资本密集型产品，他所发表的检验结果在国际经济学界引起了强烈反响，这就是著名的“里昂惕夫之谜”。

**思考：**里昂惕夫为什么会得出与赫克歇尔—俄林理论相反的结论？

## 一、“里昂惕夫之谜”的产生

### (一) “里昂惕夫之谜”的创始人

里昂惕夫(WassilyLeonitief，1906—1999)，美国著名经济学家，投入—产出经济学创始人。1953 年，经济学家里昂惕夫在美国《经济学与统计学杂志》上发表了一篇文章，利用美国 1947 年进出口行业所用资本存量与工人人数的数据来检验赫克歇尔—俄林理论模型，其结果引发了持续一代人富有成效的争论。由于他的投入—产出分析法对经济学的杰出贡献，获得了 1973 年诺贝尔经济学奖。他的主要著作有《投入—产出经济学》《生产要素比例和美国的贸易结构：进一步的理论和经济分析》等。里昂惕夫所处时代最重要的事件是第二次世界大战，“二战”后，国际分工进一步深化，世界经济发展速度惊人，同时国际贸易和分工中存在的问题也更多地显露出来，西方世界急需一种理论来解释这些问题。里昂惕夫运用自己创造的投入—产出分析法，对赫克歇尔—俄林理论模型进行了验证，得出了自己的结论。

### (二)“里昂惕夫之谜”的实例

里昂惕夫运用其发明的投入—产出分析方法对美国 1947 年的数据进行了计算，以验证美国的贸易结构同赫克歇尔—俄林理论的结论是否一致。他选择一组具有代表性的出口商品和进口竞争商品，计算每百万美元出口和进口竞争商品所使用的资本和劳动量，从而得出出口和进口竞争商品的资本/劳动比率。计算结果如表 2-9 所示。

**表 2-9 1947 年美国国内生产一百万元美元进出口商品的资本和劳动投入量**

| 项　　目 | 每百万美元商品要素投入量 | | |
|---|---|---|---|
| | 出口商品 | 进口竞争商品 | 出口/进口 |
| 资本(1947 年价格)(美元) | 2 550 780 | 3 091 339 | |
| 年劳动人数(人) | 182 | 170 | |
| 资本/劳动(美元/人) | 14 015 | 18 184 | 0.771 |

根据表 2-9，1947 年，美国生产一百万美元出口商品的资本/劳动比率为 14 015，生产同量进口竞争商品的资本/劳动比率为 18 184，两者之比等于 0.771，即出口商品的资本密集度低于进口竞争商品的资本密集度。据此可以认为，美国出口的是劳动密集型商品，进口的是资本密集型商品。但根据常识判断，美国资本相对丰裕而劳动相对稀缺，于是，验证结果与赫克歇尔—俄林理论发生矛盾，从而出现所谓的“里昂惕夫之谜”。其后，一些学者利用其他年份或其他国家的数据进行检验，都得出了类似的验证结果。

## 二、对“里昂惕夫之谜”的解释

“里昂惕夫之谜”提出后，经济学家们纷纷从不同角度对里昂惕夫的验证结果进行探讨，试图解释里昂惕夫之谜产生的原因。其中，较为典型的观点如下。

### (一) 自然资源稀缺

在要素禀赋理论中，只考虑劳动和资本两种生产要素，而忽略了诸如土地、森林、矿藏等自然资源要素。自然资源要素与资本之间有一定的替代性，如果生产一种商品的自然资源不足，就必须采用先进、复杂的设备，投入大量的资本。一些研究表明，美国的多数进口商品正是其自然资源稀缺的商品，作为进口竞争商品在本国内生产，必须投入较多的资本，且生产成本较高。而对于出口国来说，这些商品是自然资源密集型商品，所需投入的资本较少，成本较低。这样，就会导致里昂惕夫之谜。

### （二）人力资本投资

要素禀赋理论假设各国同类要素是同质的。但实际情况是，美国的劳动与国外的劳动相比，具有更高的效率，而美国的高劳动生产率得益于劳动者对教育、职业培训、卫生保健等方面的投资，即人力资本投资。因此，如果把这种人力资本折算进去考虑，美国的出口商品就会是资本密集的，而进口商品是劳动密集的。所以，人力资本在决定美国的贸易模式上起着重要作用。这种观点是对里昂惕夫之谜最有说服力的一种解释。

### （三）贸易壁垒说

要素禀赋理论是建立在自由贸易的假设基础之上的，没有运输成本等各种贸易壁垒。但现实是，国际贸易中存在着大量的关税和非关税壁垒，人为地扭曲了贸易条件，使得商品的相对价格不能反映出真正的比较优势。有关资料显示，当时美国的贸易政策倾向于限制高技术的资本密集型商品出口，阻止技术落后的劳动密集型商品进口。正是这些人为的政策因素扭曲了美国的贸易模式。

### （四）需求逆转

要素禀赋模型假设两国需求偏好是一致的，贸易模式完全决定于要素禀赋的差异。但是如果两国需求偏好的差异超过其在要素禀赋上的差异，就会出现所谓的需求逆转，从而造成与要素禀赋模型推论完全相反的贸易模式。这种观点认为美国的需求强烈偏好资本密集型商品，从而使得其相对价格较高，因此美国反而出口劳动密集型商品，进口资本密集型商品。但实证研究表明，基于需求逆转的解释并不是很有说服力。

### （五）要素密集度逆转

生产要素密集度逆转是指同一种产品在劳动丰裕的国家是劳动密集型产品，在资本丰裕的国家又是资本密集型产品的情形。当生产产品的投入要素之间的替代弹性较大时，生产要素之间的价格变动就会影响商品的要素密集度。例如，X 商品属于劳动密集型商品，但是由于工资的上涨，资本就会替代一部分劳动，随着替代的比例增大，X 商品就有可能由原来的劳动密集型商品转变为资本密集型商品。

但在现实中，由于不同地方生产要素间的替代弹性可能互不相同，因此，要素密集度逆转现象可能存在。而且现实中商品的种类远不止两种，因此即使存在某些要素密集度逆转现象，贸易仍可进行。如果考虑到要素密集度逆转现象，则里昂惕夫之谜也不难解释。因为里昂惕夫是根据美国的技术条件来测算进口商品在他国生产时的要素密集度，但在要素密集度逆转存在的情况下，这可能会造成误会。例如，美国的农业生产机械化程度很高，属于典型的资本密集型，但在其他一些落后国家，农业生产则是一种典型的劳动密集型生产。因此，以美国的情形来衡量其进口产品在生产中的要素密集度，不能真实地反映国际贸易中蕴含在商品中的要素比例。

生产要素密集度的逆转在现实世界是确实存在，问题是它出现的概率有多大。如果要素密集度逆转是一种普遍现象，则整个要素禀赋理论就失去存在的意义，如果要素密集度逆转只是偶然发生，则我们可以保留要素禀赋理论模型而把要素密集度逆转作为例外。里昂惕夫对所研究的资料进行定量分析，发现要素密集度逆转发生只有1%，因此用要素密集度逆转来解释里昂惕夫之谜在理论上可行，但由于要素密集度逆转对要素禀赋理论并无实际性的影响，因此在实践上并无实际意义。

## 三、“里昂惕夫之谜”引发的启示

要素禀赋理论的最基本政策含义是所谓“靠山吃山，靠水吃水”的思想，一国只有在充分利用本国的要素资源，大力开展国际贸易，就能够在国际竞争中获取比较优势从而从国际贸易中获得利益。这一贸易与分工模式成为当今世界各国开展国际贸易必须遵循的准则。因此，依照要素禀赋理论制定一国的对外贸易战略与政策，是多数国家，特别是发展中国家对外开放的出发点。

中国自1978年实行改革开放以来按照要素禀赋理论的发展思路，充分利用本国人口多，劳动力廉价的优势，大力发展劳动密集型产业，积极开展与西方发达国家进行贸易，对外贸易取得了重大发展。

但是要素禀赋理论只是从一个角度解释了国际贸易产生的原因，并不具有普遍性。“里昂惕夫之谜”是传统国际贸易理论发展史上的一个转折点，它挑起了人们对传统国际贸易理论的质疑，并寻求对“谜”的合理解释，因此推动了第二次世界大战后新贸易理论的发展。不仅如此，里昂惕夫首次运用投入—产出分析法，把经济理论、数学方法和统计三者结合起来，对国际贸易商品结构进行定量分析，开辟了用统计数据全面检验贸易理论的道路。

## 拓展阅读

华西里·里昂惕夫于1906年夏天生于彼得堡。1921年，考入了彼得堡大学，专修社会学。1925年，取得了社会学硕士学位，这时他年方19岁。毕业后，被校方留任为助教。当苏维埃政权建立起来的时候，急需恢复和发展经济。里昂惕夫的父亲参加了编制1923—1924年苏联国民经济平衡表的工作，社会与家庭各方面的影响和时代的需要，使这位还在攻读硕士学位的年轻人，对经济学问题发生了浓厚的兴趣，开始了这方面的探索。他一边担负繁重的教学工作，一边阅读有关经济学理论的书籍。他于1927年来到马克思的故乡德国，进入柏林大学博士研究生班继续深造。1928年，取得了柏林大学的博士学位。

里昂惕夫在青年时期的研究工作就开始涉及投入—产出分析法的内容。早在1925年，当他还在柏林大学读书时，曾在德国出版的《世界经济》杂志上发表了《俄国经济平衡——一个方法论的研究》的短文，第一次阐述了他的投入—产出思想。1930年，他移居美国后，正式从事投入—产出方法的研究。

半个世纪以来，里昂惕夫的工作大体经过了三个阶段。

第一阶段：20世纪三四十年代。这期间，他的工作重点是编制美国的投入—产出表，并建立投入—产出分析法的理论体系。

第二阶段：20世纪五六十年代，里昂惕夫把投入—产出分析看作是经济分析的一个全能工具。所以，他在解决了一国国民经济投入—产出表的编制问题后，便进一步探索运用这一方法深入研究不同局部或个别环节的途径。1966年，里昂惕夫将自己的理论系统整理后，出版了《投入—产出经济学论文集》一书。这部书是一个重要的总结。同年，他又出版了《经济学论文集：理论和理论的形成》一书。1967年，里昂惕夫被纽约大学授予终身教授职衔。1958年，法国全国退伍军人协会授予他名誉会员的称号。同年，他又被聘为法国工业委员会通信员。

第三阶段：20世纪70年代以后，里昂惕夫的学说有了更大的发展。据1979年联合国统计，世界上已有89个国家和地区广泛采用这一理论。

1987年，里昂惕夫随美国总统尼克松来华访问。他很欣赏中国的以计划经济为主、市场调节为辅的经济体制，回国后发表了《社会主义在中国行得通》的评论文章，高度地评价了新中国成立以来的经济恢复和发展。这篇评论轰动了西方世界，对西方国家了解中国起到积极作用。

里昂惕夫因发展了投入—产出分析方法及这种方法在经济领域产生的重大作用，而备受西方经济学家所推崇。里昂惕夫的投入—产出分析法，已被世界广泛采用。据西方报刊报道，1979年运用投入—产出理论编制和发表投入—产出表的国家已有80多个，联合国社会经济部门建议成员国，把投入—产出分析方法作为国民经济核算体系的一个组成部分。

20世纪五六十年代，里昂惕夫将投入—产出方法娴熟地运用于经济学的许多学科，取得了一个又一个成就。投入—产出方法得到了社会的承认，许多学术机构、政府部门、学者开始使用投入—产出方法，编制投入—产出表。1974年，联合国委托里昂惕夫建立全球性投入模型，以研究20世纪最后20多年中世界经济可能发生的变化与国际社会能够采取的方案。《世界经济的未来》一书便是里昂惕夫进行此项研究的一个成果。

里昂惕夫力图利用投入—产出分析来帮助实现联合国的国际发展战略和建立国际经济新秩序，调整不平等和不公正的国际经济关系，缩小发达国家和发展中国家之间的差距，保证稳定地促进现代和未来的社会经济发展，并帮助联合国的会员国制定减轻贫困和失业的措施，同时，又保持甚至改善全球环境免受污染，达到既定经济目标。

资料来源：陈桂玲．解读诺贝尔经济学大师[M]．北京：现代出版社，2005.

## 思考与实训

1. 根据重商主义的观点，一国必须保持出口大于进口。请问在只有两个国家的世界里，这种情况是否可能？为什么？

2. 假设中国和美国棉布和小麦的生产可能性如表 2-10 所示。

**表 2-10　中国和美国棉布和小麦的生产可能性**

| 国　家 | 棉布(万米) | 小麦(吨) |
|---|---|---|
| 中国 | 100 | 50 |
| 美国 | 150 | 100 |

(1) 判断中国、美国在何种产品的生产上具有比较优势呢?

(2) 利用生产可能曲线与无差异曲线完成福利分析图。

3. A 国与 B 国同时生产小麦与布，A 国在生产小麦上比 B 国的生产成本低 1/3，在生产布上低 2/5。按照李嘉图的比较优势理论，在其他条件一样时，A 国应该生产什么? B 国应该生产什么?

4. 给定表 2-11 所示的条件。

**表 2-11　给定条件**

| 国　家 | A 产品(成本) | B 产品(成本) |
|---|---|---|
| 甲国 | 3 | 4 |
| 乙国 | 3～8 | 8 |

试问：依照比较优势理论，乙国如果要出口 A 产品的条件是什么? 请根据学过的理论给予详细说明。

5. 有比较优势的一定有绝对优势，但有绝对优势的不一定有比较利益，请问上述说法正确吗? 为什么?

6. 假设世界上打字最快的打字员恰好是一个律师，他应该打字还是雇用一个秘书，请予以解释?

7. 根据表 2-12 和表 2-13 中的数据，确定：

(1) 本国哪种资源相对丰富?

(2) 如果 X 是资本密集型产品，Y 是劳动密集型产品，那么两国的比较优势如何?

**表 2-12　X 产品生产数据**

| 要素禀赋 | 本　国 | 外　国 |
|---|---|---|
| 劳动 | 45 | 20 |
| 资本 | 15 | 10 |

**表 2-13　Y 产品生产数据**

| 要素禀赋 | 本　国 | 外　国 |
|---|---|---|
| 劳动 | 12 | 30 |
| 资本 | 48 | 60 |

8. 假设A、B两国生产技术相同且在短期内不变：生产1单位衣服需要的资本为2，需要的劳动为6；生产1单位粮食需要的资本为4，需要的劳动为4。A国拥有320单位劳动和200单位资本；B国拥有240单位劳动和160单位资本。

(1) 哪个国家为资本充裕的国家？

(2) 哪种产品为劳动密集型产品？

(3) 假设所有要素都被充分利用，计算各国各自最多能生产多少衣服或多少粮食？

(4) 假设两国偏好相同，两国间进行贸易，哪个国家会出口衣服？哪个国家会出口粮食？

9. 马来西亚在1957年独立时，基本上是单一经济结构，橡胶出口占其出口收入一半，占国内生产总值的近1/4。锡是其第二大出口品，占全部出口收入的10%～20%。独立后，马来西亚继续投资于初级品出口，并在制成品出口上进行投资。结果，其出口逐步多样化，保持了快速的增长。在非洲的象牙海岸，为维持其咖啡出口，加强了投资，同时，象牙海岸还增加了对可可、木材和其他初级产品的投资，出口不断增长，国内居民生活水平也不断提高。也有相反的例子。象牙海岸的邻居加纳在1957年独立时，大概是非洲最富裕的国家。当时的加纳，同大多数发展中国家一样，经济结构单一，可可出口占其出口收入的60%。独立后，加纳将投资从出口基地急转到进口替代产业。结果，到20世纪80年代，可可的出口量仅为60年代的一半，而其他出口产品并没有弥补这一缺口。

分析：马来西亚与加纳的贸易实例说明了什么贸易原理？

10. 对外贸易作为经济增长引擎的作用没人否认，比较优势理论构成国际贸易理论的基础和核心也无可置疑。比较优势理论的创始人是李嘉图。在完善和挑战斯密"老祖"绝对优势理论的基础上，李嘉图"二祖"开了比较优势理论之先河。

"老祖"认为，各国间生产技术上的差异会造成劳动生产率和生产成本的绝对差别；贸易各方应集中生产并出口其具有绝对优势的产品，进口其不具有绝对优势的产品，因为这比自己什么都生产更有利。"二祖"则进一步提出，国际贸易的基础并不限于生产技术上的绝对差别，只要各国之间存在生产技术上的相对差别，就会出现生产成本和产品价格的相对差别，从而使各国在不同的产品上具有比较优势，使国际分工和国际贸易成为可能。

比较优势理论的一个基本特点，就是只用单一要素的生产率差异来说明国与国之间为什么发生贸易行为，以及生产率不同的两个国家为什么通过国际分工与贸易可以增加各自的收入与福利。但是，人们会问，为什么国与国之间的要素生产率会有不同呢？

**思考：**导致各国劳动生产率差异的原因是什么？

# 3 项目三 探究当代国际贸易产生的原因

## 学习目标

**知识目标**

⊙了解国际贸易的新发展及对传统贸易理论的挑战。

⊙掌握基于规模经济的贸易理论。

⊙掌握基于产业内贸易的国际贸易理论。

⊙掌握基于技术差距的国际贸易理论。

⊙掌握基于产品生命周期论的国际贸易理论。

⊙掌握基于需求偏好相似的国际贸易理论。

⊙掌握基于国家竞争优势的国际贸易理论。

**能力目标**

⊙运用当代国际贸易理论辨析国际贸易的新现象、新发展。

第二次世界大战以后，特别是20世纪50年代末以来，国际贸易出现了许多新的倾向。例如，欧盟的前身欧共体建立于20世纪50年代，其宗旨是消除成员国之间贸易壁垒，推进经济一体化。如果欧共体贸易壁垒逐步取消，那么依据标准的比较优势理论，人们有理由预期，汽车，电冰箱，时装等不同行业产品，应在不同国家通过专业化方式生产出来，不同成员国生产同类产品现象应不断减少并趋于消失。然而，实际情况并非如此。几十年后，欧盟主要国家仍在生产功能类似但品牌不同的汽车；人们仍在伦敦、巴黎、波恩、罗马超市中购买来自英国、法国、德国、意大利不同款式的时装和生活用具；满载瑞典家具驶向伦敦的轮船与满载英国家具运往斯德戈尔摩的轮船在海上相遇。又如，同是工业发达国家的美、日、欧之间相互进口汽车。这些新现象无法用传统的贸易理论来解释，对传统贸易理论发起了挑战。

挑战一，同类产品间的贸易量大大增加。古典和新古典贸易理论认为国际贸易的根源在于各国在产品生产方面的差异，包括技术差异(比较优势理论)、资源禀赋和产品要素密集度的差异(要素禀赋理论)，按照这些理论，各国之间的贸易主要是不同产品之间的贸易，即“产业间贸易”。但“二战”后，国家间同类产品之间的贸易，即“产业内贸易”大大增加，这种现象突破了传统贸易理论框架下的贸易模式。

挑战二，发达工业国家间的贸易量大大增加。传统国际贸易理论的要素禀赋论认为，国家间的资源禀赋的差异是国际贸易的重要原因，据此，国际贸易应主要发生在发达国家(资本丰裕国)与发展中国家(劳动力丰裕国)之间(即“南北贸易”)，20 世纪 50 年代之前的国际贸易的确大部分是属于“南北贸易”，但是 60 年代后，发达国家之间的贸易(“北北贸易”)在国际贸易中所占的比率逐步上升，成为国际贸易的重要部分。那么，国际贸易为什么会在相似的资源禀赋国家(即同类国家)之间进行呢？这一现象显然是要素禀赋论所不能解释的。

挑战三，当代世界贸易的发展中，有许多产品曾经由少数发达国家生产和出口，然而，“二战”后这些产业的领先地位不断发生变化，一些原来进口的发展中国家开始生产并出口这类产品，而最初的出口的发达国家反而需要进口。为什么在资源禀赋的模式基本不变的情况下，而某些制成品的比较优势会从发达国家向发展中国家转移呢？这一问题在传统贸易理论的框架内也难以找到答案。

# 任务一 规模经济贸易理论

## 导入案例

规模收益不变是传统国际贸易理论的重要假设，即假定厂商无论生产多少数量的产品，每多生产 1 件产品，增加的成本总是不变的，即边际成本不变。或者说，投入增加 1 倍，产出也增加 1 倍。事实上，现代许多工业部门具有规模经济特点，即收益递增、成本递减。规模经济越大生产效率越高，投入增加 1 倍，产出可以增加 1 倍以上。规模报酬递增现象为国际贸易提供了理论基础。

**思考：**规模经济与国际贸易产生有何联系？

## 一、规模经济贸易理论的产生

建立在相对价格差基础上的贸易理论，大都强调国家间技术、资源及偏好方面的差异在国际贸易中的决定作用。依据这些理论，国际贸易应主要发生在供给或需求条件不同的国家之间，而且国家间的差异越大，它们之间的贸易基础越雄厚，其贸易形态属于产业间贸易。

20 世纪 70 年代末，以美国经济学家保罗·克鲁克曼为代表的一批经济学家，提出了所谓的“新贸易理论”，该理论从规模经济的角度说明了国际贸易的起因和利益来源，对国际贸易基础做出了一种新的解释。规模经济又称为规模报酬递增，即随着投入的增加，产出水平以更大的比例增加。

规模经济贸易理论即规模报酬递增是由著名经济学家克鲁格曼(Paul Krugman)在与艾瀚南(Helpman Elhanan)合著的《市场结构与对外贸易》(1985 年)一书中提出的学说。其主要观点为：规模收益递增为国际贸易直接提供了基础，当某一产品的生产发生规模收益递增时，随着生产规模的扩大，单位产品成本递减而取得成本优势，由此导致专业化生产并出口这一产品。

## 二、规模经济贸易理论的两个假设

### (一) 企业生产具有规模经济

企业参与国际贸易，获得更为广阔的市场空间，可以扩大生产规模，随着生产规模的扩大，单位产品的成本呈下降趋势。这种规模经济的取得，使企业增强了竞争力，提高赢利水平。国内外市场环境的变化为各国企业的市场观念和经营方法提出了更高的要求，规模经济产生规模经济效应，企业便可以扩大生产规模，更加专业化地进行产品的大规模生产。

### (二) 国际市场的竞争是不完全的

不完全竞争即垄断竞争，是一种垄断和竞争并存的市场结构。在实际国际贸易中，大量的市场结构是垄断和竞争混合并存的市场，而这类市场又可分为垄断竞争市场或寡头垄断市场。

在“规模经济”和“垄断竞争”的条件下，任何一国都不可能囊括一行业的全部产品，从而使国际分工和贸易成为必然。某国集中生产什么样的产品，没有固定的模式，既可以自由发展，也可以协议分工。但发达国家之间工业产品“双向贸易”的基础是规模经济，而不是技术不同或资源配置不同所产生的比较优势。

## 三、外部经济理论

规模报酬递增只是规模经济的表现形式之一，规模经济的另一种形式是外部规模经济。外部规模经济是一种经济外在性。存在外部规模经济时，行业内每个行业的生产过程仍然是规模报酬不变的，规模收益递增只发生于整个产业层面，即整个产业产出增加比例大于整个产业要素投入增加的比例。简单地理解，产品平均成本降低与个别厂商的规模无关，外部经济来源于行业内厂商数量的增加所引起的整个产业规模的扩大，从而降低了产品的平均成本。马歇尔(Marshall)对外部规模经济有着比较充分的论述，他指出，外部规模经济可能是由于行业地理位置的集中即产业集聚效应，同一行业中厂商数量的增加和相对集中，使得每个企业都能够更好地利用交通运输、通信设施、金融机构、自然资源、水利能源等生产要素，从而促使企业在运输、信息收集、产品销售方面成本降低。外部规模经济也可能源于生产技能或知识大规模积累。对个别企业来讲，生产规模小、则直接来源于生产活动的经验积累极其有限。但是，整个行业规模很大，这种积累就非常显著了。因此，行业内的每个企业都可以从整个行业规模扩大中获得好处。后一种情况就是阿罗(Arrow)所说的“做中学”(learning by doing)。外部规模经济在当代经济实践中非常突出，如美国的硅谷和好莱坞的娱乐业，中国义乌的“小商品市场”和北京的“中关村电脑城”等。

## 四、规模经济贸易理论的价值

### (一)规模经济因素导入国际贸易，标志着传统国际贸易理论向新贸易理论的转变

传统贸易理论认为，国际贸易格局的形成取决于各国的资源禀赋、技术水平甚至需求偏好这类基本的经济特征，各国为了充分发挥以这些基本特征的国际差异为基础所形成的比较利益而进行贸易。但实践表明，发达工业化国家之间的贸易，特别是资本、技术密集型产品贸易，并不是以这些基本经济特征的差异为基础的。从当代国际贸易的发展看，规模经济、不完全竞争、产品差异已跃居当代国际贸易发展的主导因素。特别是在区域内、产业内贸易中，规模经济的作用甚至超过了常规的比较利益，这已是不争的事实。规模经济因素被抽象出来作为国际贸易的决定因素，在理论上具有极高的价值，它标志着传统国际贸易理论向当代新贸易理论的转变。

### (二)说明了当代国际贸易越来越普遍的产业内贸易现象

自20世纪60年代以来，约一半甚至更多的国际贸易属于发达国家间的产业内贸易或水平贸易，发达国家与发展中国家间、产业间贸易或垂直贸易的比重在下降，用规模经济贸易学说可以很好地说明这一现象。

通过国际贸易，厂商可以面对更为广阔的市场，生产规模可以扩大，规模经济使扩大生产规模后的厂商的生产成本、产品价格下降，生产相同产品而规模不变的其他国内厂商就会被淘汰。因此，在存在规模经济的某一产业部门内，各国将各自专于该产业部门的某些差异产品的发展，再相互交换(即开展产业内贸易)以满足彼此的多样化需要。国家间的要素禀赋越相似，就越可能生产更多相同类型的产品，它们之间的产业内贸易量就越大。正是有了越来越多的产业内贸易现象，规模经济因素在国际贸易中的作用越来越重要。

### (三)解释了当代国际贸易格局形成的根本原因

传统贸易理论认为，两国相对要素禀赋的差异决定了两国相对要素报酬的差异，这又直接导致了两国相对商品价格的差异并进行交易，从而形成国际贸易，相对要素禀赋的差异是贸易形成的根本原因。如果两国不存在相对要素禀赋差异，两国间的贸易就不会发生。但从当代贸易的发展来看，发达工业化国家之间的贸易，特别是资本、技术密集型产

品贸易，并不是以要素禀赋差异为基础的。

规模经济贸易学说可以解释国际贸易形成的另一个根本原因，只要有规模经济的因素存在，即使是两个技术水平和资源条件完全相同的国家，也同样可以发生专业化分工和贸易。由于规模经济的存在，两国相对商品价格的差异就不能由要素价格差异直接得出。在其他条件相同的情况下，两国规模经济的不同就会导致生产成本的差异，也就影响到商品的价格。商品相对价格差异决定的机制是：相对要素禀赋的差异决定了相对要素价格差异，相对要素价格的差异和国家间的规模经济差异(具体说是产出水平的差异)共同决定了商品相对价格的差异。所以，相对要素禀赋差异与相对要素价格差异是等价的，但两者与相对商品价格差异不再是等价的。相对要素禀赋差异与国家间规模经济差异的共同作用才是贸易形成的根本原因。也可以这样说，即使两国间没有要素禀赋的差异，由于规模经济的不同也会出现贸易。这就解释了传统贸易理论面临的发达国家间存在大量贸易这一难题。

一国一旦以获取规模经济为目标开始在一个行业进行大规模生产，哪怕启动之初的规模优势很微弱，这种优势也会随着生产扩张而滚雪球式地增大，最终达到专业化生产和相互贸易。许多贸易(尤其是资源、技术相似的国家之间的贸易)就是这种以规模经济为基础的专业化分工的产物，而不是以比较利益为依据的专业化分工的结果。例如，飞机制造业的最低限度的规模经济是很大的。据估算，美国波音公司在销售一架 777 喷气式飞机前须投资 30 亿美元，销售 300 架才能拉平成本与收益，这样高昂的固定成本需要巨大的规模经济，而世界需求或世界市场容量只能支持三家这样的寡头垄断公司。可见，世界市场只能容纳下屈指可数的达到有效规模的生产厂家，由此而形成的少数几个厂家便能完全满足世界市场的需要，为了使这些厂家为世界市场服务，国际贸易势在必行。

### (四) 修正了传统国际贸易理论关于要素价格效应的观点

赫克歇尔—俄林—萨缪尔逊理论模型(H-O-S 定理)指出，在某些严格的假定条件(包括不完全专业化和不存在要素密集度逆转)下，国际贸易不仅会使商品价格均等化，还会使要素价格均等化。但从规模经济学说来看，如果存在规模收益递增，哪怕具备了上述严格的假定条件，要素价格均等化一般也不会发生。这是因为，在具备规模经济的条件下，生产要素的价格既取决于生产规模的大小，也取决于 H-O-S 定理成立所必需的若干因素。

因此，在满足了 H-O-S 定理成立所必需的某些严格的条件之后，如果各国并不是以同样的经济规模进行生产，贸易还是不会使要素价格的国际差异趋于均等化。在规模经济使国际专业化分工的基础日益扩展的今天，情况更是如此。可见，在关于国际贸易中要素价格效应的分析上，规模经济学说得出了一个新的结论。

### (五) 揭示了当代贸易利益的又一重要来源

传统国际贸易理论认为国家的贸易利益主要是由生产要素禀赋的国际差异孕育而成。规模经济学说则提示了规模收益递增是贸易利益的又一重要来源。规模收益递增的存在意味着，即使是两个经济情形相似的国家之间也可以从贸易中获利，这种新型贸易利益可以区别于任何利益而独立存在。

国际经验也表明，一国缺乏规模经济或只在国内具有规模收益递增的产业，在开展贸易后都能获得国际规模的递增收益，本国制造业和某些服务业会得到更快更好的发展，消费者也能获得更多的福利。前面说过，两国进行汽车贸易，每一国生产 100 万辆在国内消费，如果进行贸易，两个市场形成一体化，共有 200 万辆汽车，这样的市场对厂商和消费者都是有利的。一些经济学家指出，对于一些西欧小国，规模经济是它们从区域贸易一体化中获利的主要来源，其重要性并不亚于常规的比较利益。就算是大国，规模经济因素同样也是很重要的。有学者论证，当贸易双方绝对规模不等时，大国能够获得更多的来源于规模收益递增的贸易利益。

# 任务二 产业内贸易理论

**导入案例**

第二次世界大战以后，在国际贸易中出现了一种引人注目的新现象，就是工业化国家之间的工业制成品贸易在整个国际贸易中所占的比重日益增大。特别是对西欧国家之间产业内贸易纵深发展研究显示，国家之间要素禀赋差别越小，发生产业内贸易的可能性越大，贸易流量也越大。这种贸易现象显然用传统的要素禀赋理论无法做出满意的解释，20 世纪 60 年代以后这种现象表现得越来越突出。从而引起了国际经济学界的重视。

**思考：**国际经济学界应如何解释这种经济贸易现象？

## 一、产业内贸易理论的产生

### （一）产业内贸易理论的产生

产业内贸易理论又称差异化产品理论。从 20 世纪 60 年代初开始，一些应用经济学家就对欧共体成立后其成员国之间大量产业内贸易现象进行了研究。到了 70 年代中期，格鲁尔和劳尔德通过对所有主要工业化国家的研究，提供了有关产业内贸易现象的详细证明，使其进入理论性研究阶段，其标志是 1975 年格鲁尔和劳尔德合作出版的《产业内贸易：差别产品的国际贸易理论和计量》。该著作对产业内贸易理论做了系统化表述。从 70 年代末至 80 年代初，兰卡斯特、迪克西特和斯迪格利兹等许多经济学家又对产业内贸易进行了大量的理论性研究，从而使产业内贸易理论日趋丰富、成熟。

### （二）产业内贸易的特点

产业内贸易理论认为，当代国际贸易可以分为两大类：产业间贸易和产业内贸易。产业内贸易是指同一产业内的产品在两国间互相进口和出口的贸易活动。如美国和日本之间进行的汽车、电子产品贸易等。与产业间贸易相比产业内贸易具有以下特点。

(1) 它与产业间贸易在贸易内容上是不同的。产业间贸易是指非同一产业内的产品在两国间的进口和出口贸易，如发展中国家用初级产品来交换工业国家的制成品。

(2) 产业内贸易的产品流向具有双向性。即同一产业的产品，可以同时进行进出口贸易。如美国和一些西欧国家既是机动车辆的出口国，同时也是进口机动车辆的进口国；既出口酒类饮料和食品，也进口酒类饮料和食品。

(3) 产业内贸易的产品具有多样化的特点。这些产品中既有劳动密集型，也有资本密集型；既有标准技术，也有高新技术。

(4) 能作为产业内贸易的商品虽然可有各种各样的。但这些商品必须具有两个条件：一是在消费上能够相互替代；二是在生产中需要相近或相似的生产要素投入。

## 二、产业内贸易理论的内容

### (一) 产品的差异性是产业内贸易的基础

如果不同国家相同产业部门的产品要进行贸易和交换，那么这些被相互交换的产品的绝大部分不是同质产品，而是存在着广泛的产品差别的异质产品。完全同质产品的相互交换和国际贸易只是在特殊情况下的现象。产品的差异性是指一种产品所具有的区别于其他同类产品的主观上或客观上的，或大或小等方面的特点。产品的这种差异概括起来有垂直差别和水平差别两种。前者是指在同一类别中的产品虽具有一样的根本特性，但产品根本特性在其程度上是有差别的；后者是指具有完全相同的根本特性的同类产品，具有的一系列不同规格、商标、牌号和款式的差别。因此，产品的差异是普遍存在的。除此之外，还有商标、牌号的差别，包装装潢的差别，广告、售前售后服务的差别，企业形象与信誉的差别等。这种差别是产业内国际分工和产业内国际贸易的基础。

### (二) 需求偏好的相似和多样性是产业内贸易的动因

产品的差别性只为产业内贸易的发生提供了可能性，而产业内贸易的内在动力来自不同国家的需求结构的多样性和相似性。因此，产业内贸易理论与需求偏好相似理论是相互融通的，即人均收入水平是决定购买力水平和购买商品结构的重要因素。国家之间人均收入水平差别越大，社会需求结构差别就越大，国家之间的产业结构和产品结构差别也就越大，此时，国家之间发生产业间贸易的可能性越大而发生产业内贸易的可能性越小。反之，国家之间人均收入水平越相近，社会消费需求结构也越相似，国家之间的产业结构和产品结构也越相似，发生产业内贸易的可能性越大而发生产业间贸易的可能性越小。

需求偏好的相似性对于产业内贸易的发生仍然是必要条件而不是充分条件。消费者的偏好具有多样化而互有差别，大致可分为垂直差别和水平差别。其垂直差别体现在消费者对同类产品中不同质量等级的选择上，而水平差别体现在消费者对同类、同一质量等级产品的不同规格、款式、色彩等的选择上。产品上的这种垂直、水平差别和消费者偏好的垂直、水平差别，决定了贸易双方对对方产品的需求，决定了一国在生产同一类产品时，还要进口国外的同一类产品。因为本国的消费者偏好是千差万别的，既有垂直差别，也有水平差别，而本国产品的生产却不可能也千差万别，即不可能在产品的垂直差别和水平差别上均能满足各类消费者的需求。人均收入水平越高，消费需求结构越复杂，则产品差别的重要性越大，产品的细小差别都可能导致消费者的不满意而丧失市场，如美国。人均收入水平越低，消费需求结构越简单，国民对产品差别的重视程度不高，人们只追求产品的主要使用价值而对次要的产品差别不关心。由此可见，需求偏好的多样性既是产业内贸易的动因，也是产业内贸易的利益来源，这种利益主要是指不同的消费者偏好由于消费不同产品而得到了满足。

### (三) 规模经济是产业内贸易的主要利益来源

所谓规模经济，是指所有投入按某种既定的百分比扩大，所导致的平均成本降低的百分比。或者用相对的语言来讲，当所有投入的平衡增长导致平均成本下降时，就存在规模经济。一国在进口的同时，为何还要向国外出口同一产业的产品，其理由一是外国消费者需要这种产品，并可能从产品多样化中得到更大的满足，从而提高社会福利程度；二是向国外出口同类产品，可使厂商的生产得以扩大从而实现规模经济，获得高额利润。若本国厂商仅以本国市场为目标，则本国因市场容量的限制而使厂商达不到规模经济。

规模经济有外部经济与内部经济之分。外部经济是指单个厂商从同行业内其他厂商的扩大中获得的生产效率的提高和成本的下降而造成的规模经济。内部经济是指厂商自身生产规模的扩大可以提高生产率并降低平均成本。

产业内贸易是以产业内的国际分工为前提的，产业内的国际专业化分工越细、越多样化，不同国家的生产厂家就越有条件减少产品品种和规格型号，出现更加专业化的生产，这种生产上的专业化有助于企业采用更加专业化、高效化的生产设备，从而提高生产率，降低成本，充分实现企业生产的内部规模经济效应。因此，规模经济可以较好地解释发达国家之间工业品的“双向贸易”。只要有规模经济存在，即使是两个技术水平和资源条件完全相同的国家，也照样可以发展专业化分工和贸易。一国一旦以获取规模经济为目标开始在一个行业进行大规模生产，哪怕启动之初规模优势十分微弱，但这种优势将随着生产扩展而滚雪球般地增大。因此，许多发达国家之间的贸易，就是这种以规模经济为依据的专业化分工的产物，即是以产品差别、内部规模收益递增和需求多样性为基础来进行的专业化分工，而不是以比较优势为依据的专业化分工的结果。

## 三、影响产业内贸易的因素

影响产业内贸易的主要因素如下。

(1) 从供给要素上看，当两国在要素禀赋上差别较小时，应以改进技术和管理来提高产品的差别性。因为产业内贸易往往不取决于生产要素的内容，生产要素基本相同，通过技术和管理也可向消费者提供具有差别性的产品。

(2) 从产品特性上看，需求收入弹性越高的产品系列，则开展产业内贸易越有利、越容易。因为需求收入弹性较高的产品系列的产品往往表现出更多的差别性。

(3) 从需求的角度看，两国的人均收入较高时有利于扩大产业内贸易，因为随着人均收入的增长，较高人均收入阶层上消费者的需求会变得更加复杂、更加多样化，从而对差别性产品的需求更加旺盛。另外，两国的人均收入差异较小，也容易扩大产业内贸易，因为需求结构随收入水平相近而相似。

(4) 从技术更新的角度看，技术更新率较高的产业，其产业内贸易容易开展。因为技术更新率较高的产业，会形成大量的潜在系列产品，形成大量差别性产品，并因为技术优势的保持而形成持久的技术差距，技术差距往往是产业内贸易的基础。

(5) 从地理区位上看，两国间的地理区位近，则有利于扩大产业内贸易。因为两国间的距离越短，则运输成本越低。

从企业内部规模收益递增的实现条件来看，微观因素也应该考虑到，它必须具备四个前提条件：一是每个产业内部存在着广泛的差别产品系列；二是每一个产业内部存在着不完全竞争的国际市场条件，即差别产品的不同生产者之间存在着垄断竞争关系；三是每一个产品品种的生产收益随着生产规模的扩大而递增；四是国际市场必须是开放的和一体化的。

总之，工业化程度越高，技术和产品的相似性越大，产业内贸易在总贸易中的份额也就越大。随着收入的提高和工业化的普及，产业内贸易将会在全球范围内增长。由此可见，产业内贸易所占比例的升高，是一个国家步入现代化国家行列的重要标志和特征。

# 任务三 技术差距理论

**导入案例**

第二次世界大战以后，美国与其他发达国家之间的很大一部分贸易都源于新产品和新工艺的发现和引进。这就使得创造发明新技术、新产品的厂商和国家在世界市场上暂时处于领先的垄断地位，而一旦这种新技术实现产业化，则发明创造新技术、新工艺的厂商和国家就具有出口竞争的优势。

**思考：**用什么经济贸易理论可以解释这种现象？

## 一、技术差距理论的产生

经济学家波斯纳对这种现象进行研究发现，这种出口竞争优势不是建立在比较成本优势上，而是建立在技术优势差别上的，所以技术本身的差异和暂时的技术垄断可以认为是国际贸易的直接起因，与生产成本大小无关。

波斯纳于1961年在《国际贸易和技术变化》一文中提出技术差距理论，该理论从技术进步、技术创新、技术转播的角度，分析了国际贸易产生的原因。

## 二、技术差距理论的内容

波斯纳认为技术和人力资本一样，能够改变土地、劳动和资本在生产中的相对比例关系，技术是过去对研究和发展事业进行投资的结果。因此，技术和人力资本一样，可以看成是一种独立的生产要素，同样可以用来补充和完善要素禀赋理论。在要素禀赋理论中，技术被认为是固定不变的，但实际各国的技术是处于不断的变化之中，而且存在很大的差距。差距又会随着技术的转让、技术合作、对外投资国际贸易等途径传递至国外，当一国创新技术为国外模仿时，外国即可自行生产而减少进口，创新国渐渐失去该产品的出口市场，因技术差距而产生的国际贸易逐渐缩小。随着时间的推移，新技术最终将被技术模仿国掌握，使技术差距消失，贸易即持续到技术模仿国能够生产出满足其对该产品的全部需求为止。但在动态的经济社会，科技发达的国家是不断会有再创新、再出口出现的。

## 三、技术差距理论的模型分析

波斯纳把技术差距产生到技术差距引起的国际贸易终止之间的时间间隔称为模仿滞后期，全期又可分为反应滞后和掌握滞后两个阶段，其中反应滞后阶段初期为需求滞后阶段。反应滞后是指技术创新国国家开始生产新产品到其他国家模仿其技术开始生产新产品的时间。掌握滞后是指其他国家开始生产新产品到其新产品进口为零的时间。需求滞后则指技术创新国开始生产新产品到开始出口新产品之间的时间间隔。波斯纳经研究认为，需求滞后和反应滞后的长短决定国际贸易的利益，需求滞后越短而反应滞后越长，技术创新国所获得的贸易利益越大；反之，创新国的贸易利益就越小。所以，技术差距也是导致国际贸易中比较优势甚至出口垄断优势的原因之一。

在图3-1中，假设由于起初的要素禀赋条件，A、B两国都生产X和Y两种产品，A国为技术创新国，B国为技术模仿国。横轴$T$表示时间，纵轴$Q$表示商品数量，上方表示技术创新国A的生产和出口(B国进口)数量，下方表示技术模仿国B的生产和出口(A国进口)数量。从$t_0$起开始生产新产品，$t_0 \sim t_1$为需求滞后阶段，B国对新产品没有需求，因而A国不能将新产品出口到B国。过了$t_1$，B国模仿A国消费，对新产品没有需求，A国出口、B国进口新产品，且随着时间的推移，需求量逐渐增加，A国的出口量、B国的进口量也逐渐扩大。由于新技术通过各种途径扩散到B国，到达$t_2$，B国掌握新技术开始模仿生产新产品，反应滞后阶段结束，掌握滞后阶段开始，此时A国的生产和出口(B国进口)量达到极大值。过了$t_2$，随着B国生产规模的扩大，产量的增加，A国的生产量和出口量(B国的进口量)不断下降。到达$t_3$，B国生产规模进一步扩大，新产品成本进一步下降，其产品不但可以满足国内市场的全部需求，而且可以用于出口。至此，技术差距消失，掌握滞后和模仿滞后阶段结束。可见A、B两国的贸易发生于$t_1 \sim t_3$这段时间，即B

国开始从 A 国进口到 A 国向 B 国出口为零这段时间。

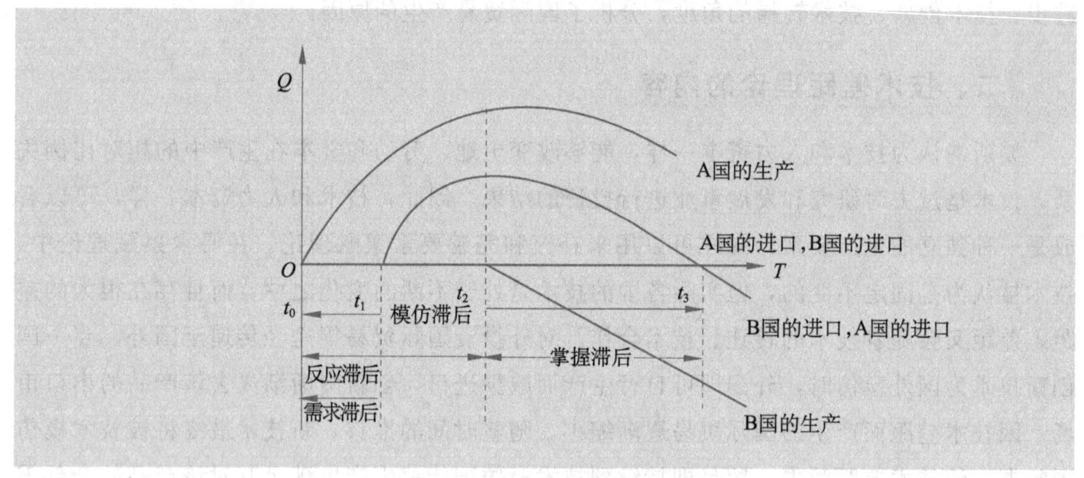


**图 3-1　技术差距与国际贸易**

根据 1961 年由波斯纳建立的技术差距模型，工业化国家之间的贸易很大一部分都是基于新产品和新工序的引进，这使得发明厂商和国家在世界市场上暂时处于垄断地位。例如，作为科技最发达的国家，美国出口大量的高新科技产品。但是，当外国生产者获得新技术后，他们就能凭借其较低的劳动力成本最终占领外国市场，甚至是美国市场，如日本汽车业。与此同时，美国厂商会获得更新的产品和生产工序，由于新的技术差距，仍能向国外出口这些新产品。

## 四、影响技术差距的因素

影响需求滞后长短的决定因素主要包括企业家的决定意识和规模利益、关税及运输费用、进口国的收入水平、市场容量的大小等。如果创新国家在扩大新产品生产中能够获得较多的规模利益，进口国的关税及运输成本较低，进出口国家的市场容量差距及居民收入水平差距较小，就有利于保持出口优势，延长反应滞后阶段，创新国的优势也就能维持得比较久，则从中所获得的利益就会更多；反之，创新国的优势维持得就比较短，反应滞后阶段将缩短，则从中所获得的利益就会较少。掌握滞后阶段的长度主要取决于技术模仿国吸收新技术能力的大小，吸收新技术能力的间隔时间较短。需求滞后的长度则主要取决于两国的收入水平差距和市场容量差距，差距越小长度越短。

由此可见，技术差距的形成，主要取决于各国的研究开发因素状况。现代经济学家已将研究开发因素引入国际贸易理论，认为像美国那样的国家，拥有大量科学家、技术人员、熟练工人以及经营管理人员，是研究开发要素丰富的国家，该国总能领先进行技术更新并能够迅速使新产品投放市场，因此这样的国家在技术、知识密集型的产品方面具有比较优势。当今社会，科学技术已成为推动世界经济发展的首要因素，所以研究开发因素在国际贸易中的作用也就越来越受到各国重视，因为它将直接影响各国的对外贸易的规模和利益。

## 五、对技术差距理论的评价

波斯纳的技术差距理论是有独创性的，该理论证明了即使在要素禀赋和需求偏好相似的国家，技术领先也会形成比较优势，从而产生国际贸易。这也很好地解释了实践中常见的技术先进国与落后国之间技术密集型产品的贸易周期。但是，该理论不能确定新技术差别的大小，也没有分析新技术差距产生的原因以及随时间推移而消失的原因。就这一点来说，维农的产品生命周期理论可以说是技术差距理论的继承、总结和发展。

# 任务四 产品生命周期理论

### 导入案例

当真空管收音机刚在美国被发明时，其市场前景并不确定，它并没有吸引许多顾客，生产规模也较小，价格非常昂贵并且具有手工艺的特点，因此需要大量技术性工人。经过最初错了又试的阶段之后，收音机成为适应大规模生产的成功产品，随着电台网的扩张以及收音机的有用性对消费者越来越明显，对收音机的需求也不断增长，不久收音机成为出口商品。“二战”后，随着生产技术的普及，日本利用其廉价的劳动力扩大生产，使得日本占领了收音机市场的很大份额。

美国厂商研制开发了半导体收音机，并在几年内成功地与仍在使用旧技术生产的日本厂商进行竞争，后来日本又学会了半导体技术并利用劳动力优势挤占美国市场份额。

美国厂商又研制开发小型半导体技术，使美国又获得技术优势，但是这个技术最终再次被日本学去，日本再次控制收音机的世界市场。

现在，日本成为这一领域的创新者，用最新的技术生产收音机，用比较过时技术生产的收音机已转移到亚洲其他工资较低的国家，但工厂常常由日本厂商所拥有。

**思考：**这个案例讲述了一个怎样的国际贸易现象?

## 一、产品生命周期理论的产生

西方经济学家的不断研究过程中，逐渐形成了国际贸易的“技术差距”理论。这一理论认为，新产品的贸易是以技术差距为基础的，很少有国家能够长期垄断制造任何产品所需要的知识，发明和革新可以在一段时间内给一个国家带来绝对利益，但在相当短的时期内就会被其他国家所仿制。雷蒙·维农正是在上述研究的基础上提出了产品生命周期理论。美国哈佛大学著名经济学教授雷蒙·维农(Raymond Vernon)于1966年在《经济学季刊》5月号上发表的《生命周期中的国际投资与国际贸易》一文中首次提出“产品生命周期”的概念，后由克鲁伯(Gruber)、威尔斯(Louis T·Wells)和马斯卡斯(Maskus)等对其进行了补充和验证，该理论成为"二战"后解释工业制成品的贸易流向最有说服力的理论之一。

## 二、产品生命周期理论的内容

产品生命周期论撇开传统国际贸易理论的前提，提出了以下假设：一是国与国之间的信息传递受到限制；二是生产函数是可变的，而且当生产达到一定水平后会产生规模经济；三是产品在生命周期的各阶段所表现的要素密集特点是各不相同的；四是不同收入水平国家的需求和消费结构是有差异的。

由于技术的创新和扩散，制成品和生物一样具有生命周期，先后经历五个不同的阶段，即新生期、成长期、成熟期、销售下降期和让与期。在产品生命周期的不同阶段，各国在国际贸易中的地位是不同的。

新生期是指新产品的研究和开发阶段。在新生期，需要投入大量的研究开发费用以及大批的科学家和工程师的熟练劳动；生产技术尚不确定，产量较少，没有规模经济的利益，成本很高。因此，拥有丰富的物质资本和人力资本的高收入发达国家具有比较优势。这一阶段的产品表现出知识和技术密集的明显特征，主要供应生产国本国市场，满足本国高收入阶段的特殊需求。

经过一段时间以后，生产技术确定并趋于成熟，国内消费者普遍接受创新产品，加之收入水平相近的国家开始模仿消费新产品，国外需求发展，生产规模随之扩大，新产品进入成长期。在成长期，由于新技术尚未扩散到国外，创新国仍保持其比较优势，不但拥有国内市场，而且在国际市场上也处在完全垄断的地位。

国际市场打开之后，经过一段时间的发展，生产技术已成熟，批量生产达到适度规模，产品进入成熟期。在成熟期，由于生产技术已扩散到国外，外国生产厂商模仿生产新产品，且生产者不断增加，竞争加剧。由于生产技术已趋成熟，研究与开发要素已不重要，产品由智能型(或研究与开发密集型)变成资本密集型，经营管理水平和销售技巧成为比较优势的重要条件。这一阶段，一般的发达工业国都有比较优势。

当国外生产能力增强到满足本国的需求(即从创新过进口新产品为零)，产品进入销售下降期。在这一时期，产品已高度标准化，国外生产者利用规模经济大批量生产，使其产品的生产成本降低，因此开始在第三国市场上以低于创新国产品的售价销售其产品，使创新国渐渐失去竞争优势，出口量不断下降，品牌竞争让位于价格竞争。当模仿国在创新国市场上也低价销售其产品时，创新国的该产品生产急剧下降，产品进入让与期，该产品的生产和出口由创新国让位给其他国家。在这个阶段，不但研究与开发要素不重要，甚至资本要素也不重要，低工资的非熟练劳动成为比较优势的重要条件。具备这个条件的是有一定工业化基础的发展中国家。创新国因完全丧失比较优势而变成为该产品的净进口者，产品生命周期在创新国结束。此时，创新国又利用人力资本和物质资本丰富的优势进行再创新，开发其他新产品。

## 三、产品生命周期理论的模型分析

产品生命周期理论可用图 3-2 直观说明。

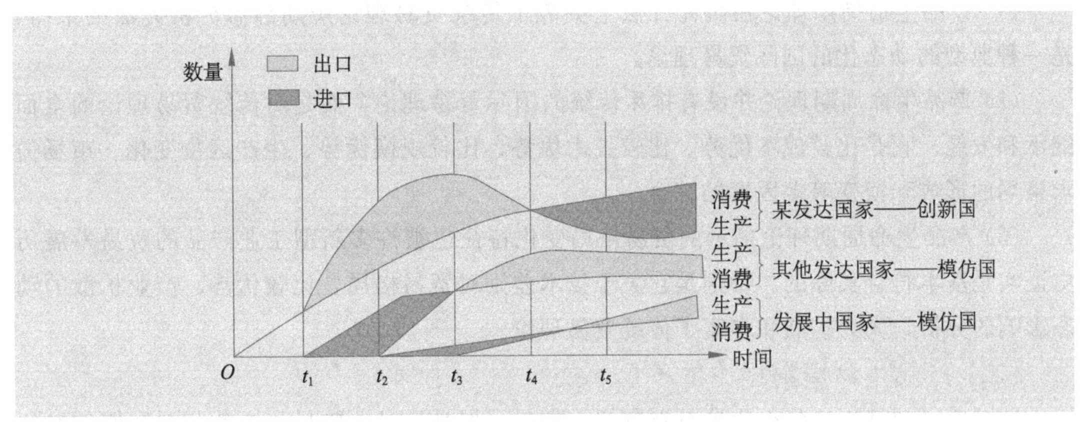


**图 3-2 产品生命周期模型**

图 3-2 中，纵轴表示商品数量，横轴表示时间，某发达国家为创新国，其他发达国家和发展中国家为开始时间不同的两组模仿国。

在第一阶段，创新国研制与开发新产品，从零开始投产，产量较少，产品主要在本国市场销售。在这个阶段创新国处于垄断地位。随着经营规模的扩大和国外需求的发展，创新国于 $t_1$ 开始向国外出口该产品，该产品进入第二阶段。$t_2$ 处，国外生产者开始模仿新产品生产，与创新国竞争，新产品进入第三阶段。随着国外生产者增多及其生产能力增强，创新国的出口量下降。其他发达国家于 $t_2$ 变为净出口者，使该产品进入第四阶段。这时，产品已高度标准化，国外生产者利用规模经济大批量生产，降低生产成本，使创新国开始失去竞争优势并于 $t_4$ 处变为净进口者，使该产品进入第五阶段。及至 $t_5$，由发展中国家出口到高收入的发达国家，即产品由发达国家完全让位给发展中国家。

从以上分析可见，由于技术的传递和扩散，不同国家在国际贸易中的地位不断变化，新技术和新产品创新由技术领先的某发达国家，传递和扩散到其他发达国家，再到发展中国家。当创新国发明新产品大量向其他发达国家出口时，正是其他发达国家大量进口时期；当创新国出口下降时，正是其他发达国家开始生产、进口下降时期；当创新国由出口高峰大幅度下降时，正是其他发达国家大量出口时期；当其他发达国家出口下降时，正是发展中国家增加、进口减少时期；当其他发达国家从出口高峰大幅度下降时，正是发展中国家大量出口之时。新技术和新产品的转移和扩散像波浪一样，一浪接一浪向前传递和推进。目前，美国正在生产和出口计算机、宇航、生物和新材料等新兴产品，其他发达国家继续生产汽车和彩电等产品，而纺织和半导体则通过前两类国家在发展中国家落户。近年来，新技术扩散滞后期大为缩短，使得新产品的生命周期变得越来越短。

## 四、对产品生命周期理论的评价

### （一）产品生命周期理论的积极意义

（1）产品生命周期理论在研究方法上突破了传统贸易理论短期静态分析方法的束缚，是一种典型的动态化的国际贸易理论。

（2）产品生命周期理论并没有排斥传统的国际贸易理论，而是对传统贸易理论的全面继承和发展。它是比较成本优势、比较技术优势、比较规模优势、生产区位变化、市场需求格局的形成和演变等多因素的综合。

（3）产品生命周期理论揭示的贸易格局变化特征也被许多新型工业产品的贸易发展历史证实是基本符合实际的。特别是它关于技术差别对贸易格局、比较优势、产业扩散的动态影响的分析，大大扩展和丰富了传统贸易理论。

### （二）产品生命周期理论的不足之处

该理论对贸易格局的变化情况解释能力较强，但是，对于贸易收益的分配问题解释能力不足，该理论虽然与许多产业的历史经验相符合，但是，它并不适用所有的工业行业或工业产品，现实中技术变革可能会延长、缩短或中止某产品的生命周期，如新技术发生飞跃性变化将导致产品更新换代，新产业在国际上的转移扩散不是无条件的，它需要一系列的社会经济环境条件才能实现。

# 任务五 需求偏好相似理论

**导入案例**

要素禀赋理论认为，一个地区的出口商品含有大量相对的、比其他地区便宜的生产要素，而进口的是其他地区能够便宜地生产的商品。据此可以推出，生产要素禀赋的差别性越大，发生贸易的机会就越多，贸易量也就越大。要素禀赋情况越相似的国家相互间的贸易量就会越小。按照该理论推断，大量的国际贸易应该是在工业发达国家与发展中国家之间展开，即制成品与初级产品之间的贸易。而事实上，“二战”后工业发达国家的出口量占世界总出口量的3/4，其中75%是在这些工业国家之间进行贸易往来的。其中，发达国家和非工业国家之间的贸易量只占世界贸易总量的1/3。

**思考：**要素禀赋理论为什么不能解释“二战”后世界大部分的贸易发生于工业发达国家之间？

## 一、需求偏好相似理论的产生

理论与实际的这种巨大反差，促使瑞典的著名经济学家林德(S. B. Linder)另辟蹊径来深入研究这种贸易格局的成因。他认为，要素禀赋理论只适用于分析自然资源密集产品贸易的成因，但不能用来分析制成品之间的贸易。能用来分析制成品之间贸易的应该是其他理论，也就是他提出的偏好相似理论。他于 1961 年发表了《论贸易和转变》一书，在书中提出了需求偏好相似理论，这一理论是“二战”后解释工业国家之间贸易的著名理论。该理论与比较优势理论、资源禀赋理论等不同，着重从需求角度解释国际贸易产生的原因。

## 二、需求偏好相似理论的内容

该理论的基本观点是，发达国家之间相互进行工业化产品贸易的种类、范围和流量是由各国的需求因素决定的，即各国的需求偏好，而一国的需求偏好又取决于该国的平均收入水平，平均收入越相似的国家，其消费偏好和需求结构越相似，详细内容如下。

### (一) 产品的出口是以国内需求为基础

林德认为，工业生产扩大初期是以满足国内需要为目的的，一旦国内市场大到可使工业得到规模经济和有竞争性，并且某些工业制成品的国别价值低于国际价值时，即具备了在国际市场上的竞争能力，则这些工业制成品才有可能出口。那么，为什么工业生产扩大初期一定以满足国内需要为目的呢？对此林德在《论贸易和转变》一书中做出了详细的论述。

(1) 企业对国内市场的了解要远远超过对国际市场的了解，在工业生产初期，这些企业更看重的是国内市场的获利机会，而不可能去冒险生产某种在国内无市场需求的新产品。只有当这种产品在国内站稳了市场，并且企业规模也发展到一定程度的时候，企业家才会进一步考虑是否扩大市场范围，出口自己的产品，占领国际市场，在国外获得更多的利润。尽管对某些国家来说，后来的出口额可能在总产值中占很大比重，但出口终究是市场扩大的结果而不是它的开端。

(2) 新产品、新技术的发明，其动力首先来自于本国的需求，是本国的具体环境及特殊问题需要解决，才推动人们去从事技术革新和发明创造。身在一国，往往对别国的需求不是很敏感，也就很难发现他国存在什么问题需要解决，更谈不上去从事解决这个问题的技术革新和发明创造了。由此可见，创造发明所形成的新产品首先是适应本国需要的产品，只有在一定条件下，这种产品才适应出口的需要。

(3) 只有国内需要的产品，才具有最大相对优势。一种新产品要使它最终适合市场需要，在生产者和消费者之间必须反复地交流信息，并且以价格作为最敏感的信号来进行传递。这时如果消费者和市场是在国外，则取得信息的成本将是高昂的，将直接影响生产者的利益，同时风险也比国内大得多，从而显现出国内外的这种巨大差异。所以，只有国内需要的产品才是具有竞争力相对优势的产品。

### (二) 产品流向、贸易量取决于两国需求偏好相似的程度

在论证了有可能出口的工业品一定是本国需求的消费品和投资品后，林德又提出，两个国家对工业品的需求偏好越相似，它们之间此类工业品的贸易可能性就越大。一旦产生

贸易，则需求偏好相似的两国的贸易量要大于需求偏好有较大差别的两国的贸易量。如果两个国家需求结构完全一样，则一个国家所有可能进口的货物也是另一个国家可能出口的货物。

### (三)一国的平均收入水平决定一国的需求偏好

需求偏好决定了产品流向和贸易量，而平均收入水平又是影响需求偏好的最主要因素。平均收入水平对需求偏好的影响反映在两个方面：一是对消费需求的影响；二是对投资需求的影响。

#### 1. 平均收入水平对消费需求的影响

平均收入水平对消费需求的影响表现如下。

(1) 平均收入水平的提高可以影响需求的量的变化，即可用多收入的那部分购买更多的同一产品。

(2) 收入水平的提高可以影响需求的质的变化，即用更精致的产品替代原来使用的产品，从而满足基本需求。

(3) 平均收入水平的提高可能会出现新的或更高层次需求。

(4) 收入的分配状况会影响需求的变化倾向。当贫穷国家与富裕国家进行贸易时，贫穷国家的分配越是不平均，则两国的需求倾向越是一致。因为贫穷国家中的高收入者和富裕国中的较低收入者可能需要同一种产品。因此，不平均的收入分配会扩大两国之间进出口货物的范围。

#### 2. 平均收入水平对投资需求的影响

平均收入对投资需求的影响主要表现在：平均收入水平在很大程度上决定着现有的投资存量，而投资存量是否丰富则决定了对新投资需求的质量构成。一般地说，资本存量丰富的国家也是人均收入比较高的国家，它比资本稀缺的国家需要更先进的资本设备。平均收入水平比较低的国家选择质量较低的投资品，为的是使它能够得到的资本设备分布更均匀一点。当然，也有例外，有时资本稀缺的国家也需要高质量的投资品，而资本丰富的国家也需要一些技术并不先进的资本品，为的是充当备用设备之用。

## 三、需求偏好相似理论的模型分析

如图 3-3 所示，纵坐标代表商品档次，横坐标代表人均收入，$OX$、$OY$ 与原点所构成的锥形 $XOY$ 代表一国对其所需求产品的档次的变动范围。设甲国的人均收入为 $I_1$，乙国的人均收入为 $I_2$，与 $I_1$、$I_2$ 相应的 $AC$、$BD$ 分别表示甲国、乙国的需求商品档次范围，$BC$ 部分重合，表示两国会就 $BC$ 范围内档次的商品进行贸易。两国对产品需求的档次变动范围重合部分越大，表示需求结构越相近，贸易的可能性就越大。

综上所述，得出的结论是若两国平均收入水平越接近，其需求偏好就越相似，则两国的产品结构就越相似，两国相互需求就越大，由此产生的贸易量就越大，就越容易产生贸易往来。若平均收入水平有较大差异，其需求偏好就会相异，则两国贸易就存在潜在障碍，产生贸易的可能就越小。若两国中一国具有某种产品的比较优势，而相对的另一国不存在对这种产品的需求，则两国无从发生贸易。

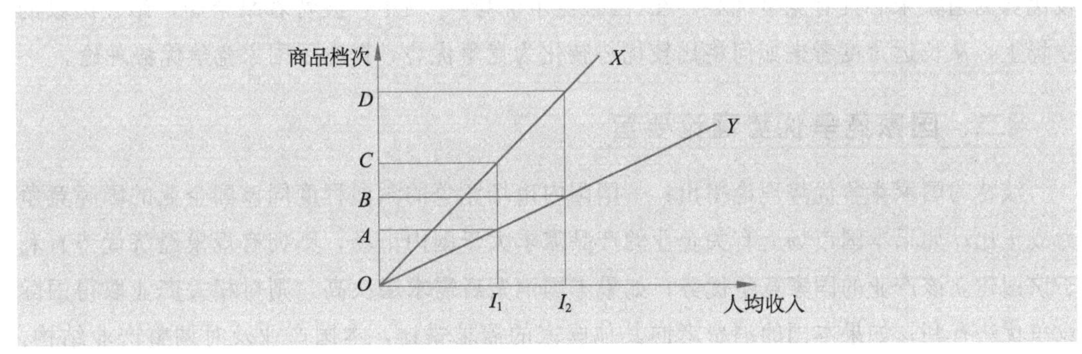


图 3-3 偏好相似与国际贸易

林德还认为，发达国家与发展中国家之间的工业制成品贸易问题取决于它们需求结构的重叠程度，因为富国也有穷人而穷国也有富人，这种需求结构的重叠程度决定着发达国家与发展中国家之间工业制成品贸易的流量和规模。因此，林德的需求偏好相似理论又被称为重叠需求理论。

# 任务六 国家竞争优势理论

## 导入案例

"二战"后，各国都致力于发展本国的高新技术产业，尤其是信息技术产业，以寻求新的经济增长点，增强本国的国际竞争力。软件业一直是发达国家具有比较优势和竞争优势的产业，然而，印度作为发展中国家，在过去的 15 年间奇迹般地在信息技术产业中完成了高起点、跨越式和持续高速增长的突破，并成为继美国、日本之后世界上又一软件大国。据世界银行 2002 年对各国软件出口能力的调查和评估结果显示，印度软件的出口规模、产品质量和产品成本等综合指标均名列世界第一。

**思考：**印度是一个发展中国家，国家整体工业水平不高，但它的软件业为什么能做到世界第一？

## 一、国家竞争优势理论的产生

全球化趋势导致一个企业不用走出国门就面临着国际竞争的挑战。在此背景之下，一些新的贸易理论开始注意国内贸易对国际贸易的影响，特别是注重国内市场需求状况对企业国际竞争力的影响。从 20 世纪 80 年代到 90 年代初，美国经济学家迈克尔·波特

(Michael Porter)先后出版了《竞争战略》《竞争优势》和《国家竞争优势》三部著作，分别从微观、中观、宏观角度论述了“竞争力”的问题，对传统理论提出了挑战。他指出：具有比较优势的国家未必具有竞争优势。在《国家竞争优势》一书中，波特着眼全局，站在国家的立场上，从长远角度考虑如何将比较优势转化为竞争优势，提出了国家竞争优势理论。

## 二、国家竞争优势理论要旨

波特的国家竞争优势理论指出：一国国内市场竞争的激烈程度同该国企业的国际竞争力成正比；如果本国市场上有关企业的产品需求大于国内市场，则拥有规模经济优势有利于该国建立该产业的国家竞争优势；如果本国消费者需求层次高，则对相关产业取得国际竞争优势有利；如果本国的消费者向其他国家的需求攀比，本国产业及时调整产业结构，而且改进产品的能力强，则有利于该国竞争力的提高。

波特的国家竞争优势理论的核心是“创新是竞争力的源泉”。波特认为，一国的竞争优势是企业、行业的竞争优势。国家的繁荣不是固有的，而是创造出来的。一国的竞争力高低取决于其产业发展和创新能力的高低。企业因为压力和挑战才能战胜世界强手而获得竞争优势，它们得益于拥有国内实力雄厚的对手、勇于进取的供应商和要求严苛的顾客。

他还认为，在全球性竞争日益加剧的当今世界，国家变得越来越重要，国家的作用随着竞争的基础越来越转向创造和对知识的吸收而不断增强，国家竞争优势通过高度地方化过程得以产生和保持，国民价值、文化、经济结构、制度、历史等方面的差异均有助于竞争的成功。然而，各国的竞争格局存在明显的区别，没有任何一个国家能或将能在所有产业或绝大多数产业上有竞争力，各国至多能在一些特定的产业竞争中获胜，这些产业的国内环境往往最有动力和最富挑战性。

## 三、国家竞争优势的钻石模型

波特认为，一国在某一行业取得全球性的成功的关键在于四个基本要素，即生产要素、需求情况(一国的国内需求)、相关和支撑产业，以及企业的战略、结构与竞争。这四个基本因素连同两个辅助因素(机遇与政府作用)共同决定了一国是否能创造一个有利于竞争优势的环境。

以四个要素和两个辅助方面为基础，波特提出了“国家竞争优势的钻石模型”，如图 3-4 所示。对“钻石的四面”解释如下。

### (一) 生产要素

波特认为，一国如果在某类低成本要素禀赋或独特的高质量要素上具有优势，该国就有可能在充分利用这些要素的产业发展中获得竞争优势。例如，荷兰鹿特丹处于地理要塞，这使它成为世界的物流中心；日本在高素质劳动力方面的优势，是日本第二次世界大战后成为世界工厂的重要因素。

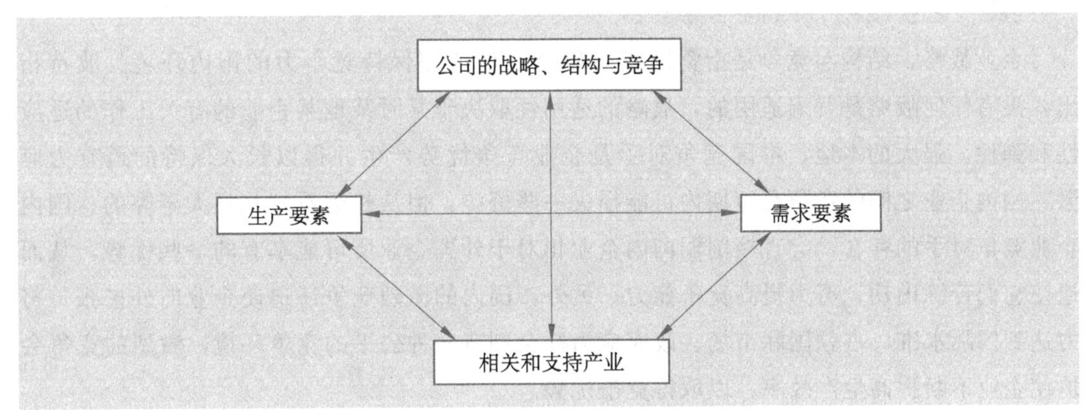


**图 3-4　国家竞争优势的钻石模型**

根据产生机制与所起的作用，生产要素可以划分为基本要素与高级要素。前者包括自然资源、气候、地理位置、非熟练劳动力等先天拥有的，或不需花费太大代价便能得到的要素；后者则指需要通过长期投资或培育才能够创造出来的，如高科技、熟练劳动力等。波特指出，虽然"要素禀赋决定了比较优势"，但是对于竞争优势而言，高级要素却是最为重要的。因为它们是取得"高级比较优势"的关键，一国基本要素的不足，可以通过高级要素获得补偿。例如，劳动力不足可以用生产自动化来解决。但是，如果在高级要素上处于劣势，却无法用其他方式予以有效的补偿。波特同时指出，一国的高级生产要素是在基本要素的基础上产生的，而基本要素的劣势又有可能对一国形成压力，刺激创新。在强调要素重要性的基础上，波特又指出，虽然要素状况在贸易类型的决定中十分重要，但这并不是竞争力的唯一源泉，最为重要的是一国不断创造、改进和调动其生产要素的能力，而不是要素的初始禀赋。

### （二）需求情况

波特指出，在促进企业持续竞争力方面，最重要的是市场的特征，而不是市场的大小。国内需求大，有利于促进竞争，形成规模经济。若国内消费者特别"挑剔"，要求复杂且品位较高，便会促进企业提高产品质量和服务水平，从而取得竞争优势。例如，芬兰、瑞典的科学技术水平在国际上处于中游水平，但其属于高科技产品的移动通信的竞争力却位居世界前茅，其中两国领先的消费需求功不可没。

### （三）相关和支撑产业

所谓相关产业是指共用某些技术、共享同样的营销渠道和服务而联系在一起的产业或互补性产业，如计算机与计算机软件、空调和压缩机等。所谓支持产业是指某一产业的上游产业，它主要向其下游产业提供原材料、中间产品。任何一个产业都不能孤立地发展，发达、完善相关与支撑产业，有利于提高产品质量，降低产品成本，提供产品信息，从而建立起竞争优势。那些拥有发达而完善的相关产业的企业在运作过程中，通过密切的工作关系、与供应商接近、及时的产品供应和灵通的信息交流等途径，能够促进企业的科技创新，形成良性互动的"地方化经济"、集团化经济，进而获得并保持优势。

### （四）企业战略、结构与竞争

企业战略、结构与竞争是指资助或妨碍企业创造和保持竞争力的国内环境。波特指出，没有任何战略是普遍适用的，战略的适用性取决于某时某地某企业的有关工作的适应性和弹性。强大的本地、本国竞争对手是企业竞争优势产生并得以长久保持的最有力刺激，国内企业之间的竞争在短期内可能损失一些资源，但从长远看则是利大于弊的。国内企业竞争对手的存在，会直接削弱国内企业相对于外国企业所可能享有的一些优势，从而迫使它们苦练内功，努力提高竞争能力。另外，国内的激烈竞争还迫使企业向外扩张，努力达到国际水准，占领国际市场。政府应为社会创造一种公平的竞争环境，激烈的竞争会迫使企业不断提高生产效率，以取得竞争优势。

竞争优势理论为贸易结构的优化提供了一个全方位的思考：改善贸易结构，积极参与国际分工。先天因素——资源禀赋固然重要，后天优势——高级要素的决定作用越来越明显。如今，出口什么已不再重要，重要的是用什么技术与方法来生产这种产品。贸易结构的优化也不再是简单的工农轻重的比例问题，这里面不仅存在着“量”的考虑，更存在着“质”的要求。然而，如何培育高级要素，如何使消费者变成挑剔的、具有高品位的“信息提供者”，这不仅有历史的、传统的因素，更依赖于综合国力以及国民素质的提高。因此，政府的作用便不可忽略。这不仅表现在实施国民教育方面，同时也表现在对其他三个因素的影响上。波特主张政府应当在经济发展中起到催化和激发企业创造欲的作用。政府应当加强基础设施的投入，加快产品、生产要素市场的建立，完善政策法规，为企业竞争创造良好的外部环境。

## 四、国家竞争优势的发展阶段

波特认为，一国竞争优势的发展可分为以下四个阶段。

(1) 要素拖动阶段。该阶段的竞争优势主要取决于一国的要素禀赋优势，即是否拥有廉价的劳动力和丰富的资源。

(2) 投资推动阶段。该阶段的竞争优势主要取决于资本优势。大量的投资可用于更新设备、扩大规模、增强产品的竞争力。

(3) 创新推动阶段。该阶段的竞争优势主要来源于研究与开发。

(4) 财富推动阶段。在此阶段，创新竞争意识明显下降，经济发展缺乏强有力的推动力。

## 五、对国家竞争优势理论的评价

波特提出的国家竞争优势理论超越了传统理论对国家优势地位的认识，首先多角度、多层次地阐明了国家竞争优势的确切内涵，指出国家竞争优势形成的根本点在于竞争，还有优势产业的确定，而这些是由四个基本原则和两个辅助因素协同作用的结果。这一理论对于解释第二次世界大战以后，特别是20世纪80年代以后的国际贸易新格局、新现象具有很大说服力，对于一国提高国际竞争力、取得和保持竞争优势有重大的借鉴意义。随着全球经济一体化的展开，国家生产要素的日益频繁，每个国家都逐步纳入以国际分工为基础的全球网络中，这使得国际竞争日益激烈。在这种竞争环境中，任何一个国家不再可能依靠基于要素禀赋上的比较优势来进行分工与贸易，而只有通过竞争优势的创造，才能提高自己的竞争力，增进本国的福利水平。一国要提高经济实力和竞争力，必须创造公平竞争的环境，重视国内市场的需求，重视企业的创新机制和创新能力。这些观点对所有国家特别是落后的发展中国家具有重要的启发性意义。

但是，波特的理论也存在一些局限，它过于强调企业和市场的作用，而低估了政府的作用。在波特看来，一个国家要具备竞争优势，主要依赖企业创新，政府的作用只是创造公平竞争的环境，是辅助性的。

## 思考与实训

1. 从要素禀赋角度来看，日本与韩国并不具备发展钢铁工业的资源条件，可日本与韩国却成为世界钢铁生产大国，请对此现象进行评论。

2. 当今世界为什么科技进步与科技创新越来越受到世界各国的重视，请用相关理论进行解释。

3. 如果各国国民收入不断提高，按照需求偏好相似理论，分析国际贸易会发生怎样的变化。

4. 日本在20世纪七八十年代将大量劳动密集型产业转移到我国台湾地区，进入90年代以后，台湾地区又将大量劳动密集型产业转移到大陆，试从经济发展中要素的变动来说明此类现象。

5. 如果各种新产品都经过产品生命周期，发达国家是否会在竞争中处于劣势？为什么？

6. 产业间贸易和产业内贸易的基础是什么？当代国际贸易的格局主要以产业内贸易为主还是以产业间贸易为主？

7. 加工贸易是我国当前主要的贸易形式，试从国家竞争优势理论来分析这种贸易模式对我国对外贸易竞争力的有利与不利影响。

8. 美国卡尔马计算机公司设计出了一种新的产品，其功能比现有产品稍有改进，但是外观做了很大改动。其实际生产成本并不比现有的产品高，公司却决定将现有产品转移到新加坡和韩国等地生产，而在美国的工厂生产这种新的产品。用产品生命周期理论对公司的这一决定进行分析。

# 4 项目四 解析国际贸易政策

## 学习目标

**知识目标**

⊙了解国际贸易政策的概念、类型及影响因素。

⊙熟悉贸易政策的演变。

⊙掌握自由贸易理论和保护贸易理论以及两者之间的区别。

⊙掌握自由贸易政策和保护贸易政策的产生及其影响。

**能力目标**

⊙能运用贸易政策理论解析世界各国的贸易政策。

⊙能正确理解保护贸易的发展趋势。

在资本主义生产方式准备时期，为了促进资本的原始积累，西欧各国广泛实行重商主义下的强制性的贸易保护政策，通过限制货币或贵重金属出口和扩大贸易顺差的办法扩大货币的积累，以英国实行得最为彻底。

第二次世界大战后，由于科技进步和社会生产力的迅速发展，美国经济实力占据首位，实行自由贸易政策对其最为有利，因此主张贸易自由化。但是，随着日本和西德经济实力的增强，以及欧共体市场的日益扩大，20 世纪 70 年代后，资本主义主要发达国家的经济实力对比发生了显著变化。日本和西德在国际竞争中的实力日益增强，美国的实力相对削弱，美国的贸易保护主义便重新抬头，在这种历史背景下，广大的发展中国家为了发展民族经济也实行贸易保护政策。以保护幼稚民族工业的发展，实行工业化和保护国内市场，以及开拓世界市场。

20 世纪 80 年代初，世界主要发达国家的经济出现严重衰退，面对这一现实，各国贸易保护主义纷纷抬头，世界贸易发展一度呈现萎缩状态。各国经济理论界和实业界普遍担心，如果贸易保护主义不加遏制，很有可能导致30年代世界性的经济大危机重演。正是在这种背景下，美国、欧共体和日本等共同发起了“乌拉圭回合”谈判，希望建立起一个开放、持久和富有活力的多边自由贸易体。

20世纪90年代以来，欧美等经济发达国家率先开始由工业化和后工业经济向知识经济的转变，引起了世界经济结构的大调整，世界各国为了适应这一变化都投入大量的精力来调整本国的经济结构和对外贸易政策，中国也将面临多变的国际经济环境。WTO成立后，在世贸组织原则和协议约束下，各贸易国家将进一步降低进口关税，逐步减少或取消非关税壁垒，但在公平贸易和保护环境方面也出现了一系列新的贸易政策措施。

# 任务一 国际贸易政策概述

## 导入案例

美国新任总统特朗普于2017年1月23日签署行政命令，正式宣布从12国的跨太平洋贸易伙伴关系(TPP)中退出，特朗普签署退出TPP的行政命令是兑现竞选承诺的举措。

2016年的美国总统选举反映出美国民众对经济、贸易和移民政策日益增长的担忧。虽然全球化和自由贸易促进了美国经济增长，但由于美国制造业不振，制造业工人没有得到足够援助，2016年的美国大选最终引发美国民众反全球化潮流反弹。特朗普将美国人面临的经济困境主要归咎于贸易和贸易协定。他在竞选中曾多次抨击TPP将“摧毁”美国制造业，承诺就职后第一天就退出TPP，并表示不再签署大型区域贸易协定，而是注重一对一的双边贸易协定谈判。

**思考：**美国退出TPP的目的何在？

## 一、国际贸易政策的含义及目的

### (一) 国际贸易政策的含义

国际贸易政策又称对外贸易政策，是指一个国家一定时期内影响其进出口贸易的政策措施的总和，是一国政府在其经济发展战略的指导下，运用经济、法律和行政手段，对外贸活动的方向、数量、规模、结构和效益所进行的一系列有组织的干预和调节行为。

### (二) 国际贸易政策的目的

国际贸易政策的主要目的如下。

(1) 保护国内市场，防止其他国家对本国的商品倾销和控制劳务输入。

(2) 开拓国外市场，扩大本国商品的出口。

(3) 促进本国生产和产业结构的改善。

(4) 获得利润，扩大资本积累。

(5) 维护本国的对外政治关系，提高本国企业在国际上的经济地位。

## 二、国际贸易政策的构成

一般来说，对外贸易政策主要由三个方面的内容构成。

(1) 对外贸易的总政策。着眼于整个国民经济的发展，以一个较长的时期为时间范畴所实行的政策，包括制定外贸发展的目标和措施等。

(2) 商品进出口政策。它是根据对外贸易总政策和经济结构、国内市场状况而分别制定的政策，如有意识地扶植某些出口部门，或暂时限制某些种类商品的输入等。一国的商品进出口政策通常与该国的产业发展政策有关。

(3) 有关国别贸易的政策。它是根据有关的经济格局以及政治社会关系等，对不同的国家或地区制定不同的政策。

通常，上述三方面是交织在一起的，即贸易发展的目标要通过外贸商品和贸易对象的选择来实现。不过一国根据国内和国际形势的变化，可能会突出外贸政策的某一个方面。

## 三、国际贸易政策的形式

从对外贸易产生与发展以来，基本上有两种类型的对外贸易政策：自由贸易政策和保护贸易政策。

### (一) 自由贸易政策

自由贸易政策的主要内容是：国家取消对进出口贸易和服务贸易等的限制和障碍，取消对本国进出口商品和服务贸易等的各种特权和优待，使商品自由进出口，服务贸易自由经营，在国内外市场上自由竞争。

### (二) 保护贸易政策

保护贸易政策的主要内容是：国家广泛利用各种限制进出口和控制经营领域与范围的措施，保护本国产品和服务在本国市场上免受外国商品和服务等的竞争，并对本国出口商品和服务贸易给予优待和补贴。

这里需要指出的是，一国实行自由贸易政策，并不意味着真正做到了自由。西方国家在标榜自由贸易的同时，总是或明或暗对某些产业提供保护。事实上，自由贸易口号是作为一种进攻的武器，即要求别国能够实行自由贸易。不过，在一般情况下，自由贸易政策只有在双边同意之后才能付诸实施。另外，实行保护贸易政策在保护国内生产者的同时又要维持同世界市场的联系，而且对国内商品的保护程度也有差别，对某些商品的保护程度高一些，有些商品则低一些。更有一些国家在口头上说搞自由贸易，而实际上奉行的是保护主义。

总之，从资本主义对外贸易的历史看，自由贸易和保护贸易两者并不绝对排斥，而是相互并存、相互转化的。在当今国际贸易中，实际上已不存在绝对的自由贸易政策。一般来说，在科技迅速发展、经济繁荣稳定的时期，自由贸易政策是主流；而在经济发展停滞、市场不景气的时期，贸易保护政策是主流。长期地选择具有“保护”色彩的外贸政策或具有“自由”色彩的外贸政策，都是与外贸政策本身特性相悖的。事实上，保护贸易政策和自由贸易政策对不同国家、对同一国家的不同发展阶段都具有一定的合理性。

## 四、国际贸易政策的制约因素

从实践上看，一国外贸政策要受到以下几个因素的制约。

### (一) 经济力量的强弱

一般来说，经济比较发达、国际竞争力较强的国家，总体上倾向于自由贸易政策，主张在世界范围内进行自由竞争与合作。反之，则倾向于保护贸易政策，对对外贸易加以限制。一国国际竞争力相对地位的变化，也会影响贸易政策的选择。

### (二) 经济发展战略的选择

基本上采取外向型经济的发展战略，就会制定比较开放和自由的贸易政策，对外贸易对一国的经济发展越重要，该国就越会主张世界范围内进行竞争和合作。

### (三) 利益集团的影响

贸易政策的实施会对本国不同的利益集团产生不一样的影响，如自由贸易政策有利于出口集团、进出口贸易商和消费者，但会给进口竞争集团带来损失。从这一点上，我们可以看出，外贸政策就是不同利益集团之间斗争的结果，往往某一集团占有优势，外贸政策的制定过程就会倾向于该集团的需要。

### (四) 国际环境和一国的外交政策

外贸政策和外交政策的关系是非常密切的，两者既互相影响，同时也相互促进，甚至一些国家把外贸政策作为达到外交目的的一种手段。

总之，一国选择什么样的外贸政策，受到很多因素的影响，但是世界发展的总体趋势决定了各国选择外贸政策的共性。总体来看，既要积极参与国际贸易分工，又要把获取贸易分工利益的成本降到最低，可以说是各国制定外贸政策的基点。

# 任务二 自由贸易政策

**导入案例**

亚洲太平洋经济合作组织(Asia-Pacific Economic Cooperation，APEC)，简称亚太经合组织是亚太地区最具影响的经济合作官方论坛。

1989年11月5—7日，亚太经济合作会议首届部长级会议举行，标志着亚太经济合作会议的成立。1993年6月，改名为亚太经济合作组织。1991年11月，中国以主权国家身份，台湾地区和香港(1997 年 7 月 1 日起改为“中国香港”)以地区经济体名义正式加入亚太经合组织。亚太经合组织共有 21 个成员。2001 年 10 月，APEC 会议在中国上海举办。这是 APEC 会议首次在中国举行。2014 年，APEC 会议时隔 13 年再次来到中国。截至 2014 年 9 月，亚太经合组织共有 21 个正式成员和三个观察员。2016 年 11 月 20 日，亚太经合组织第二十四次领导人非正式会议在秘鲁利马举行。

**思考：**亚太经合组织成立的目的是什么？对亚洲经济的发展起到了什么作用？

## 一、自由贸易政策的渊源

从产生渊源上看，自由贸易主义首先是作为一种理念而存在的，自由贸易实质上是欧洲文艺复兴时期所提出的个人主义及由此发展而来的自由主义理念在国际经济中的发展和延续。亚当·斯密在《国富论》中阐释的核心理论便是“看不见的手”，而“看不见的手”作用于实际经济生活的基本前提就是“自由放任”。从此，“自由主义”与“利己主义”一起，构成了整个西方经济学体系的基本前提和“个人主义”的基本人性假定之一，而这一假定在国际贸易领域的反映，便是“自由贸易主义”的渊源。

自由贸易理论在实践中不断发展，最早在英国，重商主义学说已不再适应工业资产阶级的经济和外贸发展的需要。19 世纪 20 年代，英国新兴的产业资产阶级废除了重商主义，兴起了自由贸易运动。运动的中心是废除谷物法，工业资产阶级经过不断的斗争，最后终于战胜了地主、贵族阶级，使自由贸易政策逐步取得胜利。自由贸易理论起源于法国的重农主义与英国学者休谟提出的自由贸易，重农主义提倡商业的自由竞争，反对重商主义的贸易差额论，以及征收高额的关税。休谟的自由贸易理论也驳斥重商主义的贸易差额论。在世界各国，能真正做到自由贸易的国家为数极少，尽管如此，古典政治经济学派代表人亚当·斯密也提出国际分工，实行自由贸易的理论，随后由大卫·李嘉图继承并加以发展。所以很多经济学家就一直倡导自由贸易，并把它作为贸易政策奋斗的目标。

## 二、自由贸易政策的渐进性

贸易的自由化是伴随着资本的诞生应运而生的一种力量，18—19 世纪中叶资本主义自由竞争时期，欧美的一些国家先后完成工业革命，生产力的发展出现了巨大的飞跃，国际分工从工业和农业之间的分工向工业内部的垂直分工发展，极大地推动了国际贸易的发展。

第二次世界大战后，随着社会生产力的不断发展以及关贸总协定的建立，国际贸易的参与主体也发生了较大的变化，主动与被动卷入世界市场进行国际贸易的国家与地区越来越多，除了极个别的国家由于各种原因仅在较低层次、较小范围参与国际交换外，世界上进行贸易和投资的国家有 230 多个，从而使贸易及投资的规模、结构、流向、地区分布、贸易利益的分配等均发生了较大变化，国际贸易领域出现了减少与消除人为贸易障碍(包括关税、过境税等关税壁垒，以及数量限制、外汇管制技术壁垒和海关监察等非关税壁垒)的现象与趋势。可以看出，在世界经济发展平稳、国际贸易增长迅速的时期，国际贸易政策比较宽松，贸易自由化的进程加速；而在世界经济出现衰退现象，国际贸易增长速度放慢时，各国贸易政策都趋向严厉，贸易自由化的进程也就会遇到更大的障碍。因此，贸易自由化进程与世界经济贸易发展状况紧密相关。

现阶段，即使是倡导贸易自由化的 WTO，其本身也不是一个绝对自由贸易的组织机构与场所，它实际上也遵循着一条渐进性的发展路线。考虑到政治、经济环境等条件的制约，WTO 认为无关税和非关税限制的自由贸易是不可能完全实现的。而如果某个国家完全取消关税和非关税贸易限制，将会使该国某行业面临外国效率更高的同一行业产品的竞争而陷入困境，在影响行业利益的同时也减少了就业，这无疑会损害该国的利益。因此，WTO 选择了次优的贸易政策，即一方面强调只有通过关税来保护本国的生产，在不允许数量限制等政府的行政干预的同时，又允许存在例外；另一方面要求逐步削减关税和非关税壁垒，开放市场，取消国际贸易中的歧视待遇，以促进自由贸易的发展。WTO 是通过逐步削减关税和非关税壁垒，以及对发展中国家采取差别和更优惠待遇来逐步走向贸易自由化的。

自由贸易政策，从其发展历程来看，经历了由混沌到澄明，由单纯到综合的历程，这个过程不仅是自由贸易主义逐渐契合于现实经济的过程，而且是自由贸易主义不断提升和优化现实经济条件，使其与自由主义日渐结合的历程。

## 三、自由贸易理论的要点

贸易自由化符合社会生产力和生产社会化发展的客观规律，因此是世界经济发展的客观要求和必然趋势，也是世界贸易组织的基本贸易规则和主要目标。贸易自由化的内在动力来自于贸易给各国所带来的静态利益(比较优势引发的比较利益和专业化分工获得的收益)和动态利益(规模经济效益、竞争效应和学习效应)。

从国家的角度出发，贸易自由化不但有利于实现国民经济增长方式从粗放型向集约型的转换，而且有利于拓展国民经济发展的空间，并产生诸如带动产业结构的优化和高级化发展、增加对外投资、引发技术进步、促进国民生产总值的增长等联动效应。

自由贸易可以阻止垄断，加强竞争，提高经济效益。更有利于提高市场经济运行机制的效率，从而加速经济体制的改革和创新，充分发挥现代企业制度的功能并推动现代化企业的成长。

在自由贸易的条件下，贸易国家可以进口廉价的商品，减少国民消费开支。

## 四、支持自由贸易的观点

英国是最早推行自由贸易政策的国家，自由贸易政策一方面给其经济带来了极大的促进作用，使得英国经济得以迅速向全球范围扩张，加强了英国对世界经济的控制地位；另一方面，由于英国推行的是彻底的自由贸易政策，因此其经济在整个发展中，都过分地依赖国际市场，后来因国际市场的变化，特别是德国和美国的崛起，使得英国的经济从兴旺逐渐走向衰退。因此，很多经济学家都认为自由贸易除了能消除生产与消费扭曲，还能产生额外收益。而且即使在认为自由贸易并非绝对完美之策的经济学家之中，仍有许多人相信在通常情况下自由贸易政策比其他政府可能采取的任何政策都要好。

自由贸易的额外收益之一是规模经济。在被保护的市场中，不仅生产被分割，而且由于减少了竞争和提高了利润，从而吸引了太多的厂商进入被保护的行业。在一个狭小的国内市场中挤着那么多的厂商，各厂商的生产规模自然不足。因此，有些经济学家认为，防止厂商过渡进入以至出现生产规模不足是实行自由贸易的理由之一。

支持自由贸易的另一观点认为，通过寻求新的出口途径和参与同进口产品的竞争，自由贸易比管理贸易体制为企业家提供了更多的学习和革新的机会。在管理贸易体制下，进出口模式大部分由政府支配，但当政府将进口配额和关税贸易的体制转变为更加开放的贸易政策时，它们会发现许多出乎意料的出口机会。

支持自由贸易的政治依据也可以从理论上得到证明：尽管某些选择性的关税和出口补贴政策能够增进整体社会福利，但现实中任何一个政府机构试图制订一套干预贸易的详细计划都有可能为利益集团所控制，从而成为在有政治影响的部门中进行收入再分配的工具。那么毫无例外，倡导自由贸易无疑是最好的选择。

虽然世界上还有很多为非自由贸易政策辩护的论据，经济学家中也有不同的观点，但在世界经济与贸易发展史中，自由贸易与保护贸易总是交织在一起的，既没有完全的自由贸易，也没有完全的贸易保护，这主要是由自由贸易的渐进性与国家的存在所决定的。

**拓展阅读**

2017 年 1 月 17 日，中国国家主席习近平出席在瑞士达沃斯举行的世界经济论坛并发表了主旨演讲，引发了国际舆论的高度关注。同时，这也是中国国家主席首次出席世界经济论坛年会。习近平主席在演讲中谈了对中国经济、世界经济的一些看法，他强调，把困扰世界的问题简单归咎于经济全球化，既不符合事实，也无助于问题解决。我们要适应和引导好经济全球化，消解经济全球化的负面影响，让它更好惠及每个国家、每个民族。我们要主动作为、适度管理，让经济全球化的正面效应更多释放出来，实现经济全球化进程再平衡；我们要顺应大势、结合国情，正确选择融入经济全球化的路径和节奏；我们要讲求效率、注重公平，让不同国家、不同阶层、不同人群共享经济全球化的好处。

资料来源：习近平出席世界经济论坛 2017 年年会开幕式并发表主旨演讲. 新华网，2017 年 1 月 17 日.

## 任务三 保护贸易政策

**导入案例**

根据世界贸易组织统计，截至 2016 年，我国已连续 21 年成为遭遇反倾销调查最多的国家，连续10年成为遭遇反补贴调查最多的国家，近期，全球有三分之一的调查针对中国。2016年，我国共遭遇来自27个国家(地区)发起的119起贸易救济调查案件，其中反倾销91起，反补贴19起，保障措施9起，涉案金额143.4亿美元。其中立案数量最多的国家为印度、美国，案件数量分别为21、20起。与2015年全年相比(22个国家和地区87起案件，金额81.5亿美元)，数量上升了36.8%，金额上升了76%。增加的贸易摩擦主要集中在钢铁领域。全年我国共遭遇21个国家和地区发起的钢铁贸易救济调查案件49起，其中反倾销案件32起，反补贴案件10起，保障措施案件7起，涉案金额78.95亿美元，其他贸易摩擦较多的领域主要是化工产品和轻工产品。

资料来源：2016年我国遭遇贸易摩擦总体情况. 中华人民共和国商务部网站. 2017年3月17日.

**思考：**为什么上述中的国家会发起反倾销、反补贴等贸易救济调查?

一国的对外贸易政策随着世界政治、经济与国际关系的变化，本国在国际分工体系中地位的变化，以及本国产品在国际市场上竞争能力的变化而不断变化。因此，在不同时期，一个国家往往实行不同的对外贸易政策；在同一时期的不同国家，也往往实行不同的对外贸易政策。

## 一、重商主义

在15—17世纪资本主义生产方式准备时期，为了完成资本的原始积累，英国、法国等欧洲资本主义国家信奉重商主义的学说和政策，积极推行国家干预对外贸易的做法，采取严厉的贸易保护措施。早期重商主义者认为，只有货币才是财富，他们追求的目标是谋取对外贸易顺差，在国内积累货币财富，把贵金属留在国内。因此，由政府或国王本人直接垄断或管制对外贸易，采取一系列行政法律措施，严禁奢侈品进口或金银出口。重商主义晚期，工场手工业和航海运输业迅速发展，商业资产阶级认识到不应当对货币的运动过分加以限制，于是，由管制金银的进出口变为管制货物的进出口，试图用更多的出口来获取贸易顺差和金银进口。这样，除了对原料进口提供优惠外，对其他进口货物则实行保护关税和种种限制措施，同时采用各种强有力的政策手段奖励出口。可见，该时期西欧各国普遍推行的是典型的保护贸易政策。

重商主义理论影响深远，工业革命时期的保护关税理论和现代的新重商主义理论，都可以从这一理论中找到渊源。

## 二、早期的保护贸易政策

18世纪中叶—19世纪末，资本主义进入自由竞争时期。在资本主义的经济基础上建立了适合工业资产阶级利益的对外贸易政策。但由于各国工业发展水平不同，所采取的贸易政策也不完全相同。一方面，英国在产业革命后，工业迅速发展，“世界工厂”的地位确立并巩固，其产品具有强大的国际竞争力；另一方面，英国需要以工业制成品的出口换取原料和粮食的进口。为此，英国资产阶级迫切要求国内外政府放松对外贸活动的管制。经过长期斗争之后，英国在19世纪前期，逐步取得了自由贸易政策的胜利。当时的自由贸易政策是国家对进出口贸易不设立任何障碍，不进行干预，让商品在国内外市场自由竞争，所以是一种开放性的贸易政策。

与英国形成鲜明对照的是，美国和西欧的一些国家如德国推行保护贸易政策。其基本原因在于这些国家工业发展水平不高，经济实力和商品竞争力都无法与英国相抗衡，需要采取强有力的政策措施(主要是保护关税措施)以保护本国的幼稚产业，避免遭受英国的商品竞争，因此逐步实行了一系列鼓励出口和限制进口的措施。这时的保护贸易政策就是国家广泛利用各种限制进口的措施，保护本国市场免受外国商品的竞争，并对本国商品给予优待和补贴，以鼓励商品出口。

早期保护贸易政策代表人物有美国首任财政部长汉密尔顿，为使刚从英国殖民统治下获得政治独立的美国迅速恢复发展，汉密尔顿提出对幼稚工业征收保护关税，以提高本国商品的竞争力的主张。

德国历史学派的先驱者，经济学家弗里德里希·李斯特是德国保护关税政策的首倡者，从他开始逐渐建立起贸易保护完整的理论体系。在其《政治经济学的国民体系》一书中，他提出了国家经济学理论、生产力理论、保护关税论及经济发展阶段论。李斯特主张经济落后国家应实行贸易保护政策，以抵御外国竞争，促进国内生产力的成长。根据德国的生产力状况及国民经济各部门应平衡或协调发展的原则，李斯特具体提出保护幼稚产业理论，并认为实行关税制度是保护国内市场的主要手段。为了进一步论证保护贸易的必要性，他把各国的经济划分为原始未开化时期、畜牧业时期、农业时期、农工业时期和农工商业时期五个阶段，认为在不同经济发展阶段一国要采取不同的贸易政策。他的贸易保护理论具体表现在以下几个方面。

▶ 1. 保护对象

农业不需要保护，对尚处于建立和发展时期，还不具备自由竞争能力的幼稚工业进行保护。但是他并不主张对所有的工业品都采取高度保护措施，而是要区别对待，重点保护重要工业部门、经发展能与外国产品竞争的部门以及技术部门，以带动一国生产力的巨大进步，加强与世界上其他国家的外贸关系，并保持国际收支平衡；低层次保护高贵奢侈消费品等进口总值不大的不太重要的工业部门，避免由于征税过高导致走私活动的猖獗；不保护虽为新生但国外并无强有力竞争的工业部门。

▶ 2. 保护手段

他认为应以关税保护为主，这是抵御外国竞争，促进国内生产力成长的必要手段。即使在实行保护关税制度初期，由于没有廉价原料和机器设备，企业生产成本可能增加，不利于增加利润，也不利于消费者，却可以保护国内市场，有利于国内民族资本成长，有利于生产力发展。而且在生产力发展之后，反过来又会促进生产成本的降低，服务于消费者利益，有利于国民经济发展和财富增长。后来，李斯特对保护关税的实施也提出了具体的设想，认为关税税率应随着国内工业的发展，引进技术水平的提高而提高，当本国工业具有竞争力后应逐步降低保护程度，以竞争来刺激本国工业的进一步发展。

### 3. 保护期限

保护是有时间限制的，当被保护的工业部门生产的产品价格低于进口产品时便不再需要保护，或者经过一段时间被保护的工业仍然不能自立，不具备与外国产品竞争的能力，也应放弃保护，时间应以30年为限。从其保护理论可以看出，李斯特主张通过政府培育和政府对经济生活特别是国际贸易干预的途径，以获得财富的生产力，而不能听任经济自发地实现其转变和增长。

## 三、超保护贸易政策

19世纪末到第二次世界大战期间，资本主义处于垄断时期。在这一时期，垄断代替了自由竞争，成为一切社会经济生活的基础。此时，各国普遍完成了产业革命，工业得到迅速发展，世界市场的竞争开始变得激烈。尤其是1929—1933年的世界经济危机，使市场矛盾进一步尖锐化。于是，各国垄断资产阶级为了垄断国内市场和争夺国外市场，纷纷要求实行超贸易保护政策。超贸易保护政策是一种侵略性的贸易保护政策，与自由竞争时期的保护贸易政策相比有着明显的区别。

(1) 它不是防御性地保护国内幼稚产业，以增强其自由竞争能力，而是保护国内高度发达或出现衰弱的垄断工业，以巩固国内外市场的垄断。

(2) 保护的对象不是一般的工业资产阶级，而是垄断资产阶级。

(3) 保护的手法也趋于多样化，不仅仅是高关税，还有其他各种“奖出限入”的措施。不过，就美国而言，其对外经济政策的自由贸易成分越来越强，这反映出“金元帝国”在其鼎盛时期的战略态势。

超保护贸易政策代表人物是凯恩斯，在1929—1933年世界经济危机之前，凯恩斯是一个“自由贸易论”者。但到了20世纪30年代，由于危机的爆发，西方国家的经济陷入长期萧条之中，国外市场争夺激烈。于是凯恩斯改变了立场，掉过来批评自由放任说，转而认为保护贸易政策能够保证经济繁荣，扩大就业。他积极提倡“扩大出口、限制进口”的贸易政策。

凯恩斯认为，古典贸易理论已过时。首先，古典贸易理论的前提条件“充分就业”实际上是不存在的，通常存在的是大量失业现象，所以古典贸易理论不适用于现代资本主义。其次，传统贸易理论忽略了国际市场在调节国民经济过程中对一国国民收入和就业所产生的影响，认为应仔细分析贸易顺差、逆差对国民收入的作用和对就业的影响。

凯恩斯认为，总投资包括国内投资和国外投资，国内投资额由“资本边际收益”和利息率决定，国外投资量则由贸易顺差大小决定，贸易顺差可为一国带来黄金，也可扩大支付手段，压低利息率，刺激物价上涨，扩大投资，这有利于国内危机的缓和与扩大就业率。贸易逆差会造成黄金外流，使物价下降，招致国内经济趋于萧条和增加失业人数。

因此，凯恩斯积极主张追求贸易顺差，反对贸易逆差。极力提倡国家干预对外贸易活动，运用各种保护措施，扩大出口，减少进口，以争取贸易顺差。

**拓展阅读**

**超保护贸易学说产生的背景**

20世纪30年代，是资本主义经济陷入危机和萧条的年代，自由放任经济的信条受到批判，国家干预经济的思潮风行起来。现代西方经济学最有影响的英国资产阶级经济学家约翰·梅纳德·凯恩斯在面对资本主义经济危机和各国严重的失业现象的问题上，也不得不承认资本主义自由经济并不能完美地自我调节、自由放任地带来经济复兴与繁荣，并于1936年出版了他的经济学名著《就业、利息和货币通论》，奠定了当代宏观经济学的理论基础。凯恩斯从新古典经济学的阵营中分离出来，他在批判传统自由贸易理论的同时，对重商主义给予肯定、合理的评价，因此，他的理论也被称为"新重商主义"。他将重商主义与传统贸易理论的分歧归结为以下几个方面。

(1) 重商主义的思想从未假定过有什么自行调节趋势，重商主义者关注于整个经济体制的设计和管理以及这一体制如何保障经济体系全部资源的最佳利用。

(2) 重商主义的贸易差额学说具有科学成分。传统贸易理论忽略了国际贸易自动平衡过程对于一个国家的经济，尤其对于一国收入和就业水平可能引起的有利或不利的影响。重商主义主张追求贸易顺差。贸易顺差能带来贵金属，增加顺差国货币供应量，从而降低利率，刺激投资增长，促进国民收入增长。此外，对于国家来说，增加国外投资的唯一和直接的办法就是保持对外贸易顺差。因此，围绕着整个国家宏观经济稳定、国内各种生产资料在总量上合理配合和充分利用、国家总体实力的增长这些论题，凯恩斯认为维持宏观经济的稳定和保持经济发展主要依靠政府的政策干预。主张政府干预对外贸易，"奖出限入"，实行超保护贸易政策。

资料来源：龚晓莺. 国际贸易理论与政策[M]. 北京：经济管理出版社，2008.

## 四、新贸易保护主义

新贸易保护主义是相对于自由竞争时期的贸易保护主义而言的，它形成于20世纪70年代中期。期间，资本主义国家经历了两次经济危机，经济出现衰退，陷入滞涨的困境，就业压力大，市场问题日趋严重。因此，以国内市场为主的产业垄断阶级和劳工团体纷纷要求政府采取保护贸易措施。此外，由于工业国家发展不平衡，美国的贸易逆差迅速上升，其主要工业产业如钢铁、汽车、电器等，不仅受到日本、西欧等国家的激励竞争，甚至面临一些新兴工业化国家以及其他出口国的竞争威胁。在这种情况下，美国一方面迫使拥有巨额贸易顺差的国家开发市场；另一方面则加强对进口的限制。因此，美国成为新贸易保护主义的重要策源地。美国率先采取贸易保护主义措施，引起了各国贸易政策的连锁反应，各国纷纷效尤，致使新贸易保护主义得以蔓延和扩张。

新贸易保护主义不同于20世纪30年代的旧保护主义。第一，贸易保护措施由过去以关税壁垒和直接贸易限制为主逐渐被间接的贸易限制所取代。发达国家求助于关贸总协定的免责条款，即为了保护本国暂时性的国际收支平衡或为了避免进口国国内工业受到大量进口的严重损害等，从本国的需要和目的出发，重新进行贸易立法的解释，设置进口限制，并且越来越倾向于滥用反补贴、反倾销这些所谓的维持“公平”贸易的武器，来削弱新兴工业化国家及其他出口国在劳动密集型产品成本方面的优势，阻挡发展中国家新的进口竞争。第二，贸易政策措施朝制度化、系统化和综合化的方向发展。贸易保护制度越来越转向于管理贸易制度，不少发达国家越来越把贸易领域的问题与其他经济领域的问题，包括某些非经济领域的问题联系起来，进而推动许多国家的贸易政策明显向综合性方向发展。第三，其重点从限制进口转向鼓励出口，双边和多边谈判与协调成为扩张贸易的重要手段。第四，从国家贸易壁垒转向区域性贸易壁垒，实行区域内的共同开放和区域外的共同保护。

新贸易保护政策代表人物英国剑桥学派的高德莱(W. Goldley)教授认为，新古典学派贸易理论只注重对贸易本身的研究，而忽视对外贸易与一国主要宏观经济因素和变量的相互影响，为此，在凯恩斯理论的基础上提出了高德莱模型。

他指出，当一国财政政策的实施受国际收支状况的制约时，国民收入将由对外贸易(即国际收支)唯一决定。因此，高德莱认为应采取贸易保护主义，实施“奖出限入”的政策，促使出口扩张，保持贸易顺差，直接关系到一国国民收入的提高和充分就业的实现。

新贸易保护主义更注重政策，受该理论的影响，20 世纪 70 年代中期以后，非关税壁垒泛滥，取代关税成为贸易保护的主要手段。

## 五、战略性贸易政策

战略性贸易政策是指一国政府为了增强国家竞争力，对某些具有战略意义的产业采取鼓励产品出口或限制产品进口，以达到改善国家竞争优势目的的贸易政策。20 世纪 70 年代中期以来，世界产业结构和贸易格局发生了重大变化，高科技和知识经济的影响越来越重要，人们普遍认为世界经济是一场零和博弈，任何一个国家的成功必定是以其他国家的牺牲为代价的，一国政府应该从战略角度，主动、积极选择一些增强国家竞争力的理想产业，通过政府的扶植政策加以发展。

战略性贸易政策理论不同于传统贸易理论，它建立在规模经济和不完全竞争基础上，在理论上有以下三个方面的重要突破。

(1) 把产业组织理论引入贸易理论，使贸易理论摆脱完全竞争和不变规模报酬的束缚，引入不完全竞争和规模经济报酬的假设。随着厂商边际收益递增，大厂商往往比小厂商更有优势，出现市场被几家大厂商控制(寡头垄断)或一家大厂商控制(独占垄断)的现象，成为不完全竞争市场。这些垄断企业可以获得长期利润，而且获得超额利润，并对新企业进入设置障碍。政府的资助可以帮助这些企业战胜外国对手，获得竞争优势。

(2) 把专业化分工的基础从单一的比较成本说(或比较利益说)扩大到比较成本与收益递增并存。比较成本是产业间贸易的基础，而收益递增是产业内贸易的基础。在当前产业内贸易占主体的情况下，收益递增是主要的分工基础。收益递增的原因主要来自内部经济(internal economy)与外部经济(external economy)两个方面。前者是指产业凭本身的努力和发展，如扩大生产规模、工人熟练或经验的积累、技术的改善等，促使生产成本下降及收益递增，一般政府不必保护，但遭遇困难时需要政府帮助。后者是指产业的投资与发展能使其他相关产业的生产扩大并获利，反过来也有利于原产业的成本降低，但这种有利于其他厂商的产业，私人大多数不愿意投资，需要政府的资助。

（3）强调外部经济的重要性。外部经济分为水平外部经济和垂直外部经济。前者是指同一类产业相互创造的外部经济；后者是指不同产业通过投入—产出的关系形成上下游产业群产生的外部经济，这对提升产业的竞争力格外重要，更需要政府的关心。外部经济的效应分为技术效应和资金效应。前者是指企业的生产行为所带来的知识或技术诀窍可以使其他企业获益；后者是指企业的投资行为所带来的低投入使其他企业获益。这种外部经济的效应对一国该产业的竞争力至关重要，但对企业本身不一定有太大的好处，产生企业利益与社会利益相偏离，需要通过政府的补助来帮助企业发展。该理论认为，政府实施战略贸易政策必定优于自由贸易政策。

综上所述，战略性贸易政策是指政府通过鼓励特定产业产品的出口或限制其进口来达到改善经济成效的政策体系。该理论以不完全竞争和规模经济理论为前提，以产业组织中的市场结构理论和企业竞争理论为分析框架，突破了以比较优势为基础的自由贸易学说，强调了政府适度干预贸易对于本国企业和产业发展的作用。

战略性贸易政策包括出口鼓励型战略贸易政策与进口限制型战略贸易政策。

战略性贸易政策虽然具有积极的一面，但在理论上还是不成熟的。该理论的核心认为政府通过干预对外贸易，扶植战略性产业的发展，是一国在不完全竞争和规模经济条件下获得资源次优配置的最佳选择，对于一国经济发展并参与国际竞争具有积极作用。但是，该理论也有消极的一面。作为零和博弈，一国的成功以牺牲别国利益为代价，这就容易引发贸易保护主义抬头以及遭遇别国的报复。

## 思考与实训

1. 我国的民族工业需要保护吗？为什么？有什么理论依据？

2. 2016 年，我国与韩国和澳大利亚自由贸易协定开始生效，在分析中国企业的利弊时，有人说“为了能够打开出口市场，我们不得不降低关税，进口一些外国产品。这是我们不得不付出的代价”，请分析这种说法。

3. 发达国家常以“保护公平竞争”“保护就业”“保护社会公平”为理由对贸易进行干预，结合本杰明·富兰克林在 1779 年的一句名言：“从来没有一个国家是被贸易所摧毁的”，评析这些贸易政策。

4. 既然自由贸易有贸易保护所不具有的诸多好处，为什么到目前为止没有任何一个国家实行完全的自由贸易？你认为什么时候“自由贸易时代”会到来？

5. 分组查找相关资料，了解近几年欧盟、美国、朝鲜的对外贸易政策，并对以上各国的对外贸易政策进行评价。

# 5 项目五 认知关税贸易壁垒

## 学习目标

**知识目标**

⊙掌握关税的基本概念。

⊙了解关税的特点和作用。

⊙掌握关税的主要种类。

⊙掌握关税的经济效应分析方法。

⊙掌握关税水平的计算方法。

**能力目标**

⊙学会运用关税经济效应的分析方法解析贸易现象、解决贸易问题。

⊙学会计算关税水平，分析关税结构。

经国务院批准，《2015年关税实施方案》(以下简称《方案》)于2015年1月1日实施。根据《方案》，2015年我国关税总水平将仍为9.8%。其中，为满足国内生产和人民群众生活需要，降低部分商品的进口关税，新增17项商品实施较低暂定税率，包括部分药品及一般消费品，如降脂原料药、夏威夷果、单反相机等。

据海关总署有关负责人介绍，2015年，综合考虑国内产业和科技发展、对外贸易需要，对进口暂定税率进行了适当调整。2015年，实施进口暂定税率的商品共计749项，平均税率为4.4%，相对于最惠国税率，优惠幅度为60%。

# 任务一 关税的概念及分类

## 导入案例

2009 年 4 月 20 日，美国钢铁工人联合会以中国对美轮胎出口扰乱美国市场为由，向美国国际贸易委员会提出申请，对中国产乘用车轮胎发起特保调查。6 月 29 日，美国贸易委员会建议在现行进口关税(3.4%～4.0%)的基础上，对中国输美乘用车与轻型卡车轮胎连续 3 年分别加征 55%、45%和 35%的特别从价关税。

针对该“轮胎特保案”，商务部副部长傅自应评论称：“既缺乏事实基础，又缺乏法律依据。”说其缺乏事实基础，是因为中国对美国轮胎出口从 2004—2007 年间大概增长三倍，同期，美国轮胎制造商的利润增长了两倍，中国对美国轮胎出口的增长对美国轮胎生产商没有造成实质性的伤害；说其缺乏法律依据，是因为这违反了 WTO 规则，是一种贸易保护行为。

**思考：**关税有什么作用？什么是特别从价关税？

## 一、关税概述

### (一) 关税的含义

关税是进出口货物经过一国关境时，由政府设置的海关向进出口商征收的一种税。关税是国际贸易政策中最常用也是最有效的政策手段，它的征收是通过海关来执行的。海关是设置在关境上的国家行政管理机构，它除了计征关税外，还执行国家有关进出口的政策、法令和章程，对进出本国的货物实行货运监管和稽查走访。

## 拓展阅读

**关税的起源**

关税的起源很早。在古代，统治者在其领地内对流通中的商品征税，是取得财政收入的一种最方便的手段和财源。近代国家出现后，关税成为国家税收中的一个单独税种，形成了近代关税。其后，又发展成为现代各国所通行的现代关税。在我国，西周时期(约公元前 11 世纪—公元前 771 年)就在边境设立关卡(最初主要是为了防卫)。《周礼·地官》中有了“关市之征”的记载，春秋时期以后，诸侯割据，纷纷在各自领地边界设立关卡，“关市之征”的记载也多起来。关税从其本来意义上是对进出关卡的物品征税；市税是在领地内商品聚散集市上对进出集市的商品征税。征税的目的是“关市之赋以待王之膳服”。据《周礼·天官》记载，简朝中央征收九种赋税，关市税是其中一种，直接归王室使用，关和市是相提并论的。

在国外，关税也是一种古老的税种，最早发生在欧洲。据《大英百科全书》对“customs”一词的来源解释，古时在商人进入市场交易时要向当地领主要交纳一种例行的、常规的入市税，后来就把 customs 和 customs duty 作为海关和关税的英文名称。关税在英文中还有一个术语名称是“tariff”。据传说，古时在地中海西口距直布罗陀 21 英里处，有一个海盗盘踞的港口名叫塔利法(Tariffa)。当时，进出地中海的商船为了避免被抢劫，被迫向塔利法港口的海盗缴纳一笔买路费。以后，tariff 就成为关税的另一通用名称，泛指关税、关税税则或关税制度等。

资料来源：关税的起源．财政部网站．

### (二) 关税的性质、特点和作用

关税是税收的一种，是国家财政收入的重要来源，同时也和其他税收一样具有强制性、无偿性和固定性。强制性是指关税由海关通过国家权力依法强制征收，纳税人必须无条件地履行纳税义务；无偿性是指海关对关税征收后，无须给予纳税人任何补偿；固定性是指征税对象和税率都是国家事先规定，海关和纳税人不可以根据情况任意改变。关税又是一种间接税，税负由进出口商在通关时先垫付，然后将计征税款计入商品成本，最后再把税负转嫁到消费者身上。

关税是一国实施对外贸易政策的重要手段，税率的高低直接影响一国的经济和对外贸易的发展。具体来看，可以起到以下作用。

#### 1. 增加财政收入

海关代表国家征收关税，因此关税的收入就成了国家财政收入的主要来源。但是随着贸易自由化及经济全球化的推进，关税在财政收入中的比重和作用逐渐降低。目前，只有少数财政极为困难的发展中国家，仍把关税作为财政收入的重要来源。

#### 2. 保护国内的产业和市场

对进口商品征收关税，增加了进口商品的成本，间接地提高了该种商品的价格，从而减少了进口商品在本国内的市场份额，削弱了其在进口国国内市场的竞争力，因此能保护本国同类产业或相关产业的生产和市场。同时对出口商品征收关税，可以抑制出口商品的输出，减少本国资源的流失，保证本国国内市场的供应。目前，关税措施是世贸组织允许各成员方使用的保护国内产业的重要政策工具。

#### 3. 调节进出口贸易

长期以来，关税都是各国对外贸易政策的重要手段，其税率的高低和减免直接影响着一国的对外贸易规模与结构。进出口商品的种类和数量在关税的调解下可以有效地保持市场供求平衡，稳定国内市场价格，保持国际收支平衡。

## 二、关税的种类

关税种类繁多，按照不同的标准可以分为以下几类。

### (一) 按照征收对象或商品流向的不同分类

按照征收对象或商品流向的不同，关税可分为进口税、出口税和过境税。

▶ 1. 进口税

进口税(import duty)是指进口国海关在外国商品输入时，由进口国海关根据海关税则对所进口商品征收的一种关税。

征收进口税一般具备限制商品进口的保护作用，通常所称的关税壁垒，就是以高额的进口关税为手段。各国对不同的进口商品实行有差别的进口税率，来提高进口商品的成本，削弱其竞争力，达到限制进口的目的。

▶ 2. 出口税

出口税(export duty)是出口国家的海关在本国商品输往国外时，对本国出口商所征收的关税。目前大多数国家对绝大多数的商品都不征出口税，因为征收出口税会提高本国出口商品的成本和国外销售价格，不利于扩大出口。但是，世界上仍有一些国家针对部分出口商品征收出口税，其目的如下。

(1) 增加国家财政收入。主要是一些发展中国家，例如，拉美国家一般对出口商品征收1%～5%的出口税以缓解政府资金短缺的矛盾，增加财政收入。

(2) 保护国内的原材料资源，保障国内相关产业的发展。例如，挪威对木材征收出口税就是为了保证国内造纸工业，我国出于对资源的保护也对一些资源出口征收出口税。

(3) 调节国内供求，稳定物价水平。对于国内市场供不应求的生活必需品征出口税是为了减少这些商品的输出，抑制国内物价的上涨。

(4) 控制和调节某些商品，保持出口的有序性，防止盲目出口，减少贸易摩擦，并保持其在国际市场上的有利价格。

▶ 3. 过境税

过境税(transit duty)又称通过税，是一国海关对通过其关境再转运至第三国的外国商品所征收的关税。过境税在交通不发达的资本主义发展初期盛行于欧洲各国。随着国际贸易的发展，交通运输竞争的加剧，加之过境货物对本国生产和市场又没有影响，从19世纪后半期开始，各国相继废除了过境税。“二战”后，关贸总协定规定了“自由过境”原则。目前，各国对通过其领土的外国货物征收少量的签证费、印花费、统计费等。

### (二) 按照征税的目的分类

按照征税的目的不同，关税可分为财政关税、保护关税和调节关税。

▶ 1. 财政关税

财政关税(revenue tariff)又称为收入关税，是指以增加国家财政收入为主要目的而征收的关税。

财政关税收入的关键在于税率的高低和进出口商品的数量。一般来说，在确定税率时，必须考虑到税率对进出口商品数量的影响。如果为了增加收入而提高税率，则会因为商品在国内外市场上的价格过高而减少商品的进出口数量，当商品的进出口数量减少幅度超过关税税率提高的幅度时，关税收入也将减少，增加财政收入的目的也很难实现。所以，财政关税的税率一般不会太高。

对进口商品征收财政关税，必须具备以下三个条件才能使财政收入增加。

(1) 所征商品必须在本国存在比较大的销量。

(2) 所征商品必须是本国不能进行生产的。

(3) 所征税率必须适中，因为税率过高，进口量会大幅减少，总的关税收入也会减少；税率太低，进口量虽会大量增加，但过低的税率使关税收入的增长也有限。

#### 2. 保护关税

保护关税(protective tariff)是以保护本国生产和本国市场为主要目标而对外国竞争商品所征收的关税。由于保护关税的目的是为了保护本国的工农业生产和一些商品市场，所以它与财政关税不同，其税率一般都较高，有时高达100%以上，等于禁止进口，这时保护关税实际成了禁止关税(prohibited duty)。

保护关税不仅仅在发展中国家对外贸易政策中得到应用，而且发达国家在贸易过程中也同样使用。发展中国家为了保护本国幼稚工业的发展，壮大民族经济，需要保护关税；发达国家为了维护国内垄断利益，同样需要保护关税。第二次世界大战之后，经过关贸总协定的多轮谈判，世界各国的关税水平已大幅度下降，关税的保护作用也已明显降低了，但目前仍然是保护市场的手段之一。

#### 3. 调节关税

调节关税(regulate tariff)是以调整本国经济和产品结构为主要目的而征收的关税。在当代经济发展中，各国都面临着经济结构和产品结构调整的任务。除了政府实施一系列的鼓励政策外，各国还采取调整关税税率的办法。对于调整国内需要扶植和发展的产业和产品，调高同类商品的进口税率，削弱进口商品的竞争力，使本国产品能够在高额关税保护下求得顺利发展；对于一些已经失去优势，不具备发展前景的产业和产品，国家通过降低进口商品的关税税率，引进竞争，促使国内的产品尽快改造和更新，从而完成经济结构和产品结构的调整。

### (三) 按照特殊目的或具体实施情况分类

按照特殊目的或具体实施情况，关税又可分为进口附加税和差价税。

#### 1. 进口附加税

进口附加税(import surtax)是对于进口商品除征收一般进口税之外，还出于某种特定的目的而额外加征的关税。它通常是一种临时性的特定措施，又称特别关税，其目的主要有：应付国际收支危机，维持进出口平衡；防止外国产品低价倾销；对某个国家实行歧视或报复等。一般来讲，对所有的商品征收进口附加税的情况较少，大多数情况是针对个别国家和个别商品征收进口附加税，主要有以下两种。

1) 反补贴税

反补贴税(counter-vailling duty)又称抵消税或补偿税，是对在生产、加工及运输过程中直接或间接接受出口国政府、同业工会或垄断组织所提供的任何补贴或津贴的进口商品所征收的一种进口附加税。所谓直接补贴，是指直接付给出口商的现金补贴；间接补贴，是指出口国的政府及其他机构通过一些特殊的优惠措施给予某些出口商品财政上的优惠，如减免出口税和某些国内税，降低运费，对于为加工出口而进口的原料、半成品实行免税或退税等，很显然间接补贴具有较大的隐蔽性。

征收反补贴税的目的在于增加进口商品的价格，抵消其所享受的补贴金额，削弱其竞争力，使其不能在进口国的国内市场上进行低价竞争，保护本国的生产和市场。

发达国家之间经常因为补贴问题产生摩擦，例如，美国在农产品问题上与欧盟争吵多年，互不谦让，一直没有达成最终协议。另外，发达国家还经常用补贴税来限制发展中国家的商品出口，而补贴又是许多发展中国家扶植本国新产业的一个重要手段。也正是因为补贴与反补贴在贸易政策中被经常使用，因此这也成为多边贸易谈判中的一个重要内容。《关贸总协定》第六条、第十六条和第二十三条在反补贴税方面做了具体规定，“东京回合”达成的有关协议也进一步补充了这些条款和规定。据此，进口国只有当出口国对某种商品出口实施补贴行为，而对进口国的某些工业造成重大损害或产生重大威胁时，并有足够的证据证明补贴的存在和补贴与造成损害之间的因果关系，才可征收反补贴税。反补贴税税额按照补贴的数额征收，不得超过该产品接受补贴的净额，且征税期限不得超过5年。对于接受补贴的倾销商品，不能既征收反倾销税，同时又征收反补贴税。该协议还对发展中国家做出了一些特殊优惠的规定，允许它们延迟逐步取消补贴。

2）反倾销税

反倾销税(anti-dumping duty)是指对实行倾销的进口商品所征收的一种临时性的进口附加税。其目的在于抵制外国商品对本国的倾销，保护本国产业和市场，扶植本国新兴产业。《关贸总协定》第六条对倾销与反倾销做出了规定：用低于“正常价格”的办法挤入另一国家贸易时，如果因此对某一缔约国领土内工业的新建产生严重阻碍，这种倾销应该受到谴责；缔约国为了抵消或防止倾销，可以对倾销的商品征收数量不超过这一商品的倾销差额的反倾销税。

“正常价格”是指：第一，采用国内价格，即相同产品在出口国国内的销售价格；第二，采用第三国价格，即相同产品在正常贸易中向第三国出口的最高可比价格；第三，采用构成价格，即该产品在原产国的生产成本加合理的推销费用和利润。这三种正常价格的确定方法只适用于来自市场经济国家的产品，非市场经济国家产品不适用。对于来自非市场经济国家的产品，西方国家普遍采用替代国价格方式，即以一个属于市场经济的第三国所生产的相似产品的成本或出售价格作为基础，确定其正常价格。

同时，《反倾销协议》中还规定了确定倾销行为的必要条件：低于正常价格的倾销行为存在，并由此对进口国的某些产业造成重大损害或产生重大威胁。只有同时满足上述条件，方可征收反倾销税。征税的目的在于抵制商品倾销，保护本国产品和国内市场，因此所征的税额不得超过经调查确认的倾销差额，即正常价格与出口价格的差额。征收反倾销税的期限也不得超过为抵消倾销所造成的损害必需的期限。

尽管《关贸总协定》对倾销与反倾销做出了一系列的规定，但实践中这些规定并没有得到很好的执行。事实上，反倾销已成为一些国家特别是发达国家实行贸易保护主义和实行歧视的工具，这些国家不仅利用征收反倾销税来限制外国产品的进口，而且还借助对进口产品进行旷日持久的倾销调查来阻止这些商品的进口。

## 拓展阅读

### 光伏双反之争

“光伏双反之争”事件始于2011年10月19日，德国SolarWorld美国分公司牵头联合其他6家美国光伏企业，向美国商务部和美国国际贸易委员会提出针对中国光伏产品的双反(反倾销、反补贴)的调查申请，于11月9日正式立案。此后，美国国际贸易委员会宣布中国光伏产品对美国相关产业造成损害，该案正式进入美国商务部调查阶段。

美国东部时间2012年3月20日下午，美国商务部宣布了对中国光伏产品反补贴调查的初裁结果，决定向中国进口的太阳能电池板征收2.90%～4.73%的反补贴税，并追溯90天征税。无锡尚德反补贴税率为2.90%，天合光能税率为4.73%，其他中国公司反补贴税率为3.61%。2012年5月17日，美国商务部公布反倾销初裁决定，税率为31.14%～249.96%。英利、无锡尚德、天合光能将分别被征收31.18%、31.22%、31.14%的反倾销税，未应诉中国光伏企业的税率为249.96%。2012年10月10日，美国商务部对进口中国光伏产品做出反倾销、反补贴终裁，征收14.78%～15.97%的反补贴税和18.32%～249.96%的反倾销税。具体的征税对象包括中国产晶体硅光伏电池、电池板、层压板、面板及建筑一体化材料等。2012年11月7日，美国国际贸易委员会(ITC)做出终裁，认定从中国进口的晶体硅光伏电池及组件实质性损害了美国相关产业，美国将对此类产品征收反倾销和反补贴关税。

资料来源：光伏双反．百度百科．

3）紧急关税

紧急关税指为应付某种紧急情况，对某些商品加征的进口税。在国际贸易中，外国某种商品大量涌入某国，进口量大大超过正常水平，对某国生产此种产品的行业构成威胁，甚至造成巨大损失，通过正常谈判渠道又难以解决时，该国往往以加征紧急进口附加关税，来限制该商品大量涌入，保护本国工业生产。例如，美国汽车制造商曾因日本汽车大量涌入美国市场而要求政府加征此类关税。1972年5月，澳大利亚曾对进口涤纶除征收正常关税外，也加征紧急进口关税。

4）惩罚关税

惩罚关税是指出口国某商品违反了与进口国之间协议，或者未按进口国海关规定办理进口手续时，进口国海关对该进口商品征收的一种临时性的进口附加税。例如，1988年，日本半导体元件出口商因违反了与美国达成的自动出口限制协定，被美国征收100%的惩罚关税。又如，若某进口商虚报成交价格，以低价报关，一经发现，进口国海关将对该进口商征收特别关税作为罚款。

5）报复关税

报复关税是指一国的贸易政策如果损害了贸易伙伴国的利益，就有可能遭到报复，如果对方采用大幅度提高进口关税来打击这个国家的出口，这种作为报复工具的进口税就称为报复性关税。报复性关税容易引起相互报复，并逐步升级形成一场关税战，最后使各方都受到更大的损害。因此，贸易伙伴国之间如果发生纠纷，往往通过协商、调解、国际仲裁等方法解决争端。

▶ 2. 差价税

差价税(variable levy)又叫差额税，是当本国生产的某种商品国内价格高于进口价格时，按国内价格与进口价格之间的差额征收的关税。征收差额税的目的是为了削弱进口商品的竞争力，保护本国生产和国内市场。由于差价税是随国内价格差额的变动而变动的，因此它是一种滑动关税(sliding duty)。对于征收差价税的商品，有的规定按价格差额征收，有的规定在征收一般关税以外另行征收，这种差价税实际上属于进口附加税。欧盟对进口农畜产品普遍采用差价税方式征税。例如，欧盟对冻牛肉进口首先征收20%的一般进口税，然后根据每周进口价格与欧盟内部价格变动情况征收差价税。

### (四) 按照差别待遇进行分类

按照差别待遇进行分类，关税可以分为普惠税和特惠税。

▶ 1. 普惠税

普惠税(generalized system of preferences，GSP)是指普遍优惠制下的关税。普遍优惠制简称普惠制，是发达国家对从发展中国家或地区输入的商品，特别是制成品和半制成品，给予普遍的、非歧视的和非互惠的关税优惠待遇。普遍性、非歧视性、非互惠性是普惠制的三项基本原则。普遍性是指发达国家对所有发展中国家出口的制成品和半制成品给予普遍的关税优惠待遇；非歧视性是指应使所有发展中国家都无歧视、无例外地享受普惠制待遇；非互惠性是指发达国家应单方面地给予发展中国家优惠待遇，而不要求发展中国家或地区给予发达国家对等待遇。

普惠制的目的是扩大发展中国家制成品和半制成品的出口，增加发展中国家的外汇收入，促进发展中国家的工业化，提高发展中国家的经济增长率。

普惠制是发展中国家在联合国贸易发展会议上长期斗争和努力的结果。普惠制下的产品关税比最惠国税率低约三分之一。目前，全世界已有190多个发展中国家和地区享受普惠制待遇，给惠国则达41个，欧洲联盟28国(法国、英国、爱尔兰、德国、丹麦、意大利、比利时、荷兰、卢森堡、希腊、西班牙、葡萄牙、奥地利、瑞典、芬兰、捷克、斯洛伐克、波兰、爱沙尼亚、拉脱维亚、斯洛文尼亚、塞浦路斯、立陶宛、马耳他、匈牙利；增加罗马尼亚、保加利亚、克罗地亚)，瑞士、挪威、日本、美国、加拿大、澳大利亚、新西兰、俄罗斯、乌克兰、白俄罗斯、哈萨克斯坦、土耳其、列支敦士登公国等41个国家。除美国外，其余40国给予我国普惠制待遇。

实行普惠制的国家是根据各自制定的给惠制方案来实施的。总体来说，在提供关税优惠的同时，又都基本上规定了一些限制措施，主要包括以下方面。

1) 受惠国家和地区的限制

普惠制原则上应对所有发展中国家或地区都无歧视、无例外地提供优惠待遇，但在执行过程中，不少给惠国从自身的政治和经济利益出发，设置种种限制阻碍这一原则的实施。例如，美国在公布普惠制方案时，就把石油输出国和某些社会主义国家排除在受惠国之外。

2）受惠商品和范围的限制

普惠制原则上应对所有发展中国家和地区的制成品和半制成品普遍实行关税减免。但是实际上，各给惠国公布受惠商品名单时，农产品不多。对于工业制成品或半制成品比较多，但是对于一些“敏感商品”，如纺织品、服装、鞋类、某些皮革制品以及石油制品等往往被排除在受惠商品之外。例如，美国的给惠制方案规定，服装、手表、鞋类及敏感性的电子产品、钢铁产品、玻璃等制成品和半制成品不享受普惠制待遇。

3）对受惠产品的减税幅度的规定

受惠产品的减税幅度取决于最惠国税率与普惠制税率之间的差额。总体上讲，农产品的减税幅度较小，工业品的减税幅度则比较大，工业品中由于敏感程度的不同，其优惠程度也有所不同。例如，欧盟对非常敏感的产品，如棉、麻、丝纺织品等减税幅度为15%；对敏感产品，如化工、鞋、电器等减税幅度30%；对半敏感产品，如毛皮、伞类、瓷器、玻璃、照相器材、钟表等减税幅度65%；对非敏感产品免征关税；部分工业品，如石油产品不给予关税减让，仍征收最惠国税。

4）对给惠国的保护措施的规定

各给惠国在接受普惠制原则时就规定了保护措施以保护本国生产和市场。通常的内容包括以下三个方面。

（1）免责条款(escape clause)，又称例外条款，是指当给惠国从受惠国国家进口的某项产品的数量增加到对其本国同类产品或竞争关系的商品的生产者造成或即将造成严重损害时，给惠国保留完全或部分取消关税优惠待遇的权利。

（2）预定限额(prior limitation)，是指给惠国根据本国和受惠国的经济发展水平及贸易状况，预先对一定事项内受惠商品的限额进行规定，超过限额的商品不再享受关税优惠，而按最惠国税率征税。

（3）竞争需要标准(competitive need criterion)，就是对来自受惠国的某种商品，如果超过当年规定的进口额度或超过进口国全部进口该商品的一半，则取消下一年度该商品的关税优惠待遇，若该产品在后年进口额降至限额内，则当年的下一年度才可恢复关税优惠待遇。

（4）毕业条款(graduation clause)，20世纪70年代开始，美国等给惠国又提出了“毕业条款”这样一种保护措施。所谓“毕业条款”是指当给惠国认为一些受惠国或地区的某项产品或受惠国的经济在世界市场上有较强的竞争力时，宣布该商品“毕业”，从而取消受惠国或产品享受关税优惠待遇的资格。

5）原产地原则

原产地原则是为了确保普惠制待遇只给予发展中国家和地区生产的产品，以防一些非受惠国的产品利用普惠制优惠扰乱正常的贸易秩序。各给惠国制定了享受优惠条件的原产地原则，该原则基本包含三个方面：原产地标准、直接运输规则和原产地证书书面文件。

(1) 原产地标准分为两大类：一类是完全原产的产品，指完全用受惠国的原料、零部件并完全由其生产或制造的产品；另一类是非完全原产的产品，是全部或部分地使用进口原料或零部件制成的产品，但这些原料和零部件经过受惠国的加工或制造，发生了实质性的变化后，才可享受关税的优惠待遇。衡量实质性变化的标准有两种：① 加工标准(process criteria)，欧盟、日本、瑞士、挪威等国家采用这项标准，它规定进口原料或零件在经过加工后的商品如税目号发生变化，就可以认定发生了实质的变化；②增值标准(value-added criteria)，又称百分比标准，澳大利亚、加拿大、美国、波兰、新西兰等国家采用这项标准。它规定只有进口原材料或零件的价值没有超过商品价值的一定数量的百分比，或是本国生产或加工部分的价值超过出口商品价值一定百分比时，这种构成才能作为实质性变化享有关税优惠。例如，加拿大规定进口原料或零部件的价值不得超过出口商品总价值的40%，澳大利亚、新西兰、波兰规定不得超过50%，美国规定不得超过65%。

(2) 直接运输规则(rule of direct consignment)是指受惠产品必须从受惠国直接运到给惠国，如果由于地理位置的原因或运输的需要，受惠产品必须通过第三国或地区的领土才能进入给惠国，必须由海关监管，此外受惠国还需向给惠国海关提交过境提单、过境海关签发的过境证明书等。

(3) 原产地证书(certificate of origin)是受惠产品享受普惠制待遇的官方凭证，是出口商品要获得给惠国的普惠制关税优惠待遇的必要文件，该文件是由受惠国政府授权的签证机关签发的。

普惠制实施以来，对发展中国家的出口起到了积极作用，但是实际上部分发达国家为其自身利益的需要，往往制定了种种烦琐的规定和严厉的限制措施，可以说普惠制还没有在发展中国家中完全起效果，还需为此继续努力。

## 拓展阅读

### 普惠制的妙用

山东济南某制药企业有一种主要产品销往欧盟国家。前几年，该厂产品的成本有所增加，但价格却上不去。当他们了解普惠制的作用后，立即与客户联系，告知可以提供普惠制原产地证明书，凭此证书可使欧盟进口商减免6.6%的关税。客户很快接受了提高价格的要求，仅此一项该厂每年多创收50万美元。

一位加拿大的旅游者到南京旅游，在金陵饭店购买了一批价值3 000美元的地毯，回到加拿大报关时要缴纳17%的进口关税。一位在海关工作的朋友告诉他，向中国检验检疫机构申请一份普惠制FORMA产地证书，就可以获得11%(341美元)的关税减免，他得知后立即向江苏检验检疫局发信，并随信附上了购货发票。我国签证人员核实无误后，给他补签了FORMA产地证书。

▶ 2. 特惠税

特惠税(preferential duty)是指一个国家和地区对某些特定国家或地区进口的商品给予特别优惠的降低或减免关税的待遇。特惠税有的是互惠的，有的是非互惠的。

最早的特惠税产生于宗主国与殖民地之间。目前实行特惠制的主要是欧盟向非洲、加勒比海和太平洋地区发展中国家提供，其中最有影响的特惠税是《洛美协定》(Lome Convention)，该协议在关税方面的优惠主要有三点：①欧盟对来自上述国家和地区的工业品全部给予免税优惠；②农产品的96%免税；③不要这些发展中国家给予反向优惠。

以该协议为基础，2000年6月23日，欧盟15国与这些国家又续签了《科托努协议》，根据协议，在规定的8年过渡期中，这些国家继续享有欧盟提供的单方面特惠税的优待。

**拓展阅读**

我国实行特惠税率的国家

我国对原产于柬埔寨、缅甸、老挝、孟加拉国、也门、马尔代夫、萨摩亚、阿富汗、瓦努阿图、非洲部分国家等30多个最不发达国家的部分商品实行特惠税率。

### (五) 按照征收方法分类

关税的征收方法又称征收标准，是各国海关计征进出口商品关税的标准和计算方法。按照征收方法分类，关税可分为从量税、从价税、混合税和选择税。

▶ 1. 从量税

从量税(specific duty)是按照商品的重量、数量、长度、面积和容量等计量单位为标准计征的关税，其计算公式为

从量税额＝商品数量×每单位从量税

各国征收从量税大多以商品的重量为单位，但各国应纳税的商品重量计算方法不同，一般有毛重、净重和半毛重。毛重(gross weight)，又称总重量法，即是按照包括商品内外包装在内的总重量计征税额；净重(net weight)，又称纯重量法，即按照商品总重量扣除内外包装后的重量计征税额；半毛重(semigross weight)，又称半重量法，即按照商品总重量扣除外包装后的重量计征税额。

用从量税计征关税时，其特点非常明显，从量税的优点如下。

(1) 以货物计量单位作为征税标准，手续简便。

(2) 特别是对数量众多、价值低廉的商品进口的限制作用较大，因为单位税额固定，不论商品质量和价格如何，征收同样的税额，低价货物进口利润较低，可有效地增加商品的成本。

(3) 同时，当进口商品价格下跌时，从量税的限制作用也更加明显，可以防止外国商品低价倾销或为逃避关税有意压低进口商品价格的情况。

从量税的缺点如下。

(1) 税率固定，税赋不合理，同一税目下的商品，无论质量好坏、价格高低，按统一

税率征收，对于质好价高的商品的限制作用较小。

(2) 不能随着价格的变动而及时调整，当价格上涨时，其保护作用削弱。

从量税的征收对象只适用谷物、棉花等大宗初级产品和标准化产品，对某些商品如艺术品及贵重商品等不适用。

### 2. 从价税

从价税(advalorem duty)是以进口商品的价格为标准计征的关税，其税率表现为货物价格的一定百分率。它是目前世界各国最常采用的征税方法，其计算公式为

从价税额＝完税价格×从价税率

征收从价税时，其重要前提是确定进口商品的完税价格(dutiable value)。所谓完税价格是经海关审定的作为计征关税的货物价格，它是决定税额多少的重要因素。目前各国对完税价格的确定标准各不相同，主要有以下三种：①以装运港船上交货价(FOB)作为征税标准；②以成本加运费、保险费价格(CIF)作为征税标准；③以法定价格或进口官方价格作为征税标准。

为了防止各国利用确定完税价格的差异进行贸易壁垒，关贸总协定东京回合达成了《海关估价协议》，规定了具体的海关估价原则和方法：海关对进出口商品的估价，应以进口商品或相同商品的实际价格，而不得以本国产品的价格或者以武断或虚构的价格作为计征关税的依据。实际价格是指在进口国立法确定的某一时间和地点，在正常贸易过程中，处于充分竞争条件下，某一商品或相同商品出售或兜售的价格。当实际价格无法按上述规定确定时，应以可确定的最接近实际价格的相应价格作为完税依据。

征收从价税的优点如下。

(1) 税赋合理，从价税与商品的价格成正比，同类商品质高价高的税额也高，在一定程度上对价格高的商品的进口起到了限制作用。

(2) 当物价上涨时，税款也会相应增加，此时财政收入和保护作用均不受影响。

(3) 适用性广，基本上所有商品都可采用这种计征方法。

(4) 税赋明确，特别是在关税水平、关税保护程度上，便于各国进行比较与谈判。从价税的最主要的缺点就是完税价格的标准不一致，增加了海关的工作量度，从而增加了通关的进程的速度，也容易因完税价格的确定发生贸易纠纷。

### 3. 混合税

混合税(mixed duty)又称复合税，是对某种进口商品同时采用从量税和从价税相结合的计征关税方法，其计算公式为

混合税额＝从量税额＋从价税额

混合税常用于耗费原材料较多的工业制成品。计征时有两种形式：一种是以从量税为主加征从价税，例如，美国对提琴征收从量税21美元，再加征从价税6.7%的从价税；另一种是以从价税为主加征从量税，例如，美国对蘑菇罐头征收混合税，普通税率45%加每磅10美分。

混合税的好处在于兼有从价税和从量税的优点，当物价上涨时，混合税所征税额比单一从量税多；在物价下跌时，又比单一从价税多。但是，混合税手续复杂，而且从价税和从量税的比例难以掌握。

#### 4. 选择税

选择税(alternation duty)就是对同一种进口商品同时规定从量税和从价税两种税率，在征税时海关一般选择一种税额较高的税率进行计征。但有时为了鼓励进口，也会选择其中税额较低的一种来计征关税。

选择税的最大优点是具有很强的灵活性。其缺点是很难把握，也容易引起其他国家的争议，所以很少采用。

**任务互动**：中国某贸易公司从日本购进广播级录像机 10 台(税则税号为 85211011)，经海关审定其成交价格为 2 500.00 美元/台，要求计算进口关税税款(其适用中国人民银行公布的基准汇率：1 美元=6.887 1 元人民币)。已知广播级录像机归入税 85211011；原产国日本适用最惠国税率：每台完税价格低于或等于 2 000 美元时，执行单一从价税，税率为 30%；每台完税价格高于 2 000 美元时，每台征收 4 482.00 元从量税，另加 3% 的从价税。

## 任务二 关税的经济效应

### 导入案例

重商主义虽然早就被推翻了，早就被证明是错误的，但是其在现实中还是对各国的贸易政策有着非常大的影响力，“奖出限入”的外贸政策深入人心，为什么？理由很简单，就是因为虽然从整体来说，自由贸易无论对进口国还是出口国都是有利的，但是具体到某一团体，一定有人受损了！这些受损的人，为了自己的私利，反对自由贸易，于是有了关税措施，保护贸易政策经久不衰。

**思考**：贸易中受损的是哪些人？征收关税对国家、消费者、生产者分别有什么影响？

征收关税会引起商品价格和国内进口替代商品价格的变化，也影响着商品供需矛盾，对进出口双方国家的经济会产生不同程度的影响。也就是说关税的征收会带来一系列的经济效应。关税的经济效应是指一国征收关税对本国国内价格、贸易条件、生产、消费、贸易、税收、再分配以及国民福利等方面产生的综合影响。对关税的经济效应的分析我们主要从静态和动态两个方面来进行分析，前者分析关税的直接经济影响；后者分析关税对一国经济产生的进一步影响。因动态分析较为复杂且不同的学者之间有很大争议，本任务只通过静态经济效应分析来介绍关税所产生的直接经济影响。

在分析关税的经济效应时，我们把参与贸易的国家分为两类：一类为贸易小国，这类国家在某种特定商品的国际贸易中占有的份额很小，不足以对世界市场产生实质性影响，它只是国际贸易过程中的价格接受者；另一类为贸易大国，这类国家在某种特定商品的国际贸易中具有举足轻重的影响力，其本身进出口数量的变化足以改变世界市场的供求关系从而带动国际市场价格发生变化，同时它也是国际贸易中的价格制定者。本书仅从小国的角度分析关税的经济效应。

## 一、分析工具

### （一）消费者剩余

消费者剩余为消费者的预期价格与市场实际价格的差额，表示为价格线、价格线以上的需求曲线，以及纵轴之间的面积，如图 5-1 所示。

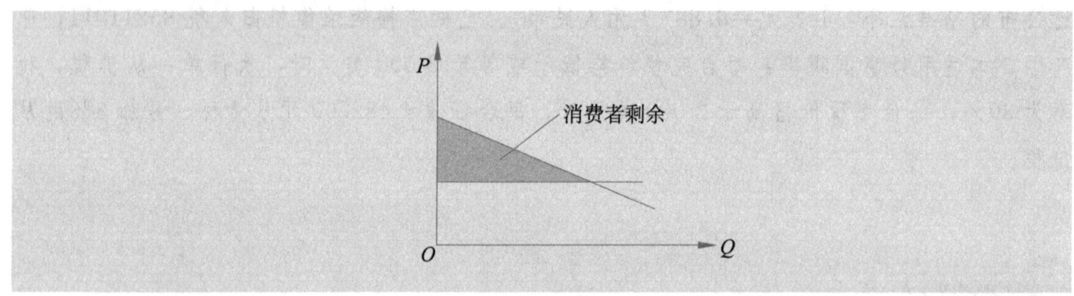


**图 5-1　消费者剩余**

### （二）生产者剩余

生产者剩余为生产者的预期价格与市场实际价格的差额，表示为价格线、价格线以下的供给曲线，以及纵轴之间的面积，如图 5-2 所示。

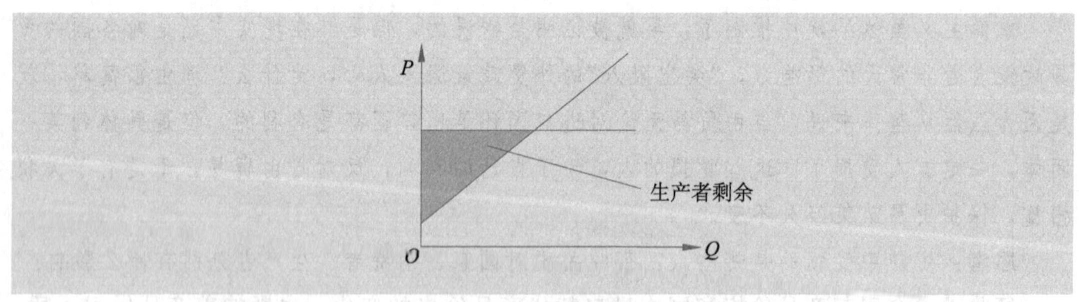


**图 5-2　生产者剩余**

## 二、进口关税的经济效应分析

假设在某种商品的国际贸易中，A 国为贸易小国，其在该商品上的国内市场供求情况如图 5-3 所示。

图 5-3 中，$S$ 曲线和 $D$ 曲线分别代表 M 国进口商品供给与需求曲线；$P_w$ 为世界市场

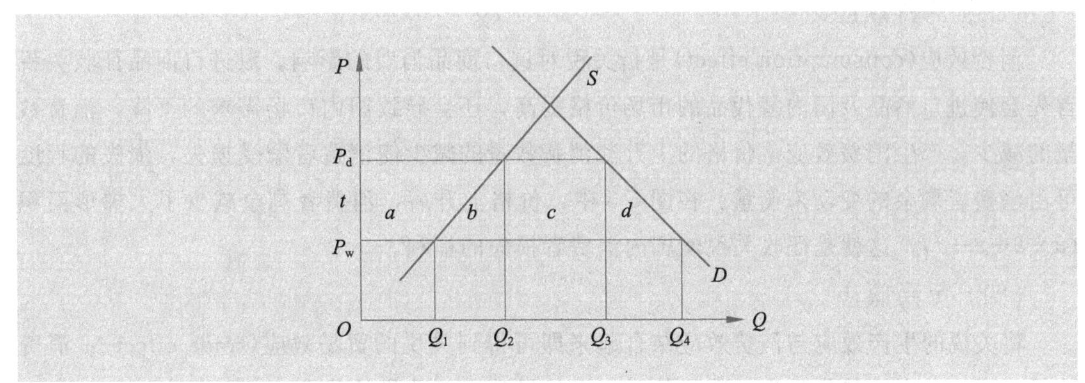


图 5-3 贸易小国(A)的关税效应

价格；$P_d$ 为征税后的国内市场价格，$P_d = P_w + t$，$a$、$b$、$c$、$d$ 分别为被标示的几何图形的面积。

在 A 国对该种进口商品不征收关税的情况下，若世界市场价格为 $P_w$，A 国的国内市场价格也为 $P_w$，A 国国内市场该商品生产量为 $Q_1$，消费量为 $Q_4$，进口量为 $Q_4 - Q_1$。当 A 国对每一个单位进口商品征收的进口关税为 $t$ 时，因世界市场价格仍维持在 $P_w$ 水平，A 国国内市场价格将因关税的征收而上升至 $P_d$($P_d = P_w + t$)，国内生产量增加至 $Q_2$，国内消费量减少至 $Q_3$，进口量缩减到 $Q_3 - Q_2$。具体来说，关税的征收给 A 国带来以下经济效应。

## （一）价格效应

价格效应(price effect)是指征收关税对进口国国内市场价格的影响。对进口商品征收关税首先会使进口商品的价格上涨，从而引起国内进口替代部门生产的产品价格上涨，但整个国内市场价格上涨幅度的大小，要看征收关税对世界市场价格的影响力。由于贸易小国在世界市场中所占份额很小，因此在征收关税后对世界市场价格基本没有影响，因此，A 国对进口品征税并不改变世界市场价格，但征收关税之后，进口商除需要按世界市场价格支付价款外，还需要向本国海关缴纳进口关税，进口成本提高，进口商品及国内替代品的市场价格也必然提高。

## （二）生产效应或保护效应

生产效应或保护效应(production or protective effect)是指征收关税对进口国进口替代品产生的影响。对于国内的竞争生产者来说，是可以在从保护关税中获利的。在允许自由进口的情况下，国内生产的商品数量将被压缩到 $OQ_1$，其余部分的需求就要通过进口来满足，此时的进口数量为 $Q_1Q_4$。而当关税把国内市场的价格提高后，国内的生产数量也从 $OQ_1$ 扩大到了 $OQ_2$，图 5-3 中，$a$ 即代表了生产者剩余的上升，即国内的生产者利润的增加。也就是说，由于关税所减少的那部分进口数量中，有一部分是由国内生产所代替。一般意义上，关税的税率越高，生产者受到的保护程度也就越大。事实上很多国家以关税限制进口，就是希望通过给国内生产厂商提供保护，推动国内生产的扩大和就业水平的提高。

### （三）消费效应

消费效应(consumption effect)是指关税对进口商品消费的影响。对进口商品征收关税首先会使进口商品及国内替代品的市场价格提高，还会导致国内市场需求的下降，消费数量的减少，产生消费效应。价格的上升和消费数量的减少使消费者蒙受损失，损失的程度可由消费者剩余的变动来衡量。在图 5-3 中，价格上升后，消费者剩余减少了大梯形面积$(a+b+c+d)$，这就是征收关税使国内消费者损失的福利。

### （四）贸易效应

将关税的生产效应与消费效应结合起来即可得到关税的贸易效应(trade effect)：消费数量的减少和本国替代品生产数量的增加必然导致进口数量的萎缩。

### （五）财政收入效应

财政收入效应(fiscal revenue effect)是指对国家财政收入的影响。对进口关税的征收为政府直接带来了税收，从而增加了财政收入，这就是关税的税收效应。在图 5-3 中，关税收入为矩形面积 $c$，它代表政府从关税得到的收益，其大小等于进口数量乘上税率。

### （六）关税福利效应

关税的征收使国内不同的经济主体的利益发生不同的变化：生产厂商获得利益，政府获得税收，但消费者会蒙受损失。从前面的分析可知，厂商获利 $a$ 与政府税收 $c$ 两者之和也不能弥补消费者损失$(a+b+c+d)$，关税的征收使一国产生了$(b+d)$的净福利损失，这就是贸易小国的关税福利效应(welfare effect)。不难看出，在如上的分析模型中，贸易小国对进口品征收关税只会降低自身的福利水平。因此，对贸易小国而言，自由贸易是最佳选择。

## 三、出口关税的经济效应分析

一国征收出口关税的目的是限制出口，减少出口的供给。由于对贸易小国征收出口税不影响国际市场价格，那么，会对国内的生产者、消费者和政府三方面带来经济影响。

如图 5-4 所示，$P_1$、$P_2$ 分别表示被征出口关税某商品 G 的国际市场价格和出口国征收关税后的国内市场价格，$D$ 曲线和 $S$ 曲线分别是出口国国内市场上该商品的需求曲线和供给曲线。

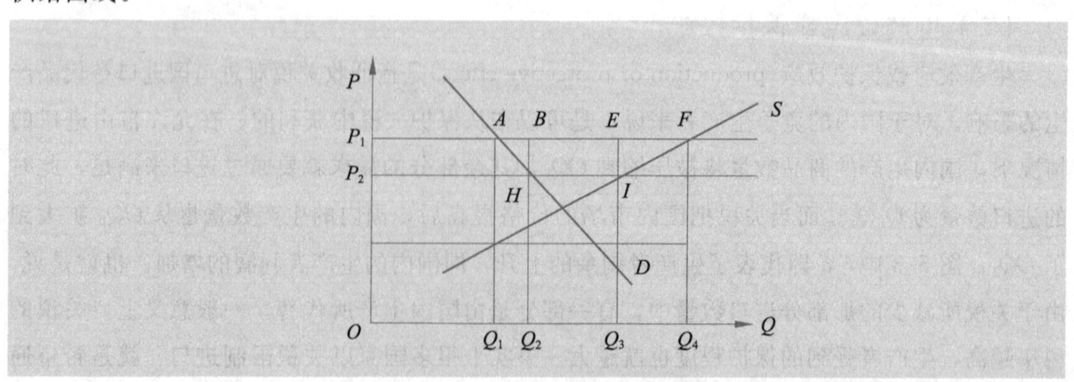


**图 5-4　出口关税的经济效应**

出口关税的经济效应如下。

(1) 由于对出口商品征收出口关税，因此提高了该商品的出口成本，减少了生产者剩余，造成了生产者损失(即 $P_1P_2IF$)，那么这部分损失转移成为消费者剩余和政府的财政收入。

(2) 出口从 $Q_1Q_4$ 减少到 $Q_2Q_3$，国内供给的增加和市场价格的降低，带来了消费者剩余的增加(即 $P_1P_2HA$)。

(3) 政府财政收入增加(对出口关税的征收)为 $BHIE$。

**任务互动**：大国征收关税会产生什么样的关税效应?

# 任务三 关税水平与保护程度

## 导入案例

自由贸易时，某国从国际市场上直接进口运动衫成品的价格是 10 美元，而如果进口原料来自己生产，则进口生产一件运动衫的原料的价格是 5 美元。为了保护国内生产，该国决定对运动衫成品征收 100%关税，对原料进口征收 50%关税。

**思考**：在该种关税结构下，此国对运动衫成品的有效关税保护率是多少?

## 一、关税水平

关税水平(tariff level)是指一个国家的平均进口关税率。通过关税水平我们可以大致衡量或比较一个国家进口税的保护程度，关税水平通常用三种方法来表示。

### (一) 全额商品加权平均

全额商品加权平均即以一定时期内所征收的进口关税总额占所有进口商品价值总额的百分比。计算公式为

$$关税水平=\frac{进口关税总额}{进口商品总额}\times 100\%$$

在这种计算方法中，如果一国的免税项较多，计算出来的数值就偏低，不易看出有税商品税率的高低。

### (二) 有税商品加权平均

有税商品加权平均即按进口税额占有税商品的百分比。计算公式为

$$关税水平=\frac{进口关税总额}{有税进口商品总额}\times 100\%$$

这种计算方法能纠正上一种方法免税项干扰，但各国的税则并不相同，税则下的商品数目众多，也不尽相同，因此这种方法使各国关税水平的可比性相对减少。

### （三）以代表性商品取样加权平均

以代表性商品取样加权平均即选取若干有代表性的商品，按一定时期内这些商品的进口税总额占这些代表性商品进口总额的百分比。计算公式为

$$关税水平=\frac{有代表性商品进口税总额}{有代表性商品进口总额}\times 100\%$$

这种计算方法可以在各国选取同样的代表商品进行比较，能够比较客观地反映出各国的关税水平。

以上三种方式从不同的方面反映关税的平均水平，但还不能完全表示保护的程度。

## 二、名义关税与名义保护率

名义关税(nominal tariff)是指某种进口商品进入该国关境时，海关根据海关税则对该商品所征收的关税。

名义保护率(nominal rate of production)是指由于实行保护而引起的国内市场价格超过国际市场价格的部分占国际市场价格的百分比。用公式表示为

$$名义保护率=\frac{进口货物国内市场价格-国际市场价格}{国际市场价格}\times 100\%$$

与关税水平衡量一国关税保护程度不同，名义关税衡量的是一国对某一类商品的保护程度。在不考虑汇率的情况下，名义保护率在数值上等于关税税率。

## 三、有效保护率

有效保护率(effective rate of production)又称实际保护率，它是指征收关税所引起国内加工增值同国外加工增值的差额占国外加工增值的百分比。用公式表示为

$$有效保护率=\frac{国内加工增值-国外加工增值}{国外加工增值}\times 100\%$$

或

$$ERP=\frac{V'-V}{V}\times 100\%$$

式中，ERP——有效保护率；$V'$——征收关税情况下国内加工增值；$V$——不征收关税时(自由贸易条件下)加工增值。

有效保护率是综合该产业的原料与成品的进口关税进行分析的方法。一国对某产品的保护程度不能单从该产品的进口税率高低来判断，因为该产品的原材料或中间产品有可能来自国外，在这种情况下，对进口原材料或中间产品所征收的进口关税会直接使该产品成本上升，从而影响到该产品的有效保护率。

例如，在自由贸易条件下，一辆汽车的国内价格是 10 万元，其中投入的钢材、仪表等中间投入品的价格是 8 万元，那么，不征关税时的产品附加值为 $V=10-8=2$(万元)。

假定一，对进口汽车征收 10%的名义关税，对进口的投入品征收 5%的名义关税，那么，国内汽车价格上升为 10+10×10%=11(万元)，投入品的价格上升为 8+8×5%=

8.4(万元)，则征收关税时的产品增值为 $V'=11-8.4=2.6$(万元)，此时的有效保护率为

$$\text{ERP}=\frac{V'-V}{V}\times 100\%=\frac{2.6-2}{2}\times 100\%=30\%$$

由此可见，当汽车的名义关税 10%大于投入品的名义关税 5%时，汽车的有效保护率高于汽车的名义关税 30%>10%。即当最终产品的名义关税大于投入品的名义关税时，最终产品的有效保护率高于它的名义关税。

假定二，对进口汽车和投入品同时征收 10%的名义关税，那么，国内汽车价格上升为 10+10×10%=11(万元)，投入品的价格上升为 8+8×10%=8.8(万元)则征收关税时的产品增值为 $V'=11-8.8=2.2$(万元)，此时的有效保护率为

$$\text{ERP}=\frac{V'-V}{V}\times 100\%=\frac{2.2-2}{2}\times 100\%=10\%$$

由上述结论可知，当汽车与投入品的名义关税都是 10%时，汽车的名义关税和有效关税相等都为 10%。即当最终产品和投入品的名义关税相同时，最终产品的有效关税和名义关税相同。

假定三，若对进口汽车仍征收 10%的名义关税，而对进口的投入品征收 20%的名义关税，那么，国内汽车价格上升仍为 10+10×10%=11(万元)，投入品的价格上升为 8+8×20%=9.6(万元)，则征收关税时的产品增值减少为 $V'=11-9.6=1.4$(万元)，此时的有效保护率为

$$\text{ERP}=\frac{V'-V}{V}\times 100\%=\frac{1.4-2}{2}\times 100\%=-30\%$$

由此可知，当汽车的名义关税 10%小于投入品的名义关税 20%时，汽车的有效保护率低于汽车的名义关税，而且是负数−30%<10%。即当最终产品的名义关税小于投入品的名义关税时，最终产品的有效保护率低于它的名义关税，甚至是负数。这表明由于原料的名义关税过高而使原料价格上涨的幅度超过最终产品征税后附加值的部分，使得国内加工增加值低于无关税时的增加值。也就是说，生产者虽创造了价值，但价值是低的，生产者无利可图，而且客观上也鼓励了最终产品的进口。

## 拓展阅读

### 成品油进口关税下调　获益者未必是消费者

从 2012 年 1 月 1 日起，我国进出口关税将进行部分调整，对 730 多种商品实施较低的进口暂定税率，平均税率为 4.4%，比最惠国税率低 50%以上，这其中就包括了最为引人关注的成品油。然而人们更关心的是，这一旨在扩大进口、满足国内发展及消费需求的举措，究竟能否让广大消费者得益，能否缓解频频出现的“油荒”、延缓成品油涨价的节奏。

近年来，国内成品油供求矛盾反复出现，每到需求旺季就会出现成品油供应紧张局面。在国内产能尚不能完全满足的情况下，业界一直期待降低进口门槛以满足国内需求。

此次成品油进口关税下调，成品油进口总量有望进一步提高，这或许能在一定程度上弥补成品油供应缺口，减少“油荒”的频繁出现。

然而，这一利好消息刚刚传出，就有不同的声音提醒：不要高兴得太早。关税下调后，如果没有相配套的系统性价格梳理机制，下游用油企业和成品油终端消费者可能无法分享到降税利好。

这样的忧虑不是没有道理。临近年末，正是物流运输的高峰时段，交通运输对成品油依赖性较大，偏偏此时，国内多地又再度传出“供油紧张”的讯息。在油价上调预期抬头，而国际原油价格尚未到达成品油上调标准的微妙背景下，此时“赶巧”出现的“油荒”难免让人猜想，掌握着批发大权的中石油、中石化等大型油企是否有“倒逼”之意。有业内人士指出，由于批发大权掌握在石油巨头手中，为他们带来了控制下游油品资源的便利性。如果迟迟等不到涨价的时机，就会上演“油荒”。如果这一逻辑成立，那么所谓“油荒”就不是意义单纯的资源短缺，也就不是仅靠下调关税、扩大进口就能解决根本问题的。

应该注意到，少数油企巨头手中也同时掌握着“人无我有”的进口资质。如果这样的局面没有改变，成品油进口关税下调后，它们可以用比原先更低的成本进口成品油，然后以高价销往国内市场。曾有数据显示，目前国内 93 号、97 号汽油的最高零售价分别为每吨 9 400 元、9 820 元，而从新加坡进口一吨 95 号汽油，即使算上运费和其他费用，完税到岸价也只有每吨 8 746 元。不难想象，如果进口关税下降，而市场售价不变，大型油企的获利会进一步增加。而如果市场对进口关税下调后依然很高的零售价格有所不满，或者如果国内成品油售价因为关税下调的因素而下降或放慢上调步伐，就有可能遭遇“油荒待遇”。

事实上，如果垄断不能被打破，价格机制不能彻底理顺，进口关税下调的最大获益者，依然是大型油企，而不是消费者。

资料来源：杨群. 成品油进口关税下调获益者未必是消费者[N]. 解放日报，2011-12-29.

根据上面的计算和推导，我们不难发现有效保护率和最终商品的名义关税两者之间存在着以下关系。

(1) 当最终产品的名义税率大于中间产品名义税率时，最终产品的有效保护率大于其名义税率。

(2) 当最终产品的名义税率小于中间产品名义税率时，最终产品的有效保护率小于其名义税率(负保护)。

(3) 当最终产品和中间产品的名义税率相等时，最终产品的有效保护率才和名义税率相等。

(4) 如果对一个行业中的原材料和中间投入的关税低于对最终产品的关税，对该行业的有效保护率会超过名义保护率。

(5) 反之，如果原材料和中间投入的关税高于最终产品的关税，对该行业的有效保护率低于名义保护率，甚至也会出现负保护。

## 四、关税结构

前面我们所考察的关税效应，实际上指的是名义关税的福利效果，而且是以生产过程的单个阶段为假设条件。但在实际的出口商品中，除最终产品外，还包括大量的中间产品，如原料、机器设备等。对一种最终产品征收进口关税，不但保护了该进口竞争商品的生产行业，而且保护了为这个行业提供原材料等投入的其他行业。例如，对小汽车征收进口关税，不但保护了小汽车行业的生产，而且还保护了为汽车生产提供投入的钢铁、机械、橡胶、仪表等行业的生产。

关税结构，亦称关税税率结构，是指一国关税税则中各类商品关税税率高低的相互关系。世界各国因其国内经济和进出口商品不同，其关税结构也会各不相同。但一般都表现出生产资料税率较低，消费品税率较高；生活必需品税率较低，奢侈品税率较高；本国不能生产的商品税率较低，本国能够生产的商品税率较高。

研究关税结构，区别名义保护率与实际保护率，具有重要意义。当最终产品的名义税率一定时，对所需的原材料等中间产品征收的名义税率越低，则最终产品名义税率的保护作用(即有效保护率)越大。因此，如果要对某种行业实行保护，不仅要考虑对该产业最终产品的关税率，而且要把整个关税结构与该行业的生产结构结合起来考虑，才能制定出相应合理政策措施。

基于提高有效保护率的考虑，各国关税结构的一个突出特征是关税税率随产品加工程度的逐渐深化而不断提高：关税税率从初级产品、半制成品到成品，是随加工程度不断提高而提高的。制成品的关税税率高于中间产品的关税税率，中间产品的关税税率高于初级产品的关税税率。这种随着国内加工程度加深，关税税率不断上升的现象称为关税升级或瀑布式关税结构。关税升级现象是上述有效保护率在实践中的运用。

名义关税税率会直接影响消费者购买的进口商品价格，在分析关税政策对社会福利影响时，通常用名义关税税率，而有效关税税率反映了一个国家的关税结构对国内行业的保护程度，在制定经济发展战略或产业发展规划时，有效关税税率是一种有用的分析工具。所以考察一国对某商品的保护程度，不仅要考察该商品的关税税率，还要考察对其各种投入品的关税税率，即要考察整个关税结构。了解这一点，对于一国制定进口税税率或进行关税谈判有重要意义。

## 思考与实训

1.“关税能为政府带来收入并且能为国内产业提供保护，因此，关税税率越高，政府的收入越多，且对国内产业保护越好”。请对此观点进行分析。

2. 假设中国是汽车进口的小国，对汽车的需求和供给分别为

$$D=2\,000-0.02P \qquad S=1\,200+0.03P$$

并设国际市场上汽车的价格为 10 000 美元，试计算：

(1) 自由贸易下，中国汽车的产量及进出口量，自由贸易对国内消费及厂商的福利影响。

(2) 中国对汽车征收每辆 3 000 美元的进口税，国内汽车的产量及贸易量与自由贸易相比，消费者和厂商的福利变化。

3. 进口一台电视机价格为 9 000 元，征收 20%的从价税，电视机的零部件等原材料的价格为 6 000 元，政府对于进口电视机的零部件等原材料不征税，该国对于电视机的有效保护率是多少？如果对原材料进口征收 5%的从价税，有效关税税率又是多少？

4. 假定在自由贸易条件下，本国汽车的售价为 15 万元，投入成本(即中间产品)为 5 万元，即中间产品的价值在总产品价值中的比重约为 33.3%。

(1) 保护贸易的条件下，本国对汽车征收 50%的关税，而对所有零部件和原材料征收 25%关税，请计算汽车的有效关税保护率。

(2) 考虑当零部件和原材料征收关税为 60%时的有效保护率。

(3) 从中可以得出哪些关于有效保护率的一般结论。

5. 假设某国对轿车进口的关税税率为 180%，国内某一典型的汽车制造商的成本结构和部件关税如表 5-1 所示。

**表 5-1 汽车制造商的成本结构和部件关税** %

| 成本项目 | 钢板 | 发动机 | 轮胎 |
| --- | --- | --- | --- |
| 占汽车价格比重 | 20 | 30 | 10 |
| 进口关税税率 | 60 | 120 | 30 |

(1) 计算该国轿车产业的有效保护率。

(2) 如果钢板、发动机、轮胎的进口关税分别降为 10%、30%和 5%，再计算该国的汽车的有效保护率。

(3) 通过以上计算，可以推出哪些有关有效保护率的一般结论。

6. 假定一台彩电的价格是 500 美元，进口正常的关税税率为 50%，彩电零部件价格为 400 美元，进口正常关税税率为 30%。请问，彩电的名义关税税率和有效关税税率分别为多少？

7. 中国和美国两国贸易模型中，设中国对汽车的需求与供给分别为 $D_{中}=2\ 000-0.02P$，$S_{中}=1\ 200+0.03P$。美国对汽车的需求与供给分别为 $D_{美}=1\ 800-0.02P$，$S_{美}=1\ 400+0.03P$。试计算：

(1) 贸易前，双方汽车的均衡价格和产量。

(2) 自由贸易条件下，国际市场汽车的均衡价格、各国的产量及贸易量(不考虑运输成本)、自由贸易给两国的福利带来的影响。

# 6 项目六 认知非关税贸易壁垒

## 学习目标

**知识目标**

⊙掌握非关税壁垒的概念和特点。

⊙掌握非关税壁垒的种类。

**能力目标**

⊙能够分析非关税壁垒的经济效益，尤其是对我国对外贸易的影响。

非关税贸易壁垒是世界各国最主要的国际贸易政策措施之一。非关税壁垒在国际贸易中扮演越来越重要的角色，新的非关税壁垒不断出现。为了国家的经济和技术安全，保护人类健康，保护环境，合理有效地保护中国的主导产业和幼稚产业，我们应认真研究世贸组织的有关条款，学习借鉴别国的实践经验，灵活利用国际惯例、国际规则和 WTO 规则，并参照国际规范建立起自己的非关税壁垒保护体系，从而提高企业在国际经济贸易中的竞争力。

## 任务一 非关税壁垒的特点和作用

### 导入案例

印度电子产品市场发展迅速。2011 年，印度进口电子产品价值 280 亿美元，金额相当于印度全年石油进口额的五分之一。印度手机市场是全球增长最快的市场，2012 年手机销售量约 2.51 亿部，其中 70%的进口手机价格都在 2 000 卢比或以下。此外，印度有 1.5 亿个有线电视用户，近年来有线数字电视发展迅猛，机顶盒成为销量最大的电子产品之一，是继美国和中国之后的世界第三大机顶盒市场，预计未来几年，印度机顶盒需求量约为 1 亿个。

然而，印度目前 65%的电子产品依靠进口。据预测，假如 2015 年印度 50%的电子产品由本地制造，那将新增约 20 万个就业岗位。因此，印度政府希望通过政策引导鼓励本地电子产品制造。

资料来源：中国商务部网站.

**思考：**印度政府为达到鼓励本地电子产品制造的目的，可以对进口的电子产品采取什么有效措施？

非关税壁垒(non-tariff barrier)，又称非关税贸易壁垒，指一国政府采取除关税以外的各种办法，对本国的对外贸易活动进行调节、管理和控制的一切政策与手段的总和，其目的是试图在一定程度上限制进口，以保护国内市场和国内产业的发展。非关税壁垒大致可以分为直接的和间接的两大类：前者是由海关直接对进口商品的数量、品种加以限制，其主要措施有进口限额制、进口许可证制、“自动”出口限额制、出口许可证制等；后者是指进口国对进口商品制订严格的条例和标准，间接地限制商品进口，如进口押金制、苛刻的技术标准和卫生检验规定等。

## 一、非关税壁垒的特点

非关税壁垒和关税壁垒都有限制外国商品进口的作用，但与关税壁垒相比，非关税壁垒具有以下特点。

### (一) 灵活性

一般来说，各国关税税率的制定必须通过立法程序，并要求具有一定的连续性，所以调整或更改税率需要一定的时间。不仅如此，关税税率的调整直接受到世界贸易组织有关条款的约束，即使是非成员国也会受到最惠国待遇条款约束，各国海关不能随意提高以应付紧急限制进口的需要，因此关税壁垒缺乏灵活性。然而，非关税壁垒通常采用行政程序来制定和实施，程序和手续较为简便迅速，具有较大的灵活性和针对性。

### (二) 有效性

关税壁垒的实施旨在通过征收高额关税提高进口商品的成本，它对商品进口的限制主要是通过价格机制的作用。面对高额的关税，出口国可以通过商品倾销和出口补贴等鼓励出口措施来加以抵消。不仅如此，出口国还可以凭借降低生产成本(如节省原材料、提高生产效率，甚至降低利润率等)来降低出口商品的价格，从而抵消进口国关税对出口商品的影响。而相当多的非关税壁垒对进口的限制是绝对的，往往只能在能够还是不能够进口之间做出选择。例如，用进口配额等预先规定进口数量和金额，超过限额就禁止进口。这种方法在限制进口方面更直接、更严厉，因此也更有效。

### (三) 隐蔽性和歧视性

关税税率确定后，往往以法律形式公布于众，这是公开透明的。但是，一些非关壁垒往往不公开，或者规定极为烦琐复杂的标准和手续，使得出口商难以适应和对付。出口商品往往由于某一个规定不符合进口国的某项要求而不能进入进口国的国内市场销售。同时，一些国家往往针对某个国家采取相应的限制性的非关税壁垒，结果，就大大加强了非关税壁垒的差别性和歧视性。

综上所述，非关税壁垒在限制进口方面比关税壁垒更有效、更隐蔽、更灵活和更有歧视性。正由于这些特点，非关税壁垒取代关税壁垒成为贸易保护主义的主要手段，有其客观必然性。

## 拓展阅读

### 突破非关税壁垒对进出口贸易的限制

(一) 进行技术创新，提高产品质量

企业要以应对非关税壁垒为契机，依靠科技进步调整出口商品结构，促使产业升级，提高我国出口商品的科技含量和加工层次。一是加强技术研发特别是加强关键技术的研发，不断开发新材料、新能源、新工艺、新配方、新方法，推出新产品，从而提高产品科技含量，促使产品结构向高新技术产品和高附加值产品转型；二是通过提高产品的深加工程度，把中间体生产为成品，不仅可以提高企业的利润，同时还可以避开各种形式的贸易壁垒。

(二) 充分发挥行业协会的作用

在市场经济的竞争中，单打独干的营销方式并不适合加入世贸组织后参与国际产品市场竞争的需要。可以通过行业协会这条政府和企业之间的纽带，帮助生产者协调出口价格，使我国产品压价竞争、自相残杀的情况减少，还可以在对外宣传、谈判、销售等提供服务，承担大量产前、产后的工作。此外，还可以通过跟踪外国非关税壁垒措施的变化动向，使企业及时掌握国外市场贸易壁垒信息。

(三) 加快制定和完善技术标注和法规

应对技术壁垒，我国应亟待完善技术标准和技术法规体系。一是要逐步建立起与国际接轨的技术法规和标准认证体系，要根据 WTO 有关协议，大力推动原产地标记认证制度，积极实施 ISO 19000、ISO 14000 标志和 SA 8000 标准的认证，加快与国际环境标准接轨的步伐；二是加大企业的技术与标准化法制意识，适应国际贸易对技术标准方面的特殊要求。通过积极采用国际标准，及时掌握国际生产信息和生产技术水平，吸收先进成果，组织力量进行技术攻关，提高产品质量和档次，增强我国产品的竞争力。

(四) 制定和实施市场多元化战略

市场多元化战略就是要使我们的产品在市场分布上应更加均衡，不要什么都一窝蜂地涌向某一个市场。因此，从政府到企业都要努力调整自己的出口市场战略。具体实施时要本着

“巩固老市场、开拓新市场、出口份额过于集中的要适当分流”的原则，使我们的产品能出口到更多的国家和地区。这不但可以避免某些产品的出口过于集中，容易授人以柄，从而限制我国的出口，而且如果发生贸易战时，我国可以通过贸易转移把损失降到最低程度。

（五）建立非关税壁垒预警体系

1. 政府要促使外贸企业系统收集各国(地区)关于进口、外国投资及其他与外经贸相关的法律、法规和行业标准，建立相应的数据库，及时了解所在市场对某种商品采取什么措施和政策，以及当地制定的各种标准，和这些标准在实施中所遇到的问题等。

2. 选择可信赖的国外产品代理公司，它们不仅对当地市场了如指掌，对所在行业的最新动态以及消费者的最新需求也应充分把握。

3. 应把信息及时向政府部门、行业和企业进行扩散，从而确保在每一起非关税壁垒案件发生之前，都能事先得到消息，为及时调整出口策略，减少被非关税壁垒影响的概率和迅速组织企业应对创造重要条件。

总之，从目前来看，国家间完全消除非关税壁垒是不可能的，非关税壁垒还将在相当长的时间内存在。为了国家的经济和技术安全，保护人类健康，保护环境，合理有效地保护我国的主导产业和幼稚产业，我们应认真研究世贸组织的有关条款，学习借鉴别国的实践经验，灵活利用国际惯例、国际规则和WTO规则，并参照国际规范建立起自己的非关税壁垒保护体系，从而提高企业在国际经济贸易中的竞争力。

资料来源：国际经济与贸易之非关税壁垒发展的最新趋势. 百度文库.

## 二、非关税壁垒的作用

### (一) 发达国家设置非关税壁垒的作用

随着关税在贸易中作用的逐步减弱，西方发达国家的贸易政策越来越把非关税壁垒作为实现其政策目标的主要工具。对它们来说，非关税壁垒的作用主要表现在三个方面。

(1) 作为防御性武器限制外国商品进口，用以保护国内陷入结构性危机的生产部门，或者保障国内垄断资产阶级能获得高额利润；

(2) 在国际贸易谈判中用作砝码，逼迫对方妥协让步，以争夺国际市场；

(3) 用作对其他国家实行贸易歧视的手段，甚至作为实现政治利益的手段。

总之，发达国家设置非关税壁垒是为了保持其经济优势地位，继续维护不平等交换的国际格局。

### (二) 发展中国家设置关税壁垒的作用

虽然大多数发展中国家仍然以关税作为国际贸易政策的主要手段，但是，面对日益进行的贸易自由化浪潮，越来越多的发展中国家开始重视非关税壁垒措施的作用。但与发达国家不同的是，发展中国家设置非关税壁垒的主要目的如下。

(1) 限制奢侈品、高档商品的进口；

(2) 限制发达国家资本密集型、技术密集型进口商品对国内的冲击，以保护民族工业和幼稚工业；

(3) 为国内民族产业的发展提供一个相对宽松的国内环境，以维护民族经济的独立，减少对发达国家的依赖程度。

由于发展中国家的经济发展水平与发达国家相距甚远，完全不在同一起跑线上，统一的贸易政策对发展中国家具有极大的不公平性，因此发展中国家设置非关税壁垒有其合理性和正当性。正因为如此，《关贸总协定》在“肯尼迪回合”中新增了“贸易和发展”部分，并陆续给予发展中国家以更大的灵活性，允许其为维持基本需求和谋求优先发展而采取贸易措施。乌拉圭回合达成的《WTO 规则》也对发展中国家使用非关税壁垒保护国内民族产业给予了一定的特殊安排。但总体来说，无论是过去的关贸总协定还是今天的世界贸易组织，对于发展中国家采取非关税措施保护国内民族产业大都停留在道义的支援上，并没有多少实质性的保护条款。

### 拓展阅读

**美国企业对我移动电子设备提起 337 调查申请**

2016 年 10 月 14 日，美国 Qualcomm 公司依据《美国 1930 年关税法》第 337 节规定向美国国际贸易委员会提出申请，指控中国企业对美出口、在美进口或在美销售的移动电子设备(mobile electronic devices)侵犯了其在美注册有效的专利权，请求美国国际贸易委员会发布有限排除令及禁止令。中国大陆 4 家企业涉案。这是 2016 年以来外国企业在美国对中国企业提出的第 18 起 337 调查申请。

资料来源：商务部贸易救济调查局.

目前很多国家都制定了法律，规定没有经过指定机构认可的产品，不准进入市场销售，如美国的 FDA、UL 认证、欧盟的 CE 认证，还有对全世界大部分国家和地区都适用的国际标准化组织颁布的 ISO9000 质量体系认证等。如果企业不能通过认证，就不能获取进入国际市场的“通行证”，只能在这个下场之外徘徊，更谈不上受惠。在这方面，江西有过教训，20 世纪 90 年代初，江西全省的玩具出口每年都创汇 5 000 多万元。当欧盟和美国宣布对进口玩具实行安全认证时，由于没有引起足够的重视，没有一家企业通过认证，转眼间就丧失了市场。

资料来源：贸易技术壁垒案例介绍 60 例. 道客巴巴.

## 任务二 非关税壁垒的种类

### 导入案例

日前，记者从国家质量监督检验检疫总局获悉，海尔洗衣机对《家用洗衣机 ErP 法规草案》的三条修改意见提案被欧盟采纳，成为取得该草案提出修改意见“话语权”的唯一中国企业。

据记者了解，欧盟 ErP 指令原为 EuP 指令(2009 年欧盟委将其升级为 ErP 指令)，是继 WEEE、ROHS 指令之后，欧盟另一项主要针对能耗的技术壁垒指令，即“能耗产品生态设计要求指令”。该指令聚焦于产品对资源能量的消耗和对环境的影响，侧重对耗能产品从整个生命周期进行规范。通常情况下，EUP 指令会对洗衣机产品出口造成影响，它要求产品从设计开始，一直到生命周期结束都必须遵循绿色环保的要求，这就使得很多不达标企业被淘汰出局。

国际标准委员会专家告诉记者，欧盟的这种家电法案的制定或修改一般只有世界顶尖级的检测检验机构或技术水准达到世界一流的企业才能参与进来。此次，欧盟能够采纳海尔洗衣机的修改提案，是对海尔洗衣机技术研发实力的认可。例如，我们所熟知的双动力、不用洗衣粉，以及最新的复式系列，这些产品及技术都在国际上具有超前的领先性，是中国制造的骄傲。同时，自 2006 年海尔洗衣机全球总工吕佩师，成为亚洲首位 IEC 国际电工委员会专家组专家起，海尔洗衣机就开始与欧美的专家共同参与制定全球洗衣机行业的通用国际标准。例如，2017 年 2 月刚刚出炉的 IEC60456 国际洗衣机标准中，就充分融入了海尔洗衣机的智慧。

“为了更好地参与国际标准及法案的制定，海尔洗衣机已成立了专门的实验中心，用于研究新技术、新材料、新工艺等，并与全球顶尖企业展开跨界合作，将技术研发水平提升到一个新的高度。”海尔洗衣机全球总工吕佩师在接受记者采访时说。

国家质量监督检验总局相关负责人也表示，作为取得该草案提出修改意见“话语权”的唯一中国企业，海尔洗衣机提出的修改意见都被采纳，也代表了中国应对技术性贸易壁垒方面能力的进步。通过采访记者看到，伴随着在技术领域的不断突破，海尔洗衣机在拥有全球洗衣机行业绝对话语权的同时，也带动了整个中国制造国际地位的提升。我们也希望能有更多的中国企业能像海尔一样，成为中国制造的骄傲。

资料来源：钟毓. 海尔洗衣机提案获欧盟认可. 新浪网.

**思考：** 海尔是如何成为取得欧盟《家用洗衣机 ErP 法规草案》提出修改意见“话语权”的唯一中国企业？

1947 年以来，由 GATT 主持举行的多边贸易谈判已经大幅降低了各国贸易关税税率。在过去的 20 年中，全球的平均关税消减大半。但与此同时，各国政策的制定者们也开始注意到各类非关税壁垒的重要性。随着关税的不断减免，非关税壁垒的相对重要性却在不断增加，然而各国在遵循积极的政策执行意图与目的来制定非关税壁垒的同时，也会利用它的“合理性”将其作为对关税的一种重要替代形式，形成新的贸易限制与保护的重要工具。在 2004 年，UNCTAD 的 TRAINS 数据库显示，平均每个国家中有 5 620 个税目都遭遇了非关税壁垒的限制。这类壁垒大量地以技术、标准的形式出现，其相关指标难以量化、统一，另外，其对贸易影响的作用机理复杂且隐蔽。因此，非关税壁垒常常被披上合法外衣，成为目前国际贸易中最隐蔽、最难应对的贸易保护工具。

## 一、直接的非关税措施

直接的非关税措施也称直接的非关税贸易壁垒，是指由进口国直接对进口商品的进口数量或金额加以限制，以达到控制进口规模的目的。

### (一) 进口配额制

进口配额制(import quotas system)又称进口限额制，是指一国政府在一定时期内对某种商品的进口数量或金额直接加以限制。在规定的时期内，限额内的商品可以自由进口，一旦超过限额不准进口，或征收较高的额外关税或罚款。进口配额制是实行进口数量限制的重要手段，主要有以下两种。

#### 1. 绝对配额

绝对配额(absolute quotas)是指在一定时期内，对某些商品的进口数量或金额规定一个最高数额，达到这个数额后，便不准进口。这种配额又可分为全球配额和国别配额两种。全球配额对于来自任何国家或地区的商品一律适用，通常按进口商的申请先后或过去某一时期的进口实际数额发放，直至发完为止，超过配额就不准进口。国别配额是在总配额内按国别地区分配的配额，超过规定的配额便不准进口。

#### 2. 关税配额

关税配额(tariff quotas)是指与征收关税相结合的配额。即对商品进口的绝对数额不加限制，对在规定的时间和配额以内的进口商品给予低税、减税或免税待遇，否则征收较高的关税、附加税或罚款。关税配额可分为全球性关税配额和国别性关税配额，还可分为优惠性关税配额和非优惠性关税配额。

在优惠性关税配额内的进口商品给予较大幅度的关税减让，甚至免税，超过配额的进口商品即按原来的最惠国税率征税，如一些发达国家在实施普惠制时所采取的关税配额就属于此类。非优惠性关税配额是指配额内仍征收原来的进口税，超过配额的商品，就征收较高的附加税或罚款。

### (二) “自动”出口配额制

“自动”出口配额制(“voluntary” export quotas)又称“自动”限制出口(“voluntary” restriction of export)，是一种变相的进口配额制，即出口国家或地区在进口国的要求和压力下，“自动”规定某一时期内(一般为3～5年)某些商品对该国的出口限制，在规定配额内自行控制出口，超过配额即禁止出口。对出口国而言，该配额又被称为“被动配额”。“自动”出口配额制有两种主要形式：一是出口国迫于进口国方面的压力，自行单方面规定出口配额，即非协定的“自动”出口配额；二是进出口国双方通过谈判签订“自限协定”或“有秩序销售协定”，由出口方控制出口，称为协定的“自动”出口配额。

### (三) 进口许可证制

进口许可证(import license)是进口国有关管理机构颁发的同意进口的证件，也是一种进口数量限制措施。

▶ 1. 有定额的进口许可证

有定额的进口许可证是指进口国家有关当局预先规定有关商品的进口配额，然后在配额限度以内，对每一笔进口货发给进口商一定数量或金额的进口许可证。进口许可证的颁发权限也有交给出口国自行分配使用的。

▶ 2. 无定额的进口许可证

无定额的进口许可证即进口许可证不与进口配额相结合。有些国家政府当局预先不公布进口配额，只根据情况的需要发证，它比有定额的进口许可证有更大的限制进口的作用。

▶ 3. 公开一般许可证

公开一般许可证也称自动进口许可证。此证不限制进口国别和地区，进口商只要填写此证即可获准进口。这一类商品实际上已是“自由进口”商品，填写此证只是为了履行报关手续。

▶ 4. 特种进口许可证

特种进口许可证又称非自动进口许可证。它与公开一般许可证有本质的不同，它的透明度极低，通常都指定进口国别和地区。进口商必须向政府有关当局提出申请，并经审查批准后才能领取此证。

## 二、间接的非关税措施

间接的非关税措施也称间接的非关税贸易壁垒，是指进口国并未直接规定进口商品的进口数量和金额，而是对进口商品制定严格的要求或标准，间接地限制商品的进口。

### (一) 技术性贸易壁垒

技术性贸易壁垒(technology barries to trade，TBT)是指进口国为限制进口，以维护生产、保护环境和人类健康与消费者安全，保证产品质量为理由制定的种种复杂苛刻的技术标准和规定。技术性贸易壁垒的表现形式主要是技术法规、标准及合格评定程序，包括安全标准、卫生标准和包装标准等。

**知识链接**

**中国产品遭遇的技术性贸易壁垒**

2005 年 10 月 31 日，英国贸易与工业部消费者保护局向欧盟通报，原产于中国的牙刷质量不过关，不符合有关安全标准。检测结果表明，透明塑料制成的牙刷头接触到牙膏中通常含有的薄荷油就会出现张力裂纹。如果牙刷头断裂，牙刷毛就会脱落，误吞牙刷毛有窒息的危险。在英国曾发生几起牙刷头断裂的事故。为保护消费者的安全，英国和爱尔兰已从 2004 年 10 月 24 日起禁止销售该产品，并要求贸易商采取召回行动。欧委会据此在欧盟范围内对该产品发出消费者警告。

2006 年 4 月 20 日，英国贸工部向欧盟通报，原产于中国的玩具——多色婴儿奶嘴不符合有关安全标准。检测结果表明，玩具奶瓶的部件可能脱落，婴儿有被窒息的危险。为保护消费者的安全，英国已在全国范围禁止销售该产品，并要求销售商采取召回行动。欧委会据此在欧盟范围内对该产品发出消费者警告。

资料来源：技术性贸易壁垒. 搜狗问问.

### （二）进口押金制

进口押金制(import advanced deposit system)又称进口存款制。按照这种制度，进口商在进口商品时，必须预先按进口金额的一定比率，将一笔现金无息存放在指定的银行，方能获准进口。存款须经一定时期后才发还给进口商。这种办法增加了进口商的进口成本，影响到进口商的资金周转，从而起到了限制进口的作用。这种措施第二次世界大战后首先在西欧出现，以后扩大到其他国家。

### （三）专断的海关估价

专断的海关估价(arbitrary customs valuation)是指海关在进口税率已确定的基础上，通过将进口商品归于较高税率的类别或自行通过进口商品的完税价格，增加进口商品的关税负担，达到限制进口目的的一种手段。

### （四）外汇管制

外汇管制(foreign exchange control)是指一国政府通过法令对国际结算和外汇买卖实行限制，以平衡国际收支和维持本国货币汇价的一种制度。在外汇管制下，出口商必须把出口所得的外汇按官方汇率卖给国家外汇管制机关，进口商进口所需外汇也必须按官方汇率申请购买。这样，国家就可以通过官定汇率的确定与外汇收支的集中控制来限制进口商品的种类、数量和来源国。

实施外汇管制的有利方面在于，政府能通过一定的管制措施来实现该国国际收支平衡、汇率稳定、奖出限入和稳定国内物价等政策目标。其弊端在于，市场机制的作用不能充分发挥，由于人为地规定汇率或设置其他障碍，不仅造成国内价格扭曲和资源配置的低效率，而且妨碍国际经济的正常往来。一般情况是，发展中国家为振兴民族经济，多主张采取外汇管制，而发达国家则更趋向于完全取消外汇管制。

## 知识链接

**SDR**

特别提款权(special drawing right，SDR)，又称为“纸黄金”，是国际货币基金组织于1969年创设的一种储备资产和记账单位，最初是为了支持布雷顿森林体系而创设，后称为“特别提款权”。最初特别提款权的价值由16种货币决定，经过多年调整，目前以美元、欧元、人民币、日元和英镑五种货币综合成为一个“一篮子”计价单位。成员国拥有的特别提款权可以在发生国际收支逆差时，用来向基金组织指定的其他会员国换取外汇，以偿付国际收支逆差或偿还基金组织贷款。特别提款权还可与黄金、自由兑换货币一样充作国际储备。但由于其只是一种记账单位，不是真正货币，使用时必须先换成其他货币，不能直接用于贸易或非贸易的支付。因为它是国际货币基金组织原有的普通提款权以外的一种补充，所以被称为特别提款权。

2015 年 12 月 1 日，国际货币基金(IMF)宣布，人民币将纳入 SDR 货币篮子，2016 年 10 月 1 日正式生效，成为可以自由使用的货币。

资料来源：特别提款权. 百度百科.

### (五) 歧视性政府采购

歧视性政府采购(discriminatory government procurement policy)是指国家通过法令，规定政府机构在采购时要优先购买本国产品的措施。由于这种做法对国内外供应者采取差别待遇，从而起到了限制进口的作用。政府采购的产品既包括日用品、办公设施，也包括建桥筑路、能源交通等公共基础设施。为反对歧视性政府采购政策，世界贸易组织专门设立了政府采购委员会，处理此类不公平措施。

### (六) 最低限价

最低限价(minimum price)是指政府通过规定进口商品的最低价格来限制外国商品进口的措施。凡进口货价低于规定的价格则征收进口附加税或不许进口。

### (七) 禁止进口

禁止进口(prohibitive import)是指一国政府限制进口的极端措施，通常通过颁布有关法令来实施。例如，规定自某日某时起，禁止某些商品的进口。此外，一个国家也可能因外交政策的需要而采取贸易禁运政策。

### (八) 环境壁垒

环境壁垒(environment barriers)是指以保护环境和资源为理由，以环境标准、多边环境协议、环境标志、环境管理体系标准限制和禁止某些产品进口的贸易措施，又称“绿色贸易壁垒”。

**知识链接**

**我国的农产品和食品频繁遭遇“绿色贸易壁垒”**

在农产品和食品出口中，我国正是一些发达国家名目繁多的卫生和检疫措施的直接受害者。例如，我国出口日本的大米，日方规定的检验项目多达 56 个，其中有 90% 以上是卫生和检疫措施项目(一般仅检 9 个项目)；又如，我国出口日本的家禽，其卫生标准要求竟高出国际卫生标准 500 倍；出口至德国的蜂蜜曾经因为不能满足进口方的特殊卫生要求使全国输往德国的 3 万多吨蜂蜜不得不停止出运而一度退出欧洲市场；出口至欧盟国家的冻兔肉也因卫生标准不符合进口方过于苛刻的规定要求而被迫退出市场；出口至美国的陶瓷产品(稻草包装)因与美国植物检疫措施有违而被勒令销毁；甚至因我国一家生产厂某一规格的蘑菇罐头有不符合检疫的嫌疑，而使我国几百家生产厂出口至美国的所有蘑菇罐头全部遭卡关、查封，连已在美市场上销售的也全部被撤下来，其损失是巨大的。诸如此类，在过去的对外贸易中，我国有不少农产品和食品因不符合发达国家过于苛刻的卫生、检疫措施而遭拒收或卡关甚至退关或销毁，造成贸易障碍和重大经济损失的事件屡有发生。因此，在当今的农产品、食品贸易中，发达国家采取过于苛刻的卫生、检疫措施，是它们构筑非关税贸易壁垒的一个重要方面。乌拉圭回合农产品贸易谈判的矛盾和焦点，虽都集中反映在欧盟和美国等发达国家之间的利益冲突，“决议”的达成尽管也反映了它们的妥协，但真正受害的却是发展中国家。如欧盟为其统一大市场所采取的282项贸易措施中，除食品卫生措施外，关于动植物检疫的就有81项(其中动物检疫63项、植物检疫18项)。而且，这些新形成的欧洲统一的检疫标准均高于各成员国家原来的水平，这就给发展中国家设置了更高、更多的贸易障碍，其受害情况是显而易见的。

资料来源：绿色壁垒对我国贸易的影响及其应对措施. 百度文库.

## 拓展阅读

绍兴钱清镇的永通染织集团有一批价值100万元的纺织品出口到欧洲。结果在检测中出了问题，说是布料里有一种化学成分对人体有害，要退货。这批货又漂洋过海回到了国内，退货中转的各种费用差不多超过布料本身的价格了。100万元莫名其妙地打了水漂，企业上下都感到不可思议：布料是好的，颜色也是对路的，怎么会在染料上出问题?

痛定思痛，永通集团积极寻求破解绿色壁垒之法。当初，国内化工行业还没有环保染料，永通就用国外的，尽管在大力开源节流之后，成本还是高了30%，出口几乎无利可图，但是永通人下定决心，要在世界市场上打响这张“绿色”牌。集团不仅将染料全部改为环保型产品，还斥资200多万元在企业内部建立了检测中心。

永通集团顺利打开欧洲市场，并牢牢占据了世界市场的份额，在全国印染行业中创下了产量、销售、出口三项全国冠军。

资料来源：国际贸易案例. 百度文库.

# 任务三 非关税壁垒的经济效益

## 导入案例

### 贸易壁垒不能保护就业

2016年5月12日，欧洲议会通过一项非立法性决议，反对承认中国市场经济地位，以避免更多中国商品进入欧盟市场，从而威胁欧盟企业生存、影响欧盟就业。2016年5月17日，美国商务部宣布将中国钢铁的进口关税提高到522%。美国和欧洲的钢铁制造商称，中国正在扭曲全球市场的秩序，通过对外倾销过剩的产品来削弱它们的竞争力。美国一些大的钢铁制造商联合向美国国际贸易委员会提交文件，寻求全面禁止中国钢铁进口，声称在过去一年有1.2万钢铁工人由于中国的不公平竞争而遭到裁员。本文就来分析一下，设置贸易壁垒真的能保护本国就业吗？

几乎所有贸易壁垒都是相关行业联合呼吁设置的，也就是某些行业的资本家们联合起来游说政府，让政府通过高关税、配额等壁垒减少或阻止特定国家商品的进口，以降低这些企业在本国市场的竞争压力，增加产品销量，扩大市场份额，确保企业利益。当然，这些资本家们几乎都打着“保护民族企业”的“爱国”旗号，称这样做是为了避免工人失业。这种论调极具欺骗性，很容易获得民众和政府的支持。

表面上看确实如此，美国进口中国钢铁多了，美国的钢铁企业日子就不好过了，要么减产，要么倒闭，这必然会让一些工人失业。但不要忘记，任何一个国家的经济均不是由单一产业构成的，美国也并非只有钢铁这一个产业。如果美国进口中国钢铁，导致一部分工人失业这并不假，但是，我们要思考这样一个问题：美国为什么会进口中国钢铁？答案只能是，中国钢铁具有价格优势，使用钢铁的企业当然愿意购买进口的中国钢铁。

以美国汽车制造业为例，购买中国钢铁会使汽车制造成本下降，汽车价格必然跟着下降，价格下降刺激了需求，汽车销量增长引导汽车制造业扩大生产，雇用更多的工人。购买汽车的人多了，汽车销售、汽车维修、汽车保险、石油精炼、加油站等行业也必然会相应增加就业岗位，美国 1.2 万钢铁工人失业可能换来其他行业 12 万人就业。所以说，从全国总就业来分析，美国进口中国钢铁不但不会造成失业，反而会创造就业岗位。

一个国家根据所处的地理位置、自然环境、气候特点、民族特性等因素，有自己的优势产业，也有自己的劣势产业，各产业不可能面面俱到都具有竞争力。如果一个国家擅长制造汽车，而不擅长冶炼钢铁，就没有必要为保护自己的钢铁产业限制或禁止进口钢铁，因为用进口的低价钢铁制造汽车更能做到价廉物美，生产的汽车更具有市场竞争力。相反，如果设置贸易壁垒保护本国劣势钢铁产业，这个国家的汽车制造优势也会被拖累，因为用本国冶炼的钢铁导致汽车制造成本飙升，失去市场竞争力，其结果是保护了劣势产业，压制了优势产业。

只有公平、自由、道德的市场经济才能做到“人尽其才，物尽其用”。商品只有在世界各国自由流通，通过公平、良性的竞争，一个国家才能知道哪个产业是自己的优势产业，哪个产业是自己的劣势产业，向优势产业多配置资源，改造或放弃劣势产业，扬长避短，这样才能让本国经济更接近“帕累托最优”。

总之，国家不可能通过设置贸易壁垒来保护自己国家的就业；相反，它会阻碍本国创造就业岗位。贸易壁垒其实就是“独立自主，自力更生”和“闭关锁国”的翻版，它与健康的市场经济发展方向背道而驰，害人又害己。

资料来源：刘植荣．贸易壁垒不能保护就业．360 图书馆．

**思考：** 分析贸易壁垒不能保护就业的原因是什么？

非关税壁垒能够产生多种不同的经济效应，首先是成本增加、贸易受到约束的“保护效应”。然而对本土产业的保护并非一定就是非关税壁垒政策制定的本意，非关税壁垒的制定还经常附有其他调节本国市场的社会管理目标，这类目的是通过引发另外两个经济效应而实现的：改变供给和需求曲线。当政策是用来应对国际商品贸易带来的外部性时，供给改变效应便会发生，例如禁止销售对健康有害的产品，或者制定标准来提高产品的兼容性和互用性。这样的规章制度可以通过明确生产工艺(例如使用某项技术)或者产品属性(例如某种成分的最高残留量)来得以实现。而需求改变效应的发生则需要某一类市场失灵作为前提，例如强制向消费者提供某些信息来矫正市场失灵以致影响消费行为，避免“柠檬”问题的出现，其中供给改变效应与非关税壁垒是密切相关的。

## 一、非关税壁垒对国际贸易发展起着很大的阻碍作用

关税壁垒对进口国来说，可以限制进口，保护该国的市场和生产，但也会引起进口国国内市场价格上涨。进口国加强非关税壁垒措施，特别是实行直接的进口数量限制，固定了进口数量，将使出口国的商品出口数量和价格受到严重影响，造成出口商品增长率或出口数量的减少和出口价格下跌。

非关税壁垒还在一定程度上影响着国际贸易商品结构和地理方向的变比。第二次世界大战以后，特别是20世纪70年代中期以来，不断加强的非关税壁垒对农产品贸易的影响程度超过工业制成品贸易；劳动密集型产品的贸易的影响程度超过技术密集型产品贸易；发展中国家对外贸易受到发达资本主义国家的影响程度超过发达资本主义国家之间的贸易。这种差异决定了国际商品的结构和地理方向的变化，并阻碍和损害了发展中国家和社会主义国家对外贸易的发展。同时，发达资本主义国际之间以及不同的经济集团之间相互加强非关税壁垒，限制商品的进口，也加剧了它们之间的贸易摩擦和冲突。

## 二、非关税措施一般是直接或间接地限制进口数量，从而引起进口国国内市场价格上涨，起到保护本国市场和生产的作用

一般来说，在一定条件下，进口数量限制对价格的影响程度是不同的。进口国的国内需求量越大，外国商品进口限制的程度越大，其国内市场价格上涨的幅度将越大；进口国国内需求弹性越大或国内供给弹性越大，其国内市场价格上涨的幅度将越小。

进口数量限制等措施导致价格的上涨，称为进口国同类产品生产的“价格保护伞”，在一定条件下起到保护和促进本国有关产品生产和市场的作用。但是，由于国内价格上涨，使得进口国消费者的支出增加，蒙受损失，而有关厂商，特别是资本主义的垄断组织中获得高额利润。同时，随着国内市场价格上涨，其出口商品成本与价格也将相应提高，削弱出口商品竞争能力。为了扩大出口，资本主义国家采取出口补贴等措施来鼓励出口，这将增加国家预算支出，加重人民的税赋负担。

## 三、非关税壁垒对出口国的影响

非关税壁垒会造成出口国的出口量下降，出口价格下跌，影响出口产品的生产。

由于各出口国的经济结构和出口商品结构不同，各种出口商品的供给弹性不同，其出口商品受到非关税壁垒措施的影响也不同。通常，发展中国家或地区出口商品的供给弹性

较小，发达资本主义国家的出口商品的供给弹性较大，因此，发展中国家或地区蒙受非关税壁垒限制的损失超过发达资本主义国家。

发达资本主义国家还利用非关税壁垒对各出口国实行歧视性待遇，使得各出口国受到的影响也有所不同。例如，一国实行绝对进口配额，由于进口配额的方式不同，对各出口国的情况也将不同。如果进口国对某种商品实行全球配额，则进口国的邻近出口国就处于较有利的地位，可能增加该种商品的出口，而距离较远的国家就可能减少该种商品的出口。如果进口国对某种商品实行国别配额，若配额采用均等分配法，则实施配额前出口较多的国家，可能减少该种商品的出口，而出口较少的国家，可能增加该种商品的出口；若配额参照过去的出口实际按比例分配，则各出口国所分配的新额度会有所不同；若配额按双边协议分配，各出口国的新配额也将有所差异。发达资本主义国家的出口利益。在非关税壁垒日趋加强的情况下，发达资本主义国际一方面采取报复性和歧视性的措施限制商品的进口，另一方面采取各种措施鼓励商品的出口，从而进一步加剧了它们之间的贸易摩擦和矛盾。

## 拓展阅读

### 贸易保护主义再抬头"国家安全"成新借口

日前，美国众议院情报委员会发布报告称，华为和中兴通讯(以下简称中兴)可能威胁美国国家通信安全。该委员会在报告中表示，这两家公司未能配合这一长达一年的调查，也未能解释它们在美国的商业利益以及与中国政府的关系。报告称："根据可用的机密和非机密信息，我们不能相信华为和中兴未受外国政府影响，也不能相信他们不会对美国和美国的系统构成安全威胁。"报告还指出，应当禁止华为和中兴参与美国市场的电信设备业务。

专家称，美国司法一直强调"疑罪从无"，但在华为中兴事件上，不但提前假设"有罪"，而且在找不出证据的前提下判为"或许有"，"不排除"威胁国家安全，显示了美国贸易保护主义抬头的真实动机。

对于美国众议院的刁难，华为和中兴都表示，自身的产品并不存在威胁美国国家通信安全的地方。中国外交部发言人洪磊也指出，中国电信企业按照市场经济原则开展国际化经营，其在美国投资体现了中美经贸关系互利共赢的性质。希望美国会尊重事实，摒弃偏见，多做有利于中美经贸合作的事，而不是相反。就连英国的《经济学家》也刊文指出，美国打出安全牌，无疑涉及经济利益和保护主义，以及政客的需要。

**华为、中兴在美屡遭歧视**

自 2011 年 2 月开始，美国国会就对华为和中兴进行调查，以确定它们的产品和服务是否威胁了美国的国家通信安全。2012 年的 9 月 13 日，美国众议院举行听证会，就所谓的"威胁美国国家安全"接受质询。华为和中兴分别派出高级副总裁丁少华和高级副总裁朱进云参加听证会，这也是中国企业首次在美国国会参加此类听证会。在这次听证会上，华为和中兴的代表都表示，公司并没有受到中国政府的影响、得到了特殊待遇或是对美国通信安全构成威胁。

但是，华为、中兴的辩护，以及罗列的一系列事实，并没能改变美方的态度。美国众议院情报委员会发布报告，称华为中兴的产品和服务威胁到美国国家通信安全，这一报告也预示着这轮调查已经得出最终结论。

针对美国众议院情报委员会的指控报告，华为发言人表示："华为是一家在全球获得信任并受人尊敬的企业，在全球将近 150 个市场与 500 多家运营商展开了合作，包括除南极洲以外每个大陆的全国性运营商。我们产品的安全性和信誉都已经得到世界的证明，这是事实。"

中兴则回应称，这起调查将西方大型厂商排除在外，美国国会应当扩大调查范围，而不应只针对中国电信设备制造商。中兴表示，自 2012 年 4 月，已用事实向美国众议院情报委员会证明中兴是中国独立的、透明的、致力于全球贸易的上市公司。在中兴提供给所有美国运营商的可信赖交付模型里，中兴设备是由一个独立的受美国政府监督的美国安全评估实验室进行评估的。

其实，这不是华为、中兴等中国通信企业首次遭到美国的歧视。

2008 年，华为计划收购美国网络设备厂商 3COM 公司，最终美方以国家安全为由阻止了这一收购；2010 年，华为竞购 2Wire 公司、摩托罗拉移动网络部门，也未能获得美方批准；2011 年，华为收购美国通讯技术 3Leaf 公司，最终也功亏一篑；美国联邦调查局近期正对中兴展开刑事调查，认为中兴有可能向伊朗出售违禁的美国电信设备……

**大选之年的国家安全牌**

在经济不景气的背景下，加大贸易保护力度，就成为美国、欧盟等发达经济体常用的手段。美国此前对中国新能源产业开展的"双反"调查并开出惩罚性关税罚单，就是美国贸易保护主义抬头的标志之一。如今美国正在进行激烈的总统大选，用贸易保护来争取选票，更是屡试不爽的手段。

进行贸易保护，打国家安全牌无疑是最佳借口。就在 2012 年 9 月 28 日，美国总统奥巴马以"威胁美国国家安全"为由，签发行政命令禁止 Ralls 公司在美国俄勒冈州一军事基地附近兴建四个风电场，并要求 Ralls 公司在 90 天之内从该项目中撤出全部投资。Ralls 公司是中国工程机械龙头企业三一集团的关联公司，在美从事风电业务的投资与建设，与三一重工公司没有隶属关系，也不是三一重工的子公司。10 月 1 日，Ralls 公司将美国总统奥巴马告上了法庭，认为美国总统的行为"违法且未经授权"，且没能对其决定提供任何证据或解释。

此次，华为和中兴又被冠以"威胁美国国家安全"，再将经济问题政治化，其目的很明确，就是要用贸易保护主义措施，维护美国通信设备制造商的利益。瑞银证券副董事曹嘉骏就表示，"国家安全"只是幌子，在当前的经济形势下，贸易保护主义和政治体制需求才是上述行为最合理的解释。

市场研究机构 ABI Research 预计，2013 年美国网络基础设施支出或将出现增长的拐点，吸引了众多网络设备巨头来争食。华为、中兴这几年高速发展，市场竞争力显著提升，在全球网络设备市场的份额不断扩大，已经对思科、阿尔卡特朗讯等美国网络设备巨头造成巨大威胁。因此，这时候美国祭出所谓的"国家安全牌"，就是要阻止华为、中兴的产品进入美国市场，与美国企业抢市场。

资料来源：田志明. 南方日报，2012-10-09.

## 四、典型非关税壁垒的经济效应分析

### （一）技术壁垒经济效应分析

技术壁垒对进口国的影响体现在价格和产业保护上。若不考虑供求弹性的变化和供求量的变化，技术壁垒对进口国价格的影响是：当进口国采取的技术限制措施直接影响到进口数量时，进口国与出口国之间的价格差距会拉大。这是因为，进口数量受到控制后，超出范围的该种商品不准进口，这样当外国该种商品价格下降时，进口国对这种商品的进口数量不会增加，若此时国内生产数量无大变化，则国内外价格就会拉大差距。另外，若国外该种商品的价格没有下降，在限制进口引起进口国国内价格上涨时，由于进口国也不能增加进口以减缓价格的上涨，因此两国之间的价格差距也将会拉大。技术壁垒对进口产品价格形成的影响，使得本国消费者不能从这种价格变化中获得好处，因此，不能增进本国的社会福利。此外，技术壁垒还对进口国相关产业有一定的保护作用。通过规定许多极为严格的技术标准，能够实现保护本国工业发展的意愿，这将对进口国的产业结构产生一定的影响。

技术壁垒对于出口国具有数量和价格的双重控制机能：从静态角度考察，技术壁垒呈现为一种数量控制机制，即存在技术壁垒后，它能够对进口产品产生明显的数量控制作用；而从动态角度考察，技术壁垒则呈现出由"数量控制—价格控制—数量控制"这一循环变化的过程。具体来说，技术进步的发展必然导致进口产品对技术壁垒的跨越，而进口产品要跨越技术壁垒，必须依据技术壁垒的规定，改进产品质量，提高技术水平，或者改进产品的包装，使之符合一国国内的技术标准、规定或者法规。而这些改进需要进行新的投资，因此会使得改进后的产品具有更高的成本。这必然削弱产品出口的比较优势，因此跨越技术壁垒是以进口产品提高成本即提高产品的销售价格作为代价的，从而影响到产品的竞争力，并使其销售利润下降，因此此时的技术壁垒则可以说是一种比较典型的价格控制机制。当所有产品都满足技术标准的要求后，技术壁垒的数量控制机制将不复存在，随着技术创新的深入，进口国又会出现新的技术标准，因此会形成新一轮的数量控制机制。技术壁垒一旦形成或发生变动后，就会通过自身所具备的双重控制机制发生作用，从而对进口产品产生影响，进而影响进口国产业结构和经济结构。与此同时，对本国的产业结构和经济结构也会产生影响。

### （二）环境壁垒经济效应分析

环境壁垒的实施，对于进口国能够起到很强的贸易保护作用。各种环保措施实施的初衷是为了防止环境倾销。环境倾销也称生态倾销，即一国的环境标准低于其他国家，通过这种方式竞争，相当于该国政府减少了国内厂商的生产成本，因此会产生不公平的竞争。进口国以保护环境为名，对一些污染环境影响生态环境的进口产品课以进口附加税，或者限制、禁止其进口，甚至实行贸易制裁。它们认为根据谁污染谁治理原则，污染者应彻底治理污染并将所有治理费用计入成本，也就是使环境资源成本内在化，否则是进行生态倾销。从这方面来说，环境壁垒消除了由于进口国的环境保护标准高于出口国，而造成的高生产成本。但另一方面，进口产品价格的提高，又降低了本国消费者的社会福利水平。

环境壁垒的实施，对出口国同样会产生重要影响。各种环保措施的广泛使用，一方面有利于改善出口国的生态环境；另一方面过高的标准、过度的使用也严重制约了许多按现有方法生产的产品，促使各国进一步调整和优化产业结构，并使得有利于环境的产品获得巨大的发展机会。那些不利于环境和人类健康的产品将会逐渐停止生产，初级产品的比重也会进一步降低。劳动密集型和资源密集型产品在国际贸易的地位将日益让位于技术密集型和知识密集型产品。环境成本内在化的实施改变了跨国公司等直接投资者的领域，资本将从高环境成本的行业抽出而投向低环境成本或无环境成本的行业和地区，从而引发跨国公司以规避环境成本为目的的资金流动。

环境壁垒还会对发展中国家的出口产品结构、出口产品市场范围和出口产品成本和企业经济效益产生很强的影响。发展中国家由于经济相对落后，产品科技含量低，因此，工业制成品在国际市场上缺乏足够的竞争优势，再加上发达国家制定一系列过高的工业安全标准，防污标准，技术标准，必将大大增加发展中国家出口产品的成本，进而影响其出口产品的结构。因此发展中国家的出口市场在环境壁垒的冲击下，面临缩小的可能。在出口产品成本和企业经济效益方面，环境壁垒的制定实施必然会涉及产品从生产到销售乃至报废处理的各个环节。而各种检验、测试、认证和技术鉴定等实施，以及在包装、装潢、标签、广告等方面的要求，又必将导致出口产品的各种中间费用和附加费用的上升。这将导致发展中国家出口产品的价格优势减弱，进而大大影响产品的国际竞争力。

## 思考与实训

1. 第二次世界大战之后，意大利政府曾规定某些商品不管从任何国家进口，必须先向中央银行交纳相当于进口值半数的现款押金，并无息冻结 6 个月。请分析这种情况属于哪种非关税壁垒？

2. 美国 FDA 要求大部分的食品必须标明至少 14 种营养成分的含量，仅仅是在这一领域处领先地位的美国制造商就为此每年要多支出 10.5 亿美元。请分析这种情况属于哪种非关税壁垒？

3. A 国从 2013 年起对来自 B 国的呢绒实施配额管理，年度配额是全毛精纺 200 万平方米，混纺呢绒 150 万平方米，超过上述配额就要征收高关税。请分析此种方法属于哪种配额？

4. 日本政府规定，政府机构需要用的办公设备、汽车、计算机、电缆、导线等不得采购外国商品。请分析这种情况属于哪种非关税壁垒？

5. 20 世纪 60 年代中期，美国迫使香港实行纺织品“自动”出口限额。香港企业考虑到当时新加坡向美国出口纺织品还不受配额限制，都纷纷去新加坡投资设厂。后来新加坡也被迫规定出口限额时，这些公司又转移到不受配额限制的泰国和马来西亚投资设立子公司，继续向美国出口。请分析出口企业是如何回避“自动”出口配额的？

6. 根据我国商务部关于《2013 年进口许可证管理货物分级发证目录》的公告。2013 年实行进口许可证管理的货物共两种，由商务部配额许可证事务局(以下简称许可证局)和商务部授权的地方商务主管部门发证机构(以下简称地方发证机构)负责签发相应货物的许可证。许可证局负责签发重点旧机电产品的进口许可证；地方发证机构负责签发消耗臭氧层物质的进口许可证。在京中央企业的进口许可证由许可证局签发。消耗臭氧层物质的进口许可证实行“一批一证”制。发证机构应严格按照《货物进口许可证管理办法》《重点旧机电产品进口管理办法》《2013 年进口许可证管理货物目录》《进口许可证签发工作规范》等有关规定签发进口许可证。

假设你所在的公司需要进口旧机电产品，首先要获得什么外贸管理证件才能进口？这项公告的宣布对你所在的公司有何影响？

# 7 项目七 认知鼓励出口措施

## 学习目标

**知识目标**

⊙掌握直接出口促进措施。

⊙熟悉经济特区措施。

⊙了解出口措施的经济效益。

**能力目标**

⊙能够分析不同的措施对出口的鼓励效果。

## 导入案例

由于中国大陆极为丰富的劳动力资源和较为低廉的劳动力成本，加上中国政府改革开放、吸引外资的优惠政策，中国已经成为国际制造业发展最为迅速的国家。这就使得许多境外知名企业把生产厂址设在中国大陆。同时，为了提高经济效益，获得最大的生产能力，企业将产品的零部件分别由不同厂商生产。

生产厂商各自负责一道生产环节，同时每道环节以其生产的产品又为下一道生产环节提供原材料，最后一道环节才生产出最终产品。因此，如何使每道环节都充分享受到国家的优惠政策就成为企业税收筹划中十分重要的问题。对上道环节厂商而言，如果下道环节厂商也在境内，按常规做法，其销售行为应确认为国内销售，应按国内销售的规定，计算销项税额，缴纳增值税。即使最终产品主要用于出口，上道环节厂商也不能够享受出口退税的优惠政策，其进口的原材料，也不能够根据“进料加工复出口”的相关政策在进口环节按“进口料件”免缴关税、增值税。这就使得货物“香港一日游”现象产生。

香港，作为一个自由贸易港，对任何货物的出入港、对任何货物在港内的销售，都不征收关税和增值税，而仅对公司利润征收16.5%的公司利得税。如果把上道环节厂商的产品先出口运送到香港，再由香港进口转运到下道环节的厂家，上道环节厂家就可以享受出口退税的优惠政策，下道环节的厂家也可以以"进料加工复出口"或者"来料加工"的名义向海关申请免税，为企业带来税收利益。投资者所需要做的事情仅仅是在香港注册成立一个公司而已。而且采取这种办法所得到的税收利益还不仅仅如此。货物通过"香港一日游"，企业还能采用"转让定价"的方式将一部分利润转移到香港或者其他国家，使境内企业推迟进入"获利年度"，从而增加享受减免所得。在税务筹划人士的策划下，一场规模浩大、轰轰烈烈的货物"香港一日游"正在香港与大陆之间进行着，大量货物出口到香港，不拆箱又重新进口，返回到大陆。这种现象，促进了运输业的繁荣，却导致企业的效率降低、成本增加，并且造成了社会资源的巨大浪费。

通过物流中心进行进出口贸易，已经完全可以替代货物"香港一日游"。如今，已有一批企业通过此法受益。如上海某大型外商投资生产企业原来每天要发出400个集装箱的货物参加"香港一日游"，每个集装箱需支付运费1万余元，现通过外高桥物流园区进行操作，节省运费70%。

对政府来说，当然也有收获。既然一些企业仍通过将货物进行"香港一日游"来节税，还不如因势利导，建立保税物流中心(B型)，将一部分企业因"转让定价"而转移的利润留在物流中心内，这样可以减少企业所得税的流失。对企业而言，由于外高桥物流园区执行浦东新区15%的企业所得税优惠税率，低于香港16.5%的公司利得税税率，也有利润可图。更重要的是，企业同样得到了货物"香港一日游"所能带来的全部税收利益。

资料来源：徐海燕. 香港一日游和保税物流中心.

## 任务一 鼓励出口措施的种类

### 导入案例

**海外风险致企业报损创历史新高　出口信用保险成海外交易利器**

面对全球经济复苏乏力、广东外贸出口持续承压的严峻形势下，海外新兴市场风险大增，记者从中国出口信用保险公司广东分公司(以下简称广东信保)获悉，企业年度报损创历史新高，但另一方面得益于出口信用保险的政策杠杆作用，在其支持下的广东(不含深圳)出口企业数量同期翻倍增长。

据了解，出口信用保险2015年在发挥出口信用保险政策性作用、提高出口企业竞争力上，发挥了极大作用，全年累计支持广东企业实现交易622.7亿美元，同比(下同)增长4.2%，服务企业10 174家，增长126.9%。在信用保险覆盖面扩大的同时，2016年平均费率下降了10%，有效减轻了企业的经营负担。

2016 年同时也是海外信用风险高企的一年，记者了解到，由于海外新兴市场的风险加剧，尤其是政治风险，广东省企业年度报损金额达到了创历史新高的 45.35 亿元，增长 42.1%。广东信保努力提高理赔效率和追偿能力，全年累计向企业支付赔款 8.32 亿元，增长 1.2%；为企业追回海外欠款 16.56 亿元，增长 57.46%。强有力的理赔和追偿，不仅帮企业挽回了经济损失，而且帮企业留住了客户和订单。

此外，广东信保通过承保政策的引导和授信额度的倾斜，为企业自主品牌参与全球市场竞争提供更多风险保障，支持企业向研发、品牌、营销型转变。以家电行业为例，随着以美的、格力、格兰仕等为代表的广东省家电企业积极推行海外发展战略，广东信保实施了美的巴西分公司、格力印尼代理、海信集团意大利代理承保等经典案例，2016 年为广东省家电企业承保共计 157.85 亿美元，同比增长 13.26%，大大提升了企业竞争力。

资料来源：程行欢．海外风险致企业报损创历史新高　出口信用保险成海外交易利器．

**思考：**分析出口信用保险为出口企业带来了哪些好处？

## 一、出口信贷

出口信贷(export credit)是一个国家为鼓励本国产品出口，增强商品的竞争力，通过给予利息补贴并提供信贷担保的方法，鼓励本国银行对本国出口厂商或国外进口厂商(或进口方银行)提供低利息贷款。以此来解决本国出口商资金周转的困难，或满足国外进口商对本国出口商支付货款需要的一种融资方式。

即卖方同意买方在收到货物后可以不立即支付全部货款，而在规定期限内付讫由出口方提供的信贷，且利率低于同等条件下贷放的市场利率，因为由国家补贴了利差。关于期限，将 1～5 年的出口信贷列为中期，将 5 年以上者列为长期。中、长期出口信贷大多用于金额大、生产周期长的资本货物，如机器、船舶、飞机、成套设备等。

目前，办理出口信贷融资业务的除官方的专门机构中国进出口银行外，还有中国银行、中国建设银行、中国工商银行、国际发展银行等商业性银行。各家银行提供的出口信贷主要都是为促进我国资本性货物船舶、机电产品和高新技术产品的出口。

出口信贷一般按照贷款对象进行划分，分为卖方信贷和买方信贷。

### (一) 出口卖方信贷

出口卖方信贷是出口方银行向本国出口商提供的商业贷款。出口商(卖方)以此贷款为垫付资金，允许进口商(买方)赊购自己的产品和设备。出口商(卖方)一般将利息等资金成本费用计入出口货价中，将贷款成本转移给进口商(买方)，如图 7-1 所示。

一般做法是在签订出口合同后，进口方支付 5%～10%的定金，在分批交货、验收和保证期满时再分期付给 10%～15%的货款，其余的 75%～85%的货款则由出口厂商在设备制造或交货期间向出口方银行取得中、长期贷款，以便周转。在进口商按合同规定的延期付款时间付讫余款和利息时，出口厂商再向出口方银行偿还所借款项和应付的利息。所以，卖方信贷实际上是出口厂商由出口方银行取得中、长期贷款后，再向进口方提供的一种商业信用。

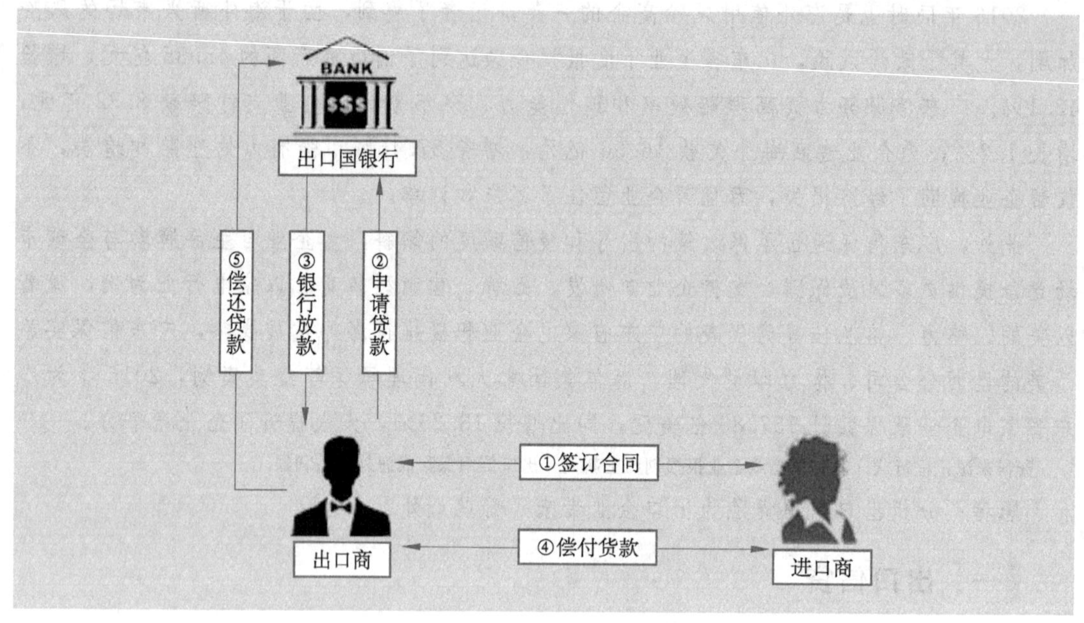


图 7-1　出口卖方信贷流程

## (二) 出口买方信贷

出口买方信贷是出口国政府支持出口方银行直接向进口商或进口商银行提供信贷支持，以供进口商购买技术和设备，并支付有关费用。出口买方信贷一般由出口国出口信用保险机构提供出口买方信贷保险。出口买方信贷主要有两种形式：一是出口商银行将贷款发放给进口商银行，再由进口商银行转贷给进口商；二是由出口商银行直接贷款给进口商，由进口商银行出具担保，如图 7-2 所示。

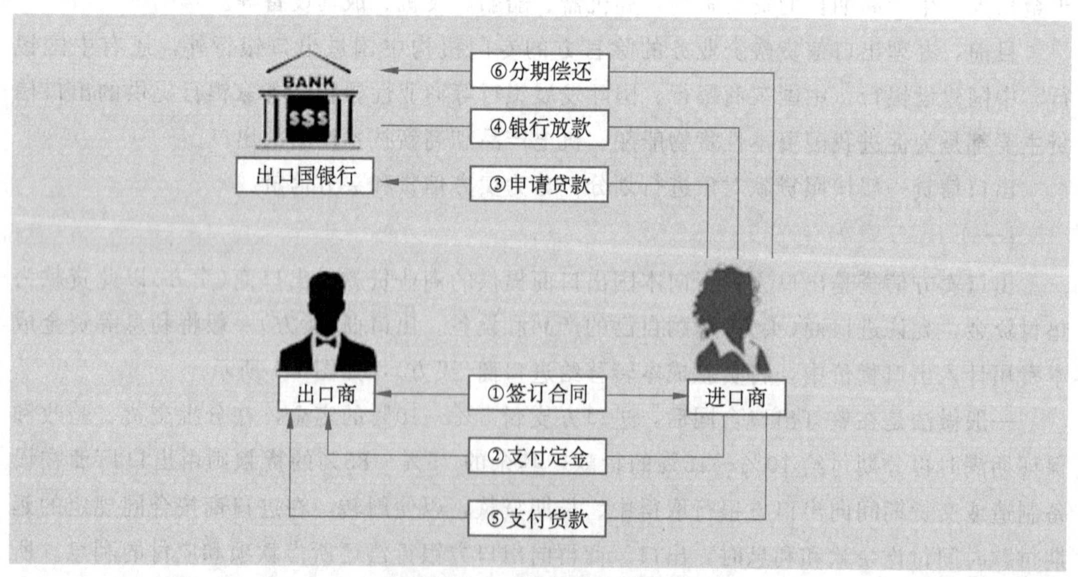


图 7-2　出口买方信贷流程

出口方银行直接向进口商提供的贷款，而出口商与进口商所签订的成交合同中则规定为即期付款方式。出口方银行根据合同规定，凭出口商提供的交货单据，将货款付给出口商。同时记入进口商偿款账户内，然后由进口方按照与银行订立的交款时间，陆续将所借款项偿还出口方银行，并付给利息。所以，买方信贷实际上是一种银行信用。

## 拓展阅读

### 中国出口信用保险公司追踪一起深加工结转追偿案件

2007年1月，A公司以OA-90天(付款方式：付款交单(D/P)、承兑交单(D/A)、赊账(OA))的支付方式向广东某深加工买家B工厂销售货物，发票总金额31万美元，B工厂支付5万美元货款后，拖欠余款26万美元。2007年4月16日，B工厂向A公司出具“还款协议”，确认将于2007年5—7月分三期偿还所有拖欠款项，但未能如约付款。由于投保了出口信用保险，A公司于2007年6月就其应收账款损失26万美元向中国出口信用保险公司(以下简称中国信保)提出索赔申请，并委托中国信保调查追讨。

接受委托后，中国信保的律师立即展开了对买方的调查和追讨工作，经实地考察发现B工厂已不再经营。在明确了中国信保的追讨意图后，B工厂授权的律师要求到访人员出示公章和应付款凭证原件进行身份审核。在完成身份审核后，B工厂的律师立即拿出了已事先盖章备好的协议书，要求追讨人员签字。根据该协议规定，20万美元以上的欠款按25%比例一次性清偿，10天内还清，对不同意该和解协议的债权人，B工厂不再与其协商。中国信保拒绝了B工厂单方提出的“霸王条款”，非诉追讨已无法继续推进。

中国信保对B工厂的企业工商注册信息和信用状况进行了调查：B工厂为“三来一补”企业，不具备独立的法人资格，而投资方为台湾公司C。考虑到对B工厂进行诉讼后可供执行的财产十分有限，且国内的胜诉判决在台湾地区执行也有存在较大障碍，中国信保遂将追讨对象转为B工厂的台湾母公司C。

中国信保的台湾合作伙伴与C公司取得联系后，C公司表示对B工厂与A公司之间的交易一无所知，并反馈目前C公司的大量应收账款无法收回，运营资金链断裂，根据目前的财务状况，只能分18个月打5折还款，了结全部债务。为更加准确地掌握C公司的实际偿付能力，中国信保对C的资产结构进行了调查，发现C公司在彰化商业银行股份有限公司有1 330万台币的抵押贷款已到期，且在美国、中国香港、韩国有3笔总计90万美元的应收账款无法收回。

获悉此重要财务信息后，中国信保立即向C公司提出了新的债务解决方案，即在C公司同意将拖欠款项对应金额50%的应收账款转让给A公司的前提下，接受C公司提出的对剩余50%欠款分18个月清偿的还款方案。但C公司拒绝了这一和解方案，称回收的应收账款应首先偿还银行的抵押贷款。为了进一步向C公司施压，追账机构随即向C公司表示要对其提起诉讼。C公司立即反馈，最近正处于产品销售旺季，两周内会有大量资金回笼，待收回货款后立即偿还对A公司的债务，目前中国信保正密切跟踪C公司的还款情况。

资料来源：中国出口信用保险公司短期业务理赔追偿部. 国际贸易与出口信用保险案例集[M]. 北京：中国商务出版社，2008.

## 二、出口信贷国家担保制

出口信贷国家担保制(export credit guarantee system)是指国家为扩大出口，对于本国出口厂商或商业银行向外国进口厂商或银行提供的信贷，由国家设立的专门机构出面担保。当外国债务人不能按时付款或拒绝付款时，国家机构即按照承保的数额给予补偿。

由于中长期对外贸易信贷偿还期限长、金额大，发放贷款的银行存在着较大的风险，为了减缓出口国家银行的后顾之忧，保证其贷款资金的安全发放，国家一般设有信贷保险机构，对银行发放的中长期贷款给予担保，即出口信贷与国家担保制配套使用。

在项目上，出口信贷国家担保承保商业保险公司所不承担的出口风险，主要有两类：一是政治风险，包括由于进口国国内发生的政变、战争、革命、暴乱以及出于政治原因而实行的禁运、冻结资金、限制对外支付等给出口商或出口国银行带来的损失；二是经济风险，包括由于进口商或进口国银行破产倒闭，或无理拒付，或由于汇率变动异常及通货膨胀等给出口商或出口国银行造成的损失。

在承保金额上，一般为贸易合同金额的75%～100%；在期限上，出口信贷国家担保的期限分为短、中、长期。短期一般是6个月左右，中长期担保时限为2～15年不等。

出口信贷国家担保制是一种国家出面担保海外风险的保险制度，收取费用一般不高，随着出口信贷业务的扩大，国家担保制也日益加强。

## 三、出口补贴

出口补贴(export bounty)又称出口津贴，是一国政府为了降低出口商品的价格，增加其在国际市场的竞争力，在出口某商品时给予出口商的现金补贴或财政上的优惠待遇。政府对出口商品可以提供补贴的方法很多，但就形式而言，可分为直接补贴和间接补贴。

### (一) 直接补贴

直接补贴是指政府在商品出口时，直接付给出口商的现金补贴。其目的是为了弥补出口商品的国际市场价格低于国内市场价格所带来的损失。有时候，补贴金额还可能大大超过实际的差价，这已包含出口奖励的意味。这种补贴方式以欧盟对农产品的出口补贴最为典型。

### (二) 间接补贴

间接补贴是指政府对某些商品的出口给予财政上的优惠。如退还或减免出口商品所缴纳的销售税、消费税、增值税、所得税等国内税，对进口原料或半制成品加工再出口给予暂时免税或退还已缴纳的进口税，免征出口税，对出口商品实行延期付税、减低运费、提供低息贷款、实行优惠汇率以及对企业开拓出口市场提供补贴等。其目的仍然在于降低商品成本，提高国际竞争力。

长期以来，各国政府为了国内经济发展或其他政策的需要，或者为了促进出口，在不同的时期对不同的行业或产品实行补贴，这已经成了一种普遍的现象。一国政府有权采取它认为适当的任何政策促进国内经济发展和提高人民的生活水平，其他国家本来是无权干涉的，然而，一旦这些在国内接受了补贴的商品，以更低的价格进入他国，影响了进口国的经济，则问题就不那么简单了。在国际贸易中，补贴与反补贴措施问题一直是一个复杂棘手、争议颇多的问题。

**拓展阅读**

美国向 WTO 投诉中国出口补贴　金额达数十亿美元

据路透社报道，美国政府周三(2015 年 2 月 11 日)就中国出口补贴问题向 WTO 提起诉讼，中国政府这些补贴金额高达数十亿美元，补贴范围从钢铁到鱼虾范围广泛。这是奥巴马政府为加强贸易规则的实施而采取的措施之一，目的是为其与太平洋各国达成一项新的贸易协议的努力赢得支持。

美国政府周三提交的磋商请求函属于 WTO 贸易争端机制中的第一步。美国贸易代表称，中国政府通过一种“示范基地”模式进行补贴。基地内中国企业既获得免费或有补助的服务，又享受现金奖励及其他补贴，这些中企产品从该体系中获得不公平的竞争优势。

美国贸易代表办公室(USTR)预测，中国示范基地内的出口企业过去三年获得中国政府超过 10 亿美元的补贴及服务。其中一些公司每年获补贴不少于 63.5 万美元。

一位美国贸易代表办公室官员称，16 家示范基地中的纺织品企业，在 2012 年就出口了 330 亿美元的商品。而中国全境有 179 家此类“示范基地”。示范基地项目还覆盖化学品、医药制品、金属以及五金等产品。

路易斯安那州的共和党议员 Charles Boustany 表示，来自中国不公正补贴的虾类影响到上千路易斯安那家庭的生计。加利福尼亚民主党议员 Jim Costa 称，中国的出口补贴对加州农民影响巨大。

据中国政府文件显示，“示范基地”是政府推出的一种由地方官员为小型出口商提供补贴的计划，其重点针对的行业包括汽车部件、科技和农业等。文件称，中国商务部从 2010 年开始培育这种计划，将其作为支持中国小型出口商的方法之一。

美国钢铁工人联合会表示，此举有助于建立更公平的中美竞争环境，美国钢铁工人就业已受到中国补贴政策的威胁。

路透尚无法取得中国官员的回复。依程序，中方需 10 日内回应美方磋商请求。

资料来源：美国向 WTO 投诉中国出口补贴　金额达数十亿美元. 网易财经.

## 四、商品倾销

商品倾销(dumping)是指企业在控制国内市场的条件下，以低于国内市场的价格，甚至低于商品生产成本价格，在国外市场销售产品。其目的在于击败竞争对手，夺取市场，扩大或垄断某种产品的销路，甚至还是打击进口国相同或类似产品的生产商及产业的一种手段。

这种通过不正当的贸易手段在激烈的国际贸易竞争中获取优势，并损害进口国的利益。进口国会采取的对抗措施，即反倾销。由于倾销行为的诸多危害，它给正常国际贸易关系带来的危害是不可小视的，所以各国都通过制定反倾销法抑制和对抗倾销行为。1994年，关贸总协定乌拉圭回合谈判达成的《关于实施 1994 年关税与贸易总协定第六条的协议》(简称《反倾销协定》)是目前最具权威的国际反倾销法。

按照倾销的具体目的，商品倾销可以分为偶然性倾销、间歇性或掠夺性倾销和长期性倾销三种形式。

### (一) 偶然性倾销

偶然性倾销指因为本国市场销售旺季已过，为处理积压库存，以较低的价格在国外市场上抛售。由于此类倾销持续时间短、数量小，对进口国的同类产业没有特别大的不利影响，进口国消费者反而受益，获得廉价商品，因此，进口国对这种偶发性倾销一般不会采取反倾销措施。

### (二) 间歇性或掠夺性倾销

间歇性或掠夺性倾销是指以低于国内价格或低于成本价格在国外市场销售，达到打击竞争对手、形成垄断的目的。待击败所有或大部分竞争对手之后，再利用垄断力量抬高价格，以获取高额垄断利润。这种倾销违背公平竞争原则，破坏国际经贸秩序，故为各国反倾销法所限制。

### (三) 长期性倾销

长期性倾销是指无期限地、持续地以低于国内市场的价格在国外市场销售商品。

## 拓展阅读

**中国连续 21 年成为全球遭遇反倾销调查最多国家**

中国已连续 21 年成为全球遭遇反倾销调查最多的国家，连续 10 年成为全球遭遇反补贴调查最多的国家。今年以来，针对中国产品的反倾销、反补贴等贸易救济调查更如疾风骤雨般到来，平均每月超过 10 起，差不多三天一起。

为什么针对中国的贸易救济调查愈发频繁？又是哪些国家在利用贸易保护措施屡屡向中国产品“出手”?

统计显示，上半年，我国出口产品遭遇了来自 17 个国家(地区)发起的 65 起贸易救济调查案件，同比上升 66.67%，涉案金额 85.44 亿美元，同比上升 156%。而去年同期，只有 37 起，涉案金额 35 亿美元。仅仅半年，65 起贸易救济调查涉案金额已超出去年全年总额。进入 7 月份，针对中国的贸易救济案大有不降反增的势头。

自 7 月 1 日土耳其对中国进口的光伏产品发起反倾销调查后，先后有印度对华彩涂板发起反倾销调查，美国商务部对原产于中国的不锈钢板带材作出补贴调查初裁，美国就中国对锑、钴、铜、石墨、铅、镁、滑石、钽和锡 9 种原材料的出口关税措施提起世贸组织争端解决机制下的磋商请求，越南对中国彩涂钢板发起保障措施调查，巴西对华高碳钢丝产品发起反倾销调查，欧盟就中国对锑、铬、钴、铜、石墨、铟、铅、镁、滑石、钽和锡 11 种原材料的出口关税和出口配额及相关管理措施提起世贸组织争端解决机制下的磋商请求，美对华大型洗衣机做出反倾销初裁。

从数据来看，又以遭受反倾销调查为最多。

在上半年的 65 起贸易救济调查案中，反倾销案件达 46 起，占比约 70.8%。在 2015 年、2014 年和 2013 年，反倾销案在总案件数中的占比分别为 73.5%、60%和 69.4%，均高出反补贴和保障措施的案件。

以国别看，据商务部发言人沈丹阳披露，上半年，美国和印度成为对中国发起贸易救济调查最多的国家，立案数量分别达 18 起和 15 起，同时，涉案金额最多的国家也是美、印两国。

为何今年来贸易摩擦突然激增？对外经贸大学 WTO 研究院院长屠新泉告诉记者，这与全球经济和整体市场形势的恶化有关。由于需求的普遍缺乏，大家都在争夺有限的市场。在彼此激烈的竞争中，各国使用贸易保护主义措施的意愿和频率也就会更强烈。

“今年是美国的选举年，中国一直是美国两党在竞选阶段的一张牌，外加其国内经济增长承压，全球经济复苏乏力，美国在 WTO 下采取多种贸易救济措施，以减少外国商品进入美国市场。”商务部研究院美洲与大洋洲研究所研究员周密说。

周密认为，印度频频采用贸易救济措施，主要是为了获得国际市场竞争力和帮助本国产业发展。“在发展中国家里，印度较重视制造业和商品贸易的发展，与中国在国际市场的贸易结构较为接近。因此，两国产品的竞争就更激烈一些。此外，印度经济增速较快，也促使其需要努力拓展国际市场。”他如是分析。

资料来源：中国连续 21 年成为全球遭遇反倾销调查最多国家. 中国新闻网.

## 五、外汇倾销

外汇倾销(exchange dumping)是出口企业利用本国货币对外贬值的机会，争夺国外市场的特殊手段。当一国货币贬值后，出口商品以外国货币表示的价格降低，提高了该商品的价格竞争能力，从而实现扩大出口。

货币贬值意味着本国货币兑换外国货币比率的降低，在价格不变的情况下，出口商品用外国货币表示的价格降低，故提高了商品竞争能力；反之，进口商品用本国货币表示的价格则提高，故降低了进口商品的竞争能力。因此，可以起到扩大出口和限制进口的作用。

外汇倾销不能无限制和无条件地进行，只有在具备以下条件时，外汇倾销才可起到扩大出口的作用。

(1) 货币贬值的程度要大于国内物价上涨的程度。一国货币的对外贬值必然会引起货币对内也贬值，从而导致国内物价的上涨。当国内物价上涨的程度赶上或超过货币贬值的程度时，出口商品的外销价格就会回升到甚至超过原先的价格，即货币贬值前的价格，因而使外汇倾销不能实行。

(2) 其他国家不同时实行同等程度的货币贬值，当一国货币对外实行贬值时，如果其他国家也实行同等程度的货币贬值，这就会使两国货币之间的汇率保持不变，从而使出口商品的外销价格也保持不变，以致外汇倾销不能实现。

(3) 其他国家不同时采取另外的报复性措施。如果外国采取提高关税等报复性措施，那也会提高出口商品在国外市场的价格，从而抵消外汇倾销的作用。

## 六、经济特区措施

经济特区措施是指一个国家或地区在其关镜以外所划出的一定的特殊经济区域。在这个经济区域内，通过实行更加灵活开放的政策和措施，用降低土地价格、减免关税、放松海关管制和外汇管制、提供各种服务等优惠措施，吸引外国货物，发展转口贸易，或鼓励和吸引外资，引进先进技术，发展加工制造业，以达到开拓出口贸易、增加外汇收入，促进本国或本地区经济发展的目的。各国或地区设置的经济特区名目较多、规模不一，但经济特区的基本类型主要包括以下几种。

### (一) 跨境电子商务园区

近年来，我国跨境电子商务发展迅速。跨境电子商务的增速明显超过外贸增速，成为拉动中国外贸增长的重要力量。通过“互联网＋外贸”发挥我国制造业大国优势，实现优进优出，促进企业和外贸转型升级，用新模式为外贸发展提供新支撑。目前，国内跨境电商试点城市、综试区，以及业内热传的申报城市集中在我国的东中部。全国首个“跨境电子商务综合实验园区”在杭州建立，其中的“六体系两平台”值得推广。

#### 1. 六体系

信息共享体系：实现企业、金融机构、监管部门信息互通，企业一次申报，相关部门即可共享信息。

金融服务体系：鼓励金融机构，第三方支付机构、第三方电商平台、外贸综合服务企业之间规范的开展合作，为真实交易的跨境电商及贸易提供一站式金融服务。

智能物流体系：通过物联网、大数据等技术和物流信息凭条，构建物流智能信息系统、仓储网络系统和运营服务系统等，实现物流供应链全过程可验可测可控。

电商信用体系：指建立跨境电商信用数据库和信用评级、信用监管、信用负面清单系统，解决跨境电商商品的假冒伪劣和商家不诚核心问题。

统计监测体系：建立跨境电商大数据中心和跨境电商系统监测体系，完善跨境电子商务统计方法。

风险防控体系：指建立风险信息的采集、评估分析、预警处置机制，有效防控综合试验区非真实贸易洗钱、数据存储、支付交易等风险。

#### 2. 两平台

单一窗口：坚持了一点接入的原则，与海关、检验检疫、税务、外汇管理、商务、工商、邮政等政府部门进行数据交换和互联互通。

综合园区：采取一区多园的布局方式，有效承接线上“单一窗口”的平台功能。

### （二）自由贸易区

自由贸易区是指在主权国家或地区的关境以外，划出特定的区域，准许外国商品豁免关税自由进出，在贸易和投资等方面比世贸组织有关规定更加优惠的贸易安排。实质上是采取自由港政策的关税隔离区。狭义仅指提供区内加工出口所需原料等货物的进口豁免关税的地区，类似出口加工区。广义还包括自由港和转口贸易区。

### （三）自由港

自由港是指全部或绝大多数外国商品可以免税进出的港口，划在一国的关税国境（即“关境”）以外。自由港又称自由口岸、自由贸易区、对外贸易区，这种港口划在一国关境之外，外国商品进出港口时除免交关税外，还可在港内自由改装、加工、长期储存或销售。但须遵守所在国的有关政策和法令。自由港依贸易管制情况分为完全自由港和有限自由港。自由港与保税区相似，其不同之处在于贸易优惠措施空间范围的不同。

自由港的范围大小不一，有的自由港包括港口及其所在城市地区，这种完整形态的自由港也称自由港市，如香港可称为自由港市。自由港市往往把港口的全部地区都辟为非关税区，外商可自由居留和从事有关业务，所有居民均享受关税优惠。有些自由港只包括港口和所在城市的一部分，不允许外商自由居留。如哥本哈根自由港和汉堡自由港。

### （四）保税区

保税区是海关所设置的或经海关批准注册的，受海关监督的特定地区和仓库，外国商品存入保税区内，可以暂时不缴进口税；如再出口，不缴纳出口税；如要运进所在国的国内市场，则需办理报关手续，缴纳进口税。

### （五）出口加工区

出口加工区是国家或地区划定或开辟的专门制造、加工、装配出口商品的特殊工业区，鼓励外国企业在区别投资设厂、生产以出口为主的制成品的加工区域。提供减免各种地方征税等优惠。出口加工区一般选在经济相对发达、交通运输和对外贸易方便、劳动力资源充足、城市发展基础较好的地区，多设于沿海港口或国家边境附近。

### （六）自由边境区

自由边境区仅见于拉丁美洲少数国家，一般设在本国的一个省或几个省的边境区，对于在区内使用的生产设备、原材料和消费品可以免税或减税进口。

### （七）过境区

沿海国家开辟一些海港、河港或国境城市作为过境区，简化海关手续，免征或只征小额过境费用。货物可以在区内作短期储存，重新包装，但不得加工。

### （八）多种经营的经济特区

多种经营的经济特区也称为综合性经营特区，是指一国在其港口或港口附近等地划出一定的范围，新建或扩建基础设施和提供免税收等优惠待遇，通过创造良好的投资环境，鼓励外国或境外企业在区内从事外贸、加工工业、农畜业、金融保险和旅游业等多种经营活动的区域，引进先进技术和科学管理方法，以达促进特区所在国经济技术发展的目的。我国改革初期设立的深圳、珠海、汕头、厦门经济特区就属于这一类。

## 任务二 鼓励出口措施的经济效益

### 导入案例

有人说出口补贴的结果会使得出口企业增加生产，增加出口量，从而减少国内消费，推动国内价格上涨。由于出口补贴使得出口比在国内销售更加有利可图，而且政府没有限制出口数量，企业为了追求最大的利润，当然要扩大生产，并尽量扩大出口。又由于补贴只是限定在出口商品，要想在国内市场获得同样的收入，除了提价别无他法。而国内涨价之后，消费需求自然减少。从另一个角度说，国内消费者也必须付出与生产者出口所能得到的一样的价格，才能确保一部分商品留在国内市场而不是全部出口。

**思考**：请用经济效益模型分析上面这段话是否正确？

出口补贴的经济效应可用图 7-3 表示，$S_x$、$D_x$ 代表该国对 X 商品的供求曲线，如果自由贸易时出口产品的国际价格为 $P_w$, 在没有补贴时，生产量为 $OQ_3$，国内需求量是 $OQ_2$，出口量 $Q_2Q_3$。

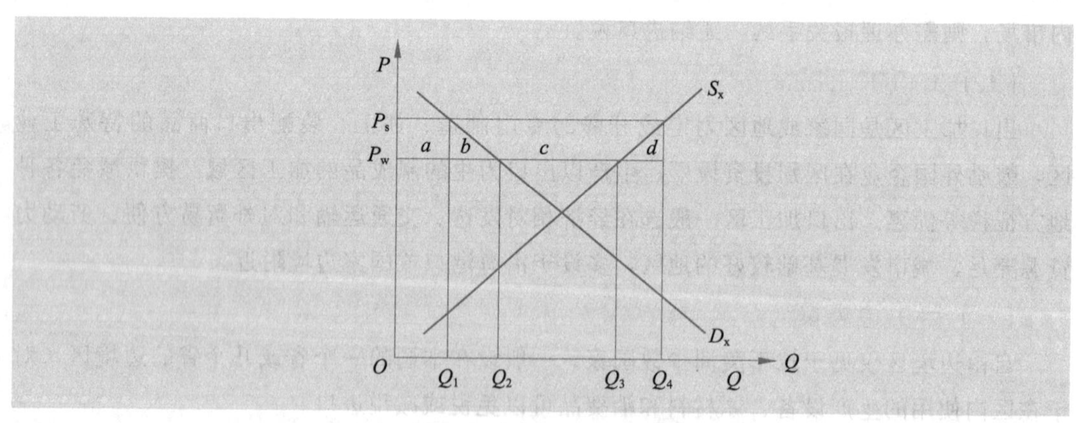


图 7-3 出口补贴的经济效应

如果该国政府(假设为小国家)对每单位商品的出口补贴为 $S$，对国内 X 的生产者和消费者而言，价格上涨到 $P_s$，在这一价格下，生产者愿意扩大生产量增加出口，新的生产量为 $OQ_4$，国内的需求量则因为国内市场的价格的上升而下降至 $OQ_4$，国内的需求量则因为国内市场价格的上升而下降至 $OQ_1$，供给在满足了国内需求之后的剩余 $Q_1Q_4$ 即为出口。由于国内价格上涨，消费者剩余减少面积($a+b$)，生产者上剩余增加面积($a+b+c$)。因政府又提供了面积($b+c+d$)的补贴，所以政府补贴与消费者损失之和减去生产者盈余后，整个社会仍发生净损失($b+d$)。

但是，如果受补贴方是个出口大国，出口补贴对其国内价格、生产、消费及社会利益虽然具有相同的经济效应，但程度有所不同，整个社会的净损失比小国实行补贴时要大，因此，对大国来说，使用补贴来刺激出口不明智。

从国际经济学的角度来看，出口补贴扭曲了商品在国际市场上的价格，虽然使得出口国的价格竞争获得优势，还会对进口国同类商品造成损害，但这种损害会同时发生在出口国，使得出口国的福利减少，不利于资源在世界范围内的有效配置。但从国际贸易的实践来看，不论是发达国家还是发展中国家，从国家利益出发，可适度地采用出口补贴政策：对于经济落后的发展中国家来说，给予某些出口工业制成品以适度的补贴，不仅可以减少其国际收支逆差，还有利于扶持国内幼稚产业的发展；而对于发达国家，补贴用于迫切需要发展的战略性产业。

## 思考与实训

1. 案例一

最近的中国轮胎出口市场噩耗连连。当地时间7月14日，美国国际贸易委员会就从中国进口的乘用车及轻卡车轮胎“双反”对美国产业是否造成实质性损害进行了投票，最终6名投票委员会3∶3的平局结果被视为肯定性裁决。

依照今年6月12日，美国商务部对中国产轮胎存在倾销和补贴行为的终裁，中国相关厂商将被征收14.35%～87.99%的反倾销税和20.73%～100.77%的反补贴税。作为中国轮胎的重要进口国，美国双反案这一结果将对国内轮胎行业带来巨大冲击。

除了向来对中“双反”最频繁的美国，不少亚非拉国家也开始加入贸易保护行列。7月6日，南非轮胎生产商召开商讨会，公开谴责泛滥的廉价进口轮胎产品，特别是来自中国的产品，并期望在今年9月之前向南非国际贸易管理委员会提交对中国轮胎反倾销调查申请。这是该行业第二次尝试让监管机构就中国廉价进口产品发起反倾销调查。

中国素有“世界轮胎工厂”的称号，但整个行业格局依旧呈现规模小、盈利能力低、抗风险弱的特点。中国橡胶工业协会的数据显示，我国乘用车及轻卡轮胎对美国市场的依赖度较高，中国轮胎产量的40%都要出口，其中美国占据了近三成份额。

国际上对中国轮胎的频繁“双反”已经使行业出口进入艰难期。卓创数据显示，2015年1—5月，小客车橡胶轮胎出口量为68.1万吨，较去年同期下滑23.8%，输美轮胎12.8万吨，较去年同期下滑40.7%。

至此，中国轮胎行业已经先后遭到澳大利亚、巴西、秘鲁、埃及、阿根廷、土耳其、南非、墨西哥、印度和美国等10多个国家发起的“双反”调查。

资料来源：搜狐新闻网.

**思考：**

（1）我国频遭反倾销反补贴调查的原因是什么？

（2）中国企业该如何应对调查？

2. 案例二

2013 年 9 月 27 日，国务院批复成立中国（上海）自由贸易试验区。

2014 年 12 月 26 日，党中央、国务院决定设立广东、天津、福建三个自贸区，并扩展上海自贸区的实施范围。

2015 年 4 月 20 日，国务院批复成立中国（广东）自由贸易试验区、中国（天津）自由贸易试验区、中国（福建）自由贸易试验区 3 个自贸区，并扩展中国（上海）自由贸易试验区实施范围。

2016 年 8 月 31 日，党中央、国务院决定设立辽宁、浙江、河南、湖北、重庆、四川、陕西 7 个自贸区。

2017 年 3 月 31 日，国务院批复成立中国（辽宁）自由贸易试验区、中国（浙江）自由贸易试验区、中国（河南）自由贸易试验区、中国（湖北）自由贸易试验区、中国（重庆）自由贸易试验区、中国（四川）自由贸易试验区、中国（陕西）自由贸易试验区 7 个自贸区。

至此，中国形成“1＋3＋7”共计 11 个自贸区的格局。

**思考：**试分析我国各个自贸区的政策特色和战略格局。

# 8 项目八 区域经济一体化的实践

## 学习目标

**知识目标**

⊙了解区域经济一体化的概念及形式。

⊙掌握典型的区域经济一体化组织的发展状况。

⊙了解欧盟、北美自由贸易区等重要的区域经济一体化组织。

**能力目标**

⊙掌握“二战”后区域经济一体化兴起的原因及其对世界经济和国际贸易的重要影响。

⊙运用区域经济一体化理论分析中国参与区域经济一体化的现状。

“经济一体化”这个词语的使用是近年出现的。据专家考证，在1942年以前从来没有被使用过。到1950年，经济学家开始将其定义为单独的经济整合为范围更广的经济的一种状态或过程。也有人将一体化描述为一种多国经济区域的形成，在这个多国经济区域内，贸易壁垒被削弱或消除，生产要素趋于自由流动。所谓“区域”是指一个能够进行多边经济合作的地理范围，这一范围往往大于一个主权国家的地理范围。根据经济地理的观点，世界可以分为许多地带，并由各个具有不同经济特色的地区组成。但这些经济地区同国家地区并非总是同一区域。为了调和两种地区之间的关系，主张同一地区同其他地区不同的特殊条件，消除国境造成的经济交往中的障碍，就出现了区域经济一体化的设想。经济的一体化是一体化组织的基础，一体化组织则是在契约上和组织上把一体化的成就固定下来。从20世纪90年代至今，区域经济一体化组织如雨后春笋般地在全球涌现，形成了一股强劲的新浪潮。这股新浪潮推进之迅速，合作之深入，内容之广泛，机制之灵活，形式之多样，都是前所未有的。此轮区域经济一体化浪潮不仅反映了经济全球化深入发展的新特点，而且反映了世界多极化曲折发展的新趋势。

## 任务一 区域经济一体化概述

### 导入案例

钢铁行业是东亚地区的重要支柱产业，以中、日、韩三国为代表的东亚钢铁工业在世界上占有举足轻重的地位，2003年，中、日、韩三国的粗钢产量总和占全世界的39.9%，钢材表观消费量总和占全世界的40.8%。预计2020年前东亚仍是全球钢铁业成长最快的地区之一。

东亚地区的主要钢铁企业纷纷在战略、技术、市场、新产品研发等各个方面积极寻求合作，以提高自己的竞争力。因为东亚地区各国和地区经济发展结构梯次明显，既有发达国家，也有新兴工业化国家，还有发展中国家，钢铁产品的需求结构和钢铁产业的资源条件各具特点，互补性强，合作空间广阔。中、日、韩三国的汽车、机械、电子等行业都有各自的特点，钢铁业作为给这些产业提供基础材料的重要产业，如果提高国与国之间合作的深度和广度，其辐射效果将十分巨大。三国都属于资源相对匮乏型国家，尤其是对钢铁工业重要的原材料，如铁矿石、煤炭的进口依赖度很高，中国和日本目前是世界上铁矿石进口量最多的两个国家，因此，在相关法律法规许可范围内，区域内国家联合采购将更有利于获取原料，降低采购成本。另外，环境保护问题已经成为阻碍经济及钢铁产业可持续发展的关键因素之一。由于污染物质在国家之间是可流动的，必须由整个区域的国家联合起来，共同制定环境保护标准及管理程序，才能从根本上解决环境污染问题。随着钢铁行业的竞争日益激烈，国际间贸易摩擦也越来越多，区域内国家之间的合作将有利于相互之间的贸易流通，有利于共同应对区域外国家的贸易摩擦。

**分析：** 区域经济一体化将有利于发挥区域经济的优势，提高钢铁业的区域竞争力，更好地应对来自上游和下游行业的压力，共同解决环境保护等共同面对的问题，发展循环经济，促进钢铁行业的可持续发展。

钢铁行业的合作发展可以避免区域内国家由于贸易摩擦而造成的损耗，从而形成良好的贸易环境，同时，对缓和国家和地区间的政治气氛也将起到很大的作用。区域经济一体化必然带来钢铁市场的开放，各个钢铁市场的关联性将进一步加强，竞争也将更加激烈。但是，只有开放化的竞争才能促使钢铁企业更加提高效率，培养国际竞争能力。一方面，区域经济一体化将进一步促使区域内的钢铁企业共同取长补短、互利互惠，通过技术、生产、市场的全面合作，来分享经济增长带来的利益。另一方面，东亚地区钢铁产业的合作也将对东亚区域经济一体化进程起到很大的促进作用。因为钢铁产业在整个东亚地区经济中占有很大的比例，对下游的汽车、家电、机械等众多产业都有很大的辐射作用，所以钢铁产业的率先合作将带动整个经济的全面合作。

## 一、区域经济一体化的概念

区域经济一体化是指区域内或区域之间的国家和政治实体通过书面文件，逐步取消关税和非关税壁垒，实现彼此之间货物、服务和生产要素的自由流动，进而协调产业、财政和货币政策，进行各种要素的合理配置，促进相互间的经济整合与发展，并相应建立超国家的组织机构的过程。

一般来说，作为区域经济一体化组织，至少应具有以下特点：①它是契约性的组织，即它是国与国之间通过达成某种协议而建立的经济合作组织和经济联合关系；②它是互惠性的组织，即组织内各成员国之间相互提供非成员国享受不到的贸易优惠待遇，而且优惠可能涉及商品、资本、劳动力流动等各方面；③它是排他性组织，即对内提供优惠待遇，资源配置向组织内部集中，对外则相对保护和排斥；④它是区域性组织，这些组织地理上相连、相近，是一体化进程的自然出发点，同时这些国家一般在历史、文化上联系密切，有着开展经济合作的传统历史。

## 二、区域经济一体化的形式

### (一) 按一体化的程度划分

按一体化的程度，区域经济一体化可分为以下几种形式。

#### ▶ 1. 优惠贸易安排

优惠贸易安排(preferential trade arrangement)是经济一体化的最低级和最松散的一种形式，它是指成员国之间通过协定或其他形式，对全部或部分商品规定特别的关税优惠。其特点是，优惠贸易安排并不包括全部商品领域，其优惠幅度也未达到完全取消关税和非关税壁垒的程度。1932 年，英国与其成员国建立的大英帝国特惠制，“二战”后建立的“东南亚国家联盟”“非洲木材组织”都属于此类。

#### ▶ 2. 自由贸易区

自由贸易区(free trade area)是一种区域内的自由贸易，它是指各成员国之间相互取消关税及进口数量限制，使商品在区域内完全自由流动，但各成员国仍保持各自的关税结构，按照各自的标准对非成员国征收关税。这是一种松散的经济一体化形式，其基本特点是用关税措施突出了成员国与非成员国之间的差别待遇。例如，1960 年成立的欧洲自由贸易联盟和 1994 年 1 月 1 日建立的北美自由贸易区就是典型的自由贸易区形式的区域经济一体化。

#### ▶ 3. 关税同盟

关税同盟(customs union)是指各成员国之间不仅取消关税和其他壁垒，实现内部的自由贸易，还取消了对外贸易政策的差别，建立起对非成员国的共同关税壁垒。其一体化程度上比自由贸易区更进了一步。它除了包括自由贸易区的基本内容外，而且成员国对同盟外的国家建立了共同的、统一的关税税率。结盟的目的在于参加国的商品在统一关境以内的市场上处于有利地位，排除非成员国商品的竞争，它开始带有超国家的性质。世界上最早最著名的关税同盟是比利时、卢森堡和荷兰组成的关税同盟。比利时和卢森堡早在1920年就建立了关税同盟，而第二次世界大战中，荷兰加入比卢关税同盟，组成比卢荷关税同盟。

### ▶ 4. 共同市场

共同市场(common market)是指除了在成员国内完全废除关税与数量限制并建立对非成员国的共同关税壁垒外，还取消了对生产要素流动的各自限制，允许劳动、资本等在成员国之间自由流动，甚至企业主可以享有投资开厂办企业的自由。欧洲经济共同体在20世纪80年代接近发展到这一水平。

### ▶ 5. 经济同盟

经济同盟(economic union)是指成员国之间不但商品与生产要素可以完全自由流动，建立对外统一关税，而且要求成员国制定并执行某些共同经济政策和社会政策，逐步消除各国在政策方面的差异，使一体化程度从商品交换，扩展到生产、分配，乃至整个国家经济，形成一个庞大的经济实体。例如在20世纪末建成的欧洲联盟。

### ▶ 6. 完全经济一体化

完全经济一体化(complete economic integration)是区域经济一体化的最高级形式。完全经济一体化不仅包括经济同盟的全部特点，而且各成员国还统一所有重大的经济政策，如财政政策、货币政策、福利政策、农业政策，以及有关贸易及生产要素流动的政策，并由其相应的机构(如统一的中央银行)执行共同的对外经济政策。这样，该集团相当于具备了完全的经济国家地位。

完全经济一体化和以上几种一体化形式的主要区别在于：它拥有新的超国家的权威机构，实际上支配着各成员国的对外经济主权。1993年，欧洲统一大市场以及欧洲联盟的建立，就标志着欧盟已开始向完全经济一体化迈进。从理论上看，完全的经济一体化是最高级别的经济一体化组织。

需要说明的是，从经济一体化的程度看，存在由低级到高级的上述6种形式的经济一体化组织。但是，在理论上并不存在经济一体化组织由低级向高级发展的必然性，即自由贸易区并不一定会升级到关税同盟，关税同盟也不一定升级到共同市场，共同市场不一定升级到经济联盟等。当然，在现实中，要使关税同盟彻底地贯彻执行，有必要使关税同盟向共同市场进而向经济联盟发展，1958年成立的欧洲共同体就是一例。实际上，随着成员国经济相互依赖关系的逐步加强，成员国也可能提出要求，使某种形式的经济一体化组织逐步升级。

区域经济一体化形式的特征如表8-1所示。

表 8-1 区域经济一体化形式特征一览表

| 政策类型 | 全部关税取消 | 共同对外关税 | 生产要素流动 | 统一国家经济政策 | 统一协调社会与政治政策 |
|---|---|---|---|---|---|
| 优惠贸易安排 | × | × | × | × | × |
| 自由贸易区 | √ | × | × | × | × |
| 关税同盟 | √ | √ | × | × | × |
| 共同市场 | √ | √ | √ | × | × |
| 经济同盟 | √ | √ | √ | √ | × |
| 完全经济一体化 | √ | √ | √ | √ | √ |

### （二）按一体化的范围划分

按一体化的范围，区域经济一体化可分为以下两种形式。

#### 1. 部门一体化

部门一体化(sectoral integration)，是指区域内各成员国的一种或几种产业(或商品)的一体化，如 1952 年建立的欧洲煤钢共同体与 1958 年建立的欧洲原子能共同体均属此类。

#### 2. 全盘一体化

全盘一体化(overall integration)，是指区域内各成员国的所有经济部门加以一体化，欧洲经济共同体(欧洲联盟)就属此类。

### （三）按参加国的经济发展水平划分

按参加国的经济发展水平，区域经济一体化可分为以下两种形式。

#### 1. 水平一体化

水平一体化(horizontal integration)，又称横向一体化，是由经济发展水平相同或接近的国家所形成的经济一体化形式。从区域经济一体化的发展实践来看，现存的一体化大多属于这种形式，如欧洲经济共同体(欧盟)、中美洲共同市场等。

#### 2. 垂直一体化

垂直一体化(vertical integration)，又称纵向一体化，是由经济发展水平不同的国家所形成的一体化。如 1994 年 1 月 1 日成立的北美自由贸易区，将经济发展水平不同的发达国家(美国、加拿大)和发展中国家(墨西哥)联系在一起，使建立自由贸易区的国家之间在经济上具有更大的互补性。

## 拓展阅读

### 贸易创造和贸易转移：中国—巴基斯坦自由贸易区案例

中国和巴基斯坦于 2003 年 11 月 3 日签署了优惠贸易安排，双方不同程度地对部分产品进行了关税优惠，开启了双方自由贸易谈判之门。2005 年 4 月，中巴双方签署自贸协定早期收获协议，2006 年 1 月 1 日，自由贸易协定早期收获计划开始实施，3 000 多种产品先期实行降税。2006 年 11 月，双方政府签署自由贸易协定，2007 年 7 月 1 日开始正式实施，分阶段对全部产品实施降税，除了货物贸易自由化外，协定也就投资促进与保护、投资待遇、征收、损害补偿以及投资争端解决等做出了规定。2009 年 2 月，两国政府签署了《中国—巴基斯坦自由贸易区服务贸易协定》。

贸易协定的实施使两国能在更大的范围内共享经济发展的福利，而双边贸易是其中最快、最直接的受惠领域。随着中巴双边交流与合作的不断深化，中巴双边贸易发展迅速，双边贸易额从 2001 年的 13.97 亿美元增长到 2008、2009 年近 70 亿美元，2010 年中巴双边贸易额达到 87 亿美元。2008、2009 年受全球金融危机的影响，同比增长率有所下降，其他年份的同比增长率都在 20%以上，同时中国始终维持较大贸易顺差，且中国出口至巴基斯坦的增长率高于同期从巴基斯坦进口的增长率。

利用中巴双方产品结构的互补性，促进双边贸易进一步增长。中国工业发展迅速，在机械制造、家用电器、电子产品等方面优势明显，目前机电产品在中国出口至巴基斯坦的比重中跃至首位。而巴基斯坦地处亚热带，水果资源非常丰富，在农产品上有一定优势，且巴基斯坦丰富的矿产资源正好可以缓解中国自然资源日益减少的压力。巴基斯坦是中国对外承包工程重点市场之一，近年来，越来越多的中国企业进入巴基斯坦，积极参与通信、电力、水利、矿产资源开发等领域的项目实施。随着中巴自由贸易协议的进一步实施及世界经济大环境的改善，中巴双边贸易必然会迈上一个新台阶。据海关统计，2010 年上半年中国与巴基斯坦外贸进出口总值为 40 亿美元，与去年同期相比增长 30.9%。其中，中国对巴基斯坦出口 32.1 亿美元，增长 25.3%；自巴基斯坦进口 7.9 亿美元，增长 60.5%。

资料来源：王群飞，孙跃兰. 中国—巴基斯坦自贸区贸易创造贸易转移效应的实证[J]. 改革与战略，2011，27(5)：173-175.

## 任务二 区域经济一体化分析

### 导入案例

自由贸易区建立后，美、加、墨三国由于取消贸易壁垒和开放市场，实现了经济增长和生产力提高。十多年来，北美自由贸易区取得的成果主要有：促进了地区贸易增长和增加了直接投资(FDI)、发达国家保持经济强势地位、发展中国家受益明显、合作范围不断扩大等。

首先，促进了地区贸易增长和增加直接投资。北美自由贸易协定自生效以来，由于关税的减免，有力地促进了地区贸易的增长。根据国际货币基金组织的数据，经过 10 年的发展，NAFTA 成员国之间的货物贸易额增长迅速，三边贸易额翻了一番，从 1993 年的3 060亿美元增长到 2002 年的 6 210 亿美元。由于 NAFTA 提供了一个强大、确定且透明的投资框架，确保了长期投资所需要的信心与稳定性，因而吸引了创纪录的直接投资。2000 年，NAFTA 三国之间的 FDI 达到了 2 992 亿美元，是 1993 年 1 369 亿美元的两倍多。同时，从 NAFTA 区域外国家吸引的投资也在增长。目前，北美地区占全球向内 FDI 的 23.9%和全球向外 FDI 的 25%。

其次，发达国家继续保持经济强势地位。自由贸易区内经济一体化加快了发达国家与发展中国家间的贸易交往和产业合作，其中美向墨西哥的出口增加了一倍多，从511 亿美元增至 1 072 亿美元。自由贸易区还强化了各国的产业分工和合作，资源配置更加合理，协议国之间的经济互补性提高了各国产业的竞争力。如墨西哥、加拿大的能源资源与美国互补，加强了墨西哥、加拿大能源生产能力。特别在制造业领域，墨西哥的人力资源与美国的技术资本互补，大大提高了美国制造业的竞争力，使美国将一些缺乏竞争性部门的工作转移到更有竞争性的部门，把低技术和低工资的工作转变为高技术和高工资的工作。在美国许多工业部门如汽车、电信设备等都可以看到这种就业转移的影响。

再次，发展中国家受益明显。一般认为，在北美自由贸易区中，发展中国家墨西哥是最大的受益者。加入 NAFTA 以来，墨西哥与伙伴国的贸易一直增长迅速，从 1993—2002 年，墨西哥向美国和加拿大的出口都翻了一番，变化最明显的是墨西哥在美国贸易中的比重，其出口占美全部出口的比重从 9.0%上升到 13.5%，进口从 6.8%上升到 11.6%。墨西哥与 NAFTA 伙伴国的贸易占其总 GDP 的比重，从 1993 年的 25%上升到 2000 年的 51%。墨西哥在加入协定后，其进口关税大幅度下降，对外国金融实行全面开放，加上拥有的大量廉价劳动力，使大量外国资本流入墨西哥，FDI 占国内总投资的比重从 1993 年的 6%增长到 2002 年的 11%，到 2001 年，墨西哥的年均累积 FDI 已达到 1 119 亿美元。

最后，合作范围不断扩大。近年来，NAFTA 南扩趋势明显，有关成员国在 2005 年 1 月 1 日前完成了美洲自由贸易区(FTAA)的谈判。在 NAFTA 中占主导地位的美国除了把 NAFTA 看作增加成员国贸易的手段外，还把 NAFTA 看作其外交政策的一部分，以及向美洲和全球贸易自由化扩展的重要工具，因此美加两国和墨西哥签订的协议在很多方面都是样板性的。随着“9·11”之后美国贸易政策变得更加外交化，NAFTA 已成为美国实现区域贸易对外扩张的样板，开始向 FTAA 扩展。

**分析：**区域合作能保持使发达地区保持国际竞争力。十多年的发展证明，发达地区想要保持较强的国际竞争力，最重要的是使本地区一直处于国际经济发展的主流地位，极力避免边缘化。保持区域经济的主流地位就必须融入某个区域一体化组织(自由贸易区、经济圈)，应尽量在这个大区域中证据重要地位或者核心地位。

区域合作以经贸为主，通过协议循序渐进发展。北美自由贸易区由于是在发达国家与发展中国家建立的自由贸易区，有关协议国对实现区域内自由贸易采取了以合作协议来逐步推进的方式。各协议国签订了大量的双边和多边协议，主要内容包括：消除关税和削减非关税壁垒、开放服务贸易、便利和贸易有关的投资，以及实行原产地原则等，还包括劳工(NAALC)、环境(NAAEC)等附属协定。考虑到不同国家的发展水平，主要协议条款规定在 10 年内逐步消除所有贸易和投资限制，对几个敏感行业的过渡期为 15 年。这是一个复杂的国际协议框架，它提供了一整套的规则和制度框架来管理三国间的贸易和投资关系，同时提供了吸纳新成员和采用新的争端解决程序的机制，这是先前其他国际经济协定中都不具备的。这样一种事先确定制度和法律框架的合作，对我国的跨区域合作是有借鉴意义的。

区域合作注重产业一体化中的分工协作。北美自由贸易区的成立，将美国、加拿大和墨西哥共同纳入一个产业一体化中的分工协作体制。最明显的是加拿大的原材料、墨西哥的劳动力与美国的技术管理相结合，形成了以美国为轴心的生产和加工一体化。其中，美加生产一体化主要表现为水平的产业内分工，如两国在飞机和汽车制造、钢铁、食品加工、化学品和布料加工业等形成了更密切的产业内联系。而美墨生产一体化的行业主要集中在电器、汽车和服装这几个行业，带有明显的垂直的产业内分工的特点，主要是美国将零部件运到墨西哥加工后再返回美国。这种产业一体化中的分工协作体制使各国的产业优势得到更大的发挥，这对我国的跨区域合作是很有启示的。

## 一、区域经济一体化的特点

区域经济一体化是指在一定的地理的范围内，两个或多个国家或地区之间通过协商建立起紧密的经济关系，以实现地区间资源(包括人力资源)、资本的配置和经济发展的最优。

区域经济一体化具有以下特点：人文社会条件基本相同、经济活动方式趋同、资源条件相同或互补、建立市场经济体制，以及一定的地理区域。

随着国际贸易的快速发展，交通工具的革新，世界政治格局的多样性趋势，以及市场体制已经在全球范围受到接受，区域经济一体化和经济全球化已经成为两大趋势。而区域经济一体化是经济全球化的过渡和表现，标志着世界各经济体逐渐走向统一的趋势。

区域经济一体化得以将外部经济的影响内部化，即把影响经济的不可控因素可控化。区域经济一体化的各成员通过降低关税或准入门槛等一系列的措施，实现成员间商品、资本、服务、人员的自由流动，从而有利于提高经济效益。

区域经济的一体化包括国家间的国际经济组织和一国家各地区之间的区域经济组织，在这里分别称为国际区域经济一体化和国家内部区域经济一体化。国家对内须协调好国内各区域间的经济发展，对外须协调本国与本地区及国际经济发展。

欧洲区域经济一体化程度最高，为区域经济一体化的发展提供了学习的榜样。我国的市场经济体制尚不完善，区域间的经济差距大而又与地理位置紧密相关。同时，我国积极参加国际间区域经济一体化进程，如加入亚太经济合作组织和与东盟和中亚合作。研究区域经济一体化对我国有着特别的意义。

## 二、由欧洲区域经济一体化所得的经验

欧洲的区域一体化程度高。欧共体历经几个阶段，循序渐进地发展成为今天的欧盟。欧洲联盟的成功可以对我国的区域经济一体化的发展提供借鉴。

欧洲自“二战”后普遍陷入衰落，曾经以欧洲主导世界的格局已经一去不再返了。欧洲首先通过协议把煤铁等重要的工业资源纳入共同管理下，而后又取消了阻碍一体化进程的贸易法规或条例，建立起适合欧共体成员自由贸易的共同贸易规章，保障竞争和自由贸易。1968 年，欧洲共同体建立关税同盟，减免欧共体成员间的关税和统一对外的关税税

率，这标志着欧共体在一体化进程中迈出了标志性的一步。成员的进一步扩大和一系列的措施的颁布实施，促使欧洲联盟成立。

欧洲区域一体化的各成员国摒弃前嫌，放下民族和宗教矛盾甚至于国家的主权，结成联盟。它们又是怎么做到的呢?

其中有历史的原因，战争消弭的是国力和在世界的地位。正如丘吉尔所描述的情景，“我的一边坐着巨大的俄国熊，另一边坐着巨大的北美野牛，中间坐着的是一头可怜的英国小毛驴”。欧洲必须在冷战局面下获得独立于两大国且与之抗衡的地位，联合是唯一的路径。

历史的原因是促成联合的政治原因，但不是联合后强大的经济原因。欧洲一体化成功的最主要原因在于欧洲各国完善的市场经济体制。欧洲是世界资本主义发展最早的地区，资本主义发展的历史悠久，资本主义倡导自由和竞争的思想，为市场经济的完善和健全奠定了指导思想。市场经济体制是通过市场无形的手来达到经济的最优，强调的是市场的自我调节功能和反对政府的强制干预。虽然凯恩斯指出市场调节的诸多弊端，为政府干预经济尤其是运用财政手段提供了理论依据，且为世界各国所接受，但是，政府的适当指导并没有打乱市场的自由和竞争规律；相反，在反垄断等方面有利于市场体制的完善。

那么，完善的市场体制是如何在欧洲一体化进程中发挥作用的呢?

(1) 各国完善的市场经济体制，为组建统一的大市场提供了制度基础和彼此融合的保障。倘若有一国实现计划经济体制或是市场体制不完善(政府能直接强制干预经济)，那么这个国家本身一定不会同意将本国重要的战略资源交由共同管理。因为这个国家的政府会觉得这样是本国安全的重大威胁。同样，也不会接受成员间的减免关税协议，因为关税同样是这个国家政府重要的财政收入来源，与国家安全息息相关。

(2) 欧洲长期实行市场经济体制，经济获得了长足而又健康的发展，经济水平一般高于世界其他地区。较高的生产水平和商品生产急需寻找市场已销售商品和获得原料。一旦某个市场关闭，将会导致因原料来源缺乏而成本提高，而销路的隔断又会导致商品的供过于求。企业不得不削减生产或是面临倒闭，大批工人将面临失业，经济将迎来严霜。这大概是资本主义在世界各地扩张的一个重要原因。而关税和地方保护主义和直接关闭一个市场有着同样的影响。关税同盟促成了统一市场的形成。

(3) 欧洲的市场体制确立和完善确保了自由和竞争。长期以来已经建立起了保护市场和竞争的法律体系。同时，企业的融资需要的金融市场和资本市场在欧洲很发达。技术的发达和资本的雄厚使欧洲拥有了为数不少的跨国企业。跨国企业将触角伸向每一个角落，有市场的地方必有容纳它的处所。

## 三、区域经济一体化的原因和阻碍

区域经济一体化是当今世界经济发展的趋势，而能成为主流需要绝大多数人的支持和赞同，特别是实力强的国家或是企业的支持和赞同。

### (一) 区域经济一体化的原因

经济是政治的基础。下面从政治和经济两方面来说明区域经济一体化成为主流的原因，即一体化受人欢迎的地方。

### 1. 政治原因

前面说过，促成欧共体成立的重要原因是“二战”后的欧洲急需联合以保护自身和谋求国际地位。各个国际区域经济一体化的达成无不是各国政府所主持和签订协议，而各国国内区域经济一体化组织的建立也无不是在本国政府的主持下拍板而成的。除却有发展经济的意图外，政治意图也很明显。

国家间的区域一体化的政治意图尤为明显和重要。“二战”后和平和发展成为主流。军事结盟北约和华约的对立造成冷战使世界陷入恐惧，受到世界人民的反对，而以经济发展为由而成立的区域一体化组织却得到世界的支持。有一种正确的观点：一个地区经济的健康持续发展是克制地区战争的重要因素。第二次世界大战正是由于资本主义经济危机波及全球，法西斯借战争之机掠夺资源和转移民众视线。而合作共赢使战争的爆发进一步的降低，各国经济间的联系越强，依赖程度越高，和平越有可能维持；同时，依据李嘉图的比较优势理论，资源的利用效率大大提高，经济发展速度加快。

在经济发展的本来目的也有各国对于自身安全的考虑。OPEC石油组织就是很好的一个案例，从发达国家手中取得石油自主权的发展中国家发现石油的掌控权和定价权依旧在发达国家手中，而单个的国家难以与之抗衡，争夺定价权，这时联合起来也就成为可能。石油是一种重要的战略资源，石油的储藏量是有限的，也就是石油有面临枯竭的一天。稀缺性是导致价格高的一个因素。OPEC提高石油价格以维护日益减少的石油资源，也是对抗西方的重要武器。

### 2. 经济原因

区域经济一体化使得国家区域间经济交流向更深更广的层次发展。由于关税的减免和成员间的优惠政策，以前区域外的贸易由于价格优势的转变可能转移到区域间，而以前区域内既成的贸易会进一步扩大，这有利于刺激出口国的生产发展。

市场机制在全球范围内的认可，技术的进步带来了生产的发展和分工的细化，这就为区域经济一体化提供了制度上的可能和经济上的需求。波音飞机的生产零件来自世界各地，需要各生产地的协作才能完成一架成品飞机。因此，冲破传统阻碍经济全球化的体制越来越成为当务之急。

加入一体化的成员可以把以前影响本国经济的外部因素变为内部因素，更好地控制住有利和不利因素，化不利为有利，当然这需要经济一体化的程度非常高才行。欧洲联盟的建立使成员之间的服务、商品、资本、人员自由流动，那么，一国就可以利用他国的资本和人才来发展本国的经济而不受传统体制的约束。

关税的免除和保障竞争的法律体系的建立，可以让各国的小市场融合为一个大市场，在某一件产品上拥有成本和技术优势的国家便会成为区域内这种产品的唯一或主要生产地。生产这种产品的企业形成规模效益，能够提高资源的利用效率和降低产品的平均成本，从而降低价格。生产这种产品的企业因而能积聚更多的资本和掌握技术优势，提升国际上的竞争力。

区域内某个经济水平相对高的国家可以对经济水平相对低的国家提供技术、资本等方面的帮助，劳动力密集型的企业将由较发达国家或地区转移到较落后国家或地区。区域内的落后国家或地区通过注入的新技术和资本可以使经济活跃起来，而区域内的发达国家或地区可以通过转移降低成本和提高产业结构。

区域经济一体化的形成和发展正是由于政治目的的需要和经济利益的需要，不仅仅受到各国政府的欢迎，也受到了企业尤其是跨国企业的欢迎。但是由于区域内的经济差距等种种原因使区域经济的一体化饱受争议。

### （二）区域经济一体化的阻碍因素

区域一体化内经济发达国家通过给区域一体化内其他落后国家提供经济上和技术上的支持而换取其他国家在国际上政治上的支持，把一体化组织变为其实现政治目的的政治组织或军事联盟。区域内发达国家向落后国家转移高污染企业，给落后国家的可持续发展埋下隐患。区域内发达国家利用剪刀差获取丰厚利润，而落后国家却蒙受损失，变得越来越贫苦，因为本就低廉的原材料的价格会因一体化而进一步降低，而工业品却可能由于垄断的缘故不降反升。

民族和宗教的矛盾是导致一个地区不稳定的重要因素，因民族和宗教矛盾而导致的地区间国家仇视，两个仇视的国家牵手简直难上加难。

发达国家组成区域经济一体化组织难免会引起落后国家的恐慌，发达国家借此更加巩固主导地位，而区域经济一体化组织的对外排斥性会导致国家贸易的恶化，南北差距进一步扩大，而经济上差距的扩大又是导致世界不稳定的重要因素。

区域经济一体化组织可能凌驾于各国政府之上，对国家的主权造成威胁，这也是英国之所以拒绝欧元的原因。

## 四、我国区域经济一体化的现状

我国积极参加国际区域经济一体化组织，在国内也有多个区域经济体。我国参加的亚太经济合作组织只是松散的一体化组织，但达到一体化道路漫漫。我国参加“10＋3”中日韩和东盟合作会谈，但东盟经济势力薄弱，市场狭小，对我国经济发展的促进作用有限。

区域的一体化的程度与市场体制的完善有重要联系。我国的市场体制尚须完善。我国带有垄断性质的企业有很大一部分是国有企业，像中石油和中石化占有中国绝大多数石油资源，已经构成垄断。这些企业是高度集中制遗留下来的，实际上是政府权力和企业经济利益的结合，是超公司的政企联合体。垄断阻绝竞争，而竞争是市场的基本要素，所以市场体制的健全需要改革国企所有制，需要降低国有化的程度或去除国有化，对垄断的国有企业进行分割或将资源交由市场自动调节分配。

## 拓展阅读

西部大开发是我国的一项重要政策，以促进落后的西部地区经济发展。然而西部大开发主要是由中央财政拨款支持，实际上是对财政收入的再分配和转移而已。中央政府的直接投资和东部地区对口支援西部的政策并不能真正的缓解西部日益与东部经济差距的拉大。东部的经济效益要高于西部，东部将用于生产的资金用来支援西部的发展不一定可取，反而可能会影响经济的最优。中央在西部的直接投资旨在改善西部的基础设施和开发西部的资源。这些投资对东部的发展的好处并不亚于西部。由于这些工程主要由中央政府主持，承办方多是东部地区的公司，对于西部本地的技术和资本促进作用有限。政府鼓励人才向西部移动，但是，东西部的经济差距太大，而西部恶劣的地理环境对人才的吸引力很有限。

资料来源：区域经济一体化的发展现状和前景分析．百度文库．

按常理说，一个国家境内各地区间的关税政策统一，颁布发展经济的措施除特殊地区外适用于所有地区，从而没有国内区域经济一体化之说。但是，国内各区域间的经济发展不平衡，这与国际上经济发展水平不平衡有相似之处，且不同区域有着不同风格的民风民情，极易形成独立的区域，而国内统一市场的形成需要遏止地方保护主义和不同区域的平衡发展。

## 五、区域经济一体化的未来走向

### （一）全球区域经济一体化的走向

全球经济一体化和社会主义的理想一样，虽然被描述得令人神往，但却忽视了一条最基本心理学原理：人性复杂。这条原则和世界上最快的是光速的物理规律同样无懈可击。区域经济一体化却已经作为事实存在，并在世界上大部分地区发展着。

发展国家区域经济一体化组织的建立更多的是由于共同的政治利益。政治目的大于经济目的。东盟方式的特色之一便是政府间合作，东盟多数是岛国，经济水平低下，位于赤道附近，其热带经济作物在国际市场上占据重要地位。东盟各国的工业结构都不完善，需要保护本国的民族企业，而经济水平低显然难有广阔的市场和强劲的消费能力，而东南亚以热带经济作物著称，其各国外贸出口产品相同，具有强烈的竞争。东盟的建立于区域内的各国并无特别大的经济利益，因为区域内没有较发达国家，没有新技术和资本注入其他国家。又因为区域内的国家大多数不是发达国家，各国的工业都处于起步阶段，各国更趋于保护本国的民族产业，工业难以因此形成规模效用，比较优势理论的发挥受到影响。

**拓展阅读**

我国东部地区的经济发展有地理上和历史上的优势但也有政府优惠政策的扶持。财政上给予西部的支持并不能在根本上解决西部落后的状况，还需要给予特殊的优惠政策扶持。例如，对西部企业减少税收和赋予区域内各省间贸易自由和经济交流的自主权，将资源的开发权和收益权适当地交由当地。

资料来源：区域经济一体化的发展现状和前景分析．百度文库．

区域经济一体化的未来发展会从面和深度方向发展。面是指区域经济一体化所接纳的国家或地区越来越广，区域的扩大可以使更多的国家受益。深度是指一体化发展的程度越来越深。如今世界三大区域一体化组织是亚太经济合作组织、北美自由贸易区、欧洲联盟，三大组织中欧盟的一体化程度最高也最成功。

区域经济一体化的对外排斥性会影响到经济的全球化，但那不是建立区域经济一体化的目的，而是由此而来的成本。通过实现一个小区域内的经济自由交流，而后将区域渐渐扩大开来，使自由贸易的范围惠及更多的地区。区域经济一体化的建立也是基于生产的发展和技术的革新，而达成全球范围内的贸易自由举步难行，于是在阻碍小于利益追求的区域内可以冲破传统贸易体制和地方保护主义，建立一体化组织。因此区域经济一体化是为经济全球化的尝试和努力。

### (二) 我国区域经济一体化的走向

我国区域间经济差距会成拉大的趋势，历史和地理的原因会一直影响着东部和西部经济发展的步伐，形成统一的国内市场任重而道远。

区域经济一体化是按照区域经济发展的总体目标，充分发挥地区优势，通过合理的地域分工和合作，对区域内的生产要素进行优化配置，在促进成员经济发展的同时，协调区域经济发展和提高区域的总体效益以及区域竞争力。

(1) 区域经济合作立足点在于共同的经济利益，区域经济一体化的形成需要区域内的各成员国克服阻碍看到共同的利益。

(2) 区域经济一体化程度提高的前提在于区域内各成员国经济在区域合作中都得到了比区域经济合作前更好、更快的发展。

(3) 国内区域经济一体化的目标是形成国内统一的大市场，区域间差距越小，平衡性越好，统一大市场的形成可能性越高。

全球经济的发展的总趋势是经济全球化，经济全球化和区域经济一体化相辅相成。

## 任务三 相关的实践合作区域

### 导入案例

2010 年 1 月 1 日，中国—东盟自由贸易区正式建成。这是一个拥有 19 亿人口，国内生产总值接近 6 万亿美元，贸易总额达 4.5 万亿美元，由发展中国家组成的自由贸易区。自中国—东盟自贸区全面建成以来，双方贸易投资增长加快，经济融合程度加深，企业和人民切实受益。

据统计，2016 年 1—5 月，中国与东盟国家进出口贸易总额为 1 735.7 亿美元，同比下降 7.1%。目前，中国是东盟第一大贸易伙伴，而东盟是我们的第三大贸易伙伴。

中国和东盟是互利共赢的好伙伴，双方建立对话关系至今已有 25 年，经贸合作发展迅速，取得了丰硕成果。

第一，贸易规模不断扩大。中国和东盟双边贸易额在1991年是79.6亿美元，到2015年双边贸易额达到4 721.6亿美元，年均增长18.5%，双边贸易额占中国对外贸易额的比重由1991年的5.9%上升到2015年的11.9%。据中方统计，2015年1—5月，受国际经济增长乏力等因素影响，中国与东盟国家进出口贸易总额为1 735.7亿美元，同比下降7.1%，现在中国和东盟正综合施策，力争使双边贸易尽快重回增长轨道。目前，中国是东盟第一大贸易伙伴，而东盟是我们的第三大贸易伙伴。

第二，关于相互投资。截至2016年5月底，中国与东盟双向投资额累计超过1 600亿美元，东盟是中国企业在国外投资的主要目的地，中国企业投资主要涉及贸易、物流、建筑、能源、制造业和商业服务等很多领域。目前，中国和东盟10国作为创始成员国的亚洲基础设施投资银行已正式运营，中国与东盟国家在产能合作、产业园区建设等方面的合作不断推进。

第三，基础设施建设合作也在迅速发展。2015年，中国企业与东盟新签承包工程项目合同额比上年增长41.2%。2016年1—5月，新签承包工程项目合同额达到100亿美元，同比增长8.2%。双方合作实施了电力、桥梁、农业、制造业等领域一大批项目，中国和东盟国家在公路、铁路、港口等领域互联互通合作项目也相继启动。

第四，区域经济一体化取得实实在在的成果。双方携手合作，于2010年全面建成中国—东盟自由贸易区，全面实施"零关税"。目前还在打造自贸区的升级版，2015年中国和东盟各方签署的自贸协定升级《议定书》正式生效，进一步提高了贸易便利化水平。此外，中国与东盟10国共同参与的区域全面经济伙伴关系协定(RCEP)谈判也正积极推进，将使中国与东盟企业和人民在更大范围、更高层次分享区域经济一体化的成果。

目前，区域经济一体化组织遍布世界各地，最有代表性是欧洲、美洲以及亚太地区的一体化组织的建立发展过程。

## 一、欧洲一体化

"二战"以后，欧洲一体化进程开始启动，获得越来越快的发展。时至今日，欧洲经济一体化进程可以说已成为世界上区域经济一体化的成功范例。如果从1951年法国、意大利、荷兰、比利时等6个国家签订《巴黎公约》，建立"欧洲煤钢共同体"算起，欧洲一体化已走过近70年的历程。这个过程可以归纳为六个阶段。

### (一) 建成阶段

自法国、原联邦德国、意大利、荷兰、比利时、卢森堡6国政府于1957年3月签署《欧洲经济共同体条约》(又称《罗马条约》)，并于1958年在布鲁塞尔正式成立西欧共同市场以来，随着英国、丹麦、爱尔兰、希腊、西班牙、葡萄牙、奥地利、瑞典、挪威、芬兰的先后加入，这个一体化组织逐渐发展壮大，规模不断扩大，并两度易名[先发展为"欧洲共同体"(European Communities，EC)，后又定名"欧洲联盟"(European Union，EU)]，成为一个强大的经济和政治实体，在国际生活中发挥着日益重大的影响。

### (二) 签署并实施《马斯特里赫特条约》(以下简称《马约》)

1991 年 12 月，各成员国通过的《马约》提出了实现真正、全面的欧洲统一的新目标，其中包括：建立欧洲货币体系，并设立欧洲货币单位(European Currency Unit，ECU)，成员国之间实行固定汇率，对外实行联合浮动，并建立欧洲货币基金，使得欧共体成为相对稳定的货币区；加强政治一体化的进程，组成统一的政治联盟，例如建立欧洲议会，实行防务合作的军事体制，经常磋商和协调对重大国际问题的立场等。

### (三) 建设欧洲经济区

欧共体与欧洲自由贸易联盟于 1991 年 10 月 22 日在卢森堡达成了建设欧洲经济区的协定。按照该协定，欧洲 19 个发达国家将建成一个能保证货物、服务、资本和人员自由流动的贸易集团，1994 年 1 月 1 日，欧洲经济区正式启动。

### (四) 签订、实施《欧洲协定》

早在 1991 年 12 月 16 日，欧共体即与波兰、匈牙利、前捷克斯洛伐克签署协定，双方建立联系国关系。1995 年 2 月 1 日，欧洲联盟与捷克、斯洛伐克、罗马尼亚、保加利亚四国签订“欧洲协定”正式生效。根据该协定规定，双方将在协定生效后 5～10 年内，逐步相互取消关税及其他贸易壁垒，同时在一定限度内实现人员和资本的自由流动。该协定使中东欧国家完全融入欧洲一体化进程，为它们日后正式加入欧盟创造了条件。

### (五) 欧洲货币联盟

1999 年 1 月，欧洲单一货币欧元进入实施阶段，确定欧元区成员国本国货币兑欧元的永久汇率，欧元成为欧元区的法定统一货币，奥地利、比利时、芬兰、法国、德国、爱尔兰、意大利、卢森堡、荷兰、葡萄牙和西班牙 11 国为欧元区成员。2001 年 1 月 1 日，希腊加入欧元区。

2002 年 1 月 1 日，欧元开始进入流通，并与各成员国货币共同流通。2002 年 3 月 1 日，欧盟各成员货币完全退出了流通，欧盟单一货币区正式成立。欧元诞生后，迅速成为国际贸易、进入交易和官方外汇储备中的一大主要货币，形成全球贸易结算货币和外汇储备结构新格局。

### (六) 欧盟东扩

欧盟早在 2000 年的突尼斯会议上，正式决定实施欧盟的“东扩”计划，2002 年 12 月 13 日，欧盟哥本哈根首脑会议闭幕，同时宣布与东欧的 10 个国家(波兰、匈牙利、斯洛伐克、拉脱维亚、立陶宛、爱沙尼亚、塞浦路斯、捷克、斯洛伐尼亚、马耳他)就加入欧盟的谈判结束，并于 2004 年 5 月 1 日起正式成为欧盟成员国。所有这些都大大加强了欧共体作为一个整体的经济实力和政治力量。欧盟原有成员 15 个(芬兰、瑞典、奥地利三国于 1995 年 1 月 1 日正式加入欧洲联盟)，2004 年扩大到 25 个，2007 年 1 月 1 日之后又加入了保加利亚和罗马尼亚，现总共有 27 个成员国。其国内总产值之和逾 10 万亿美元，已成为目前世界上生产国际化、经济贸易一体化程度最高、影响最大的一体化组织。

**拓展阅读**

在《马约》签署25周年之际，欧洲一体化进程却面临前所未有的挑战。2017年2月7日是《马约》正式签署25周年纪念日。该条约又称《欧洲联盟条约》，是欧洲一体化进程中具有里程碑意义的文件。原以为欧盟会举行活动来庆祝这个不同寻常的日子，但当天记者在欧盟总部所在地布鲁塞尔并未感受到任何节庆气氛。有分析认为，欧洲一体化进程面临前所未有的严峻挑战，欧盟面临生存危机，欧盟领导人需要在这一天深刻反思。

在马耳他首都瓦莱塔举行的欧盟非正式峰会上，欧盟领导人反复呼吁各成员国要团结起来，否则欧盟将会土崩瓦解。这次峰会的一个主要议题是为将在3月25日举行的纪念《罗马条约》签署60周年做准备。60年弹指一挥间，欧盟大家庭届时是在一起吹灭花甲庆生蛋糕的蜡烛，还是对欧洲的未来进行"严肃的思考"，这是个问题。

资料来源：任彦. 欧盟扩大引起"消化不良"难题.

## 二、北美自由贸易区的发展

北美地区的经济一体化兴起于20世纪80年代。北美自由贸易区(North American Free Trade Area，NAFTA)的前身是由美国和加拿大两国建立的美加自由贸易区。1988年1月2日，美国总统和加拿大总理签署了《美加自由贸易协议》，该协议在1989年1月1日分别获得了美国国会和加拿大议会的批准，正式生效。《美加自由贸易协议》规定10年内取消商品进口关税和非关税壁垒，两国商品关税分三批陆续于1989年、1993年和1998年降为零。该协议为防止转口避税，制定了原产地规则。另外，该协议对农产品、能源、汽车、劳务、金融服务贸易做了规定。关于两国贸易纠纷，则由一个处理争端的机构来负责。

美国在签订了《美加自由贸易协议》后，马上在1990年6月与墨西哥磋商签订美墨自由贸易协议事宜。1990年9月，加拿大宣布将参加谈判；1992年8月12日，三国签订了《北美自由贸易协议》，该协议于1994年1月1日正式生效。该协定规定，15年内建成自由贸易区，三国的商品关税取消分三步进行：50%的商品关税立即取消；另外15%的商品关税在5年内取消；其余的商品在第6～15年内逐步取消。在原产地规则方面，北美自由贸易协议比美加自由贸易协议更加严格，如它要求包含62.5%(美加协议是50%)以上北美部件的车辆才有资格享受免税待遇。纺织品及服装必须在北美自由贸易区内生产主要部分，才能享受关税减免待遇。另外，协议对服务、投资、知识产权、政府采购等方面都做了规定，在较为棘手的汽车、农产品、纺织品、能源、运输、文化及环境等方面还专门列了细则加以说明。

在美、加、墨三国决定开展北美自由贸易协议谈判后，美国政府还提出了"美洲倡议"，意在把自由贸易范围扩大至美国的"后院"——拉丁美洲，建立美洲自由贸易区。《北美自由贸易协议》生效后，1994年12月，由美国召集，在美国迈阿密举行了由北美、南美和加勒比海所有国家(古巴除外，共34个国家)参加的"美洲首脑会议"，讨论建立美洲自由贸易区事宜。会上通过了《原则声明》和《行动计划》，决定在2005年完成"美洲自由贸易区"的谈判。此后，这些国家在圣地亚哥和魁北克又召开过两次首脑会议和多次贸易部长级会议。

2003年11月19—21日，美洲国家第8次部长级会议在美国佛罗里达州的迈阿密举行。此次会议上各成员国均采取了较为灵活、务实的态度。经过四天讨论，会议达成以下几点共识：①美洲自由贸易区谈判将尊重成员国间不同的经济发展水平和各自的敏感商品和服务，允许就开放本国市场做出不同程度的承诺；②参与谈判的区域组织将就自由贸易区的基本权利和义务达成协议，但成员国可通过双边或区域协定取得某些领域内更大程度的开放；③成员国的农产品补贴和反倾销问题以及投资、知识产权保护、政府采购等问题将在世贸组织或双边、多边框架下商谈；④重申最迟于2005年1月启动美洲自由贸易区。

最近，北美自由贸易协定成员国还在酝酿建立共同市场。美加墨三国打算用25～30年的时间建立共同市场，实现三国间统一货币的自由流通，以及人员和资金的自由流动。

**拓展阅读**

**特朗普表示将加快NAFTA重谈**

据美国CNN等2月2日报道，美国总统特朗普当天在白宫与部分国会议员会面时针对北美自由贸易协定(NAFTA)指出，"我对NAFTA非常担忧，NAFTA是我们国家的灾难，对我们的就业、工人和企业是个灾难。我想改变它，也许是一个新的NAFTA"。特朗普在讲话中表示，现在的NAFTA非常不公平，新的贸易协议可以是一个改造过的NAFTA，也可以是一个全新的NAFTA，其并不在乎形式，但应当是一个公平的协议。贸易不能仅仅是自由，还应当增加一个"F"，即公平(fair)。

与此同时，墨西哥总统培尼亚·涅托2月1日在新闻发布会上表示，墨政府将自2月1日起展开为期90天的与墨商业界的磋商，并预估最快自5月初起开始与美国、加拿大展开NAFTA的重谈程序。这是首次有官方就重谈美国、墨西哥和加拿大之间的北美自由贸易协定给出开始时间表。

培尼亚·涅托还主张墨西哥人购买"墨西哥生产"产品——这是对特朗普"美国第一"口号的明确回应。

资料来源：特朗普表示将加快NAFTA重谈. 商务部.

## 三、亚太地区的经济贸易合作

### (一) 亚太经济合作组织

亚太经济合作组织(Asia Pacific Economic Cooperation，APEC)是20世纪80年代由澳大利亚提议建立起来的。1989年11月，亚太地区的12个国家(美国、日本、澳大利亚、加拿大、新西兰、韩国、马来西亚、泰国、菲律宾、印度尼西亚、新加坡、文莱)在澳大利亚堪培拉举行第一届部长会议，拉开了亚太地区区域经济合作的序幕。此后，该经济组织在1991年吸收了中国、中华台湾、中国香港，1993年增加了墨西哥、巴布亚新几内亚；1994年又增加了智利，现已达到21个成员。该组织每年举行一届部长年会，从1993年起，还举行一年一次的领导人非正式会议。此外也有常设组织机构(秘书处设在新加坡)。

APEC 的宗旨和目标在 1991 年 11 月 APEC 韩国汉城年会通过的《汉城宣言》中正式确立，其内容为"相互依存，共同利益，坚持开放的多边贸易体制和减少区域贸易壁垒"。由于亚太地区各国在政治体制、经济体制、经济发展水平、社会文化等方面的差异较大，因此在短时期内不可能成立比较紧密的经济一体化组织。从严格意义上说，亚太经济合作组织不是区域经济一体化组织，而只是一个松散的经济合作论坛，其合作的实质性内容尚处于讨论和制定阶段。自 1989 年成立以来已召开了 17 届部长级会议、13 次领导人非正式会议，在推动亚太地区贸易投资自由化和便利化、经济技术合作等方面取得了一定进展。

亚太经济合作组织成立以来，召开了几次重要年会。在 1994 年于印度尼西亚茂物召开的第二次领导人非正式会议上，通过了"茂物宣言"，承诺最迟不晚于 2020 年实现亚太地区的贸易和投资自由化。在 1995 年于日本大阪召开的第七届部长级会议和第三次领导人非正式会议上，通过了日本方面主持制定的《大阪行动议程》，并发表了《大阪宣言》。1997 年，在加拿大温哥华举行了第九届部长级会议和第五次领导人非正式会议，分别发表了联合声明和"联系大家庭宣言"。2001 年，在上海举行了第十三届部长级会议和第九次领导人非正式会议，发表了《领导人宣言》和以附件形式出现的《上海共识》。在该文件中提出了拓展和更新《大阪行动议程》，促进实施面向新经济的贸易政策等五个方面的重要内容。其中"探路者"(pathfinder approach)的提出颇引人注目。APEC 将据此在有条件的成员中率先采取行动和措施，推动贸易便利化和经济技术合作。会议还发表了领导人反对恐怖主义的声明，并启动了防范金融危机基金。舆论认为，APEC 此次会议向可操作性方向迈出了一大步，树立了自西雅图和茂物会议以来的又一座里程碑。

纵观 APEC 的发展历程，可以看到，APEC 正逐步通过具体的经济技术合作项目从最初的区域经济论坛逐渐演进成开展实质性经济合作的组织形态。它的运行模式不同于其他组织，在很多方面有其独到创新之处。其中，单边行动计划在实现贸易投资自由化和便利化进程中起着核心作用。在《上海共识》中，改进和完善单边行动计划的同行审议被确定为是 APEC 加强执行机制的重要途径。

### (二) 东南亚经济联盟

东南亚国家联盟(Association of Southeast Asian Nations，ASEAN)简称东盟，其前身是马来西亚、菲律宾和泰国于 1961 年 7 月在曼谷成立的东南亚联盟和 1963 年 8 月诞生的马、菲、印尼组织。1967 年 8 月，印尼、泰国、新加坡、菲律宾四国外长和马来西亚副总理在曼谷举行会议，发表了《曼谷宣言》，正式宣告东南亚国家联盟成立。东盟宗旨是"通过共同努力，加速本地区的经济增长、社会进步和文化发展""促进东南亚的和平与稳定"。文莱于 1984 年 1 月 8 日加入，越南于 1995 年成为东盟的第 7 个成员。老挝和缅甸于 1997 年 7 月正式被接纳为成员，柬埔寨于 1999 年成为东盟的第 10 个成员。为加强成员国之间的贸易关系，1993 年，东盟开始向东盟自由贸易区(AFTA)起步，决定在其后的 10 年内在各成员间取消制成品的大部分关税，目前建立东盟自由贸易区的既定目标已经基本实现。

东盟总部设在印尼首都雅加达，常务委员会主席由每年主持外长会议的东道国外长担任，任期一年。东盟秘书长由东盟各国根据资历和条件轮流提名，任期5年。东盟每三年召开一次正式首脑会议，两次正式首脑会议期间每年召开一次非正式会议，就重大问题和发展方向做出决策。东盟外长会议是制定东盟基本对外政策的机构，由东盟各国外长组成，每年轮流在成员国举行。而东盟与对话国外长会议在每年的东盟外长会议后召开。目前，东盟已逐步发展成为一个重要的具有活力的区域性组织。

### (三) 东亚“10＋3”经济合作机制

东亚“10＋3”经济合作机制是指东盟10成员国(印尼、马来西亚、泰国、菲律宾、新加坡、文莱、越南、老挝、缅甸和柬埔寨)与中国、日本、韩国之间的对话合作框架与运行机制。

20世纪90年代以来，随着国际和地区政治经济形势的发展变化，东盟开始认识到与中国、日本和韩国等国开展合作的重要性。1995年，东盟曼谷领导人会议首次提出举行东盟与中日韩领导人会议的建议。1997年，马来西亚作为东盟轮值主席国身份，在承办东盟领导人会议期间，积极促成了首次东盟与中日韩领导人非正式会议的召开。此后，“10＋3”领导人会议每年举行一次，由东盟主办。其中，1999年马尼拉会议时，由于柬埔寨加入东盟，东盟成员国扩大为10国(之前为9国)，会议名称由原来的“9＋3”变成“10＋3”领导人非正式会议。2000年新加坡会议上，会议名称由原来的“10＋3”领导人非正式会议改为“10＋3”领导人会议。1999年“10＋3”马尼拉会议上发表了《东亚合作联合声明》，确定了东亚合作的方向，并将经济、货币和金融、社会和人力资源开发、科技、文化和信息技术等领域确定为合作的重点，而经济与金融领域的合作又是东亚合作的重中之重。《东亚合作联合声明》的发表可以视为东亚区域联合的发端，具有划时代意义。在2000年的新加坡会议上，中方提议将“10＋3”机制定位为东亚国家合作的主渠道，逐步建立起金融、贸易和投资合作的框架，最终实现地区经济的更大融合。在2001年的文莱会议上，中方又提出了双方在侧重经济合作的同时，逐步开展政治安全领域的对话与合作，可以首先从非传统安全领域着手，其他国家领导人对此予以了积极回应。目前，“10＋3”已经在首脑会议的基础上，实现了外长会议、经济部会议和中央银行行长会议等组织机制，分别探讨各领域合作的方向和内容。

“10＋3”合作框架凸现了“东亚意识”的增强，将有力地推动东亚地区的经济合作以及全面合作走向机制化的进程。

### (四) 中国—东盟自由贸易区

近年来，中国与东南亚国家的经贸往来日益密切。在20世纪最后10年中，中国与东盟的贸易额增长了4倍左右，特别是1995年以来，中国和东盟的双边贸易额年均增长15%以上，1997年东亚爆发金融危机后，中国以区域内大国的姿态，本着为地区经济负责任的精神，坚决维持住了人民币的汇率稳定，并向东南亚有关国家提供了力所能及的援助。在此基础上，中国也开始以更加积极的态度参与和推动各种形式的区域经济合作。自1997年12月首次举行东盟与中日韩“10＋3”领导人会议以及东盟与中国“10＋1”领导人会议以来，中国与东盟国家在各个领域展开了广泛的交流与合作。

2001年11月，中国总理朱镕基在参加第五次“10＋3”以及“10＋1”领导人会议时，与东盟领导人达成共识并共同宣布：在未来10年内建立“中国—东盟自由贸易区”。2002年11月4日，中国与东盟10国领导人签署了《中国与东盟全面经济合作框架协议》(以下简称《框架协议》)，决定到2010年建成“中国—东盟自由贸易区”。《框架协议》成为建立中国—东盟自由贸易区的法律基础，从总体上确定了中国—东盟自由贸易区的基本框架。该协议共有16项条款，规定了自由贸易区的目标、范围、措施、起止时间，先期实现自由贸易的“早期收获”方案、经济技术合作安排，给予越南、老挝、柬埔寨三个非世贸组织成员以多边最惠国待遇的承诺，以及在货物、服务和投资等领域的未来谈判安排等内容。《框架协议》的签署标志着中国与东盟的经贸合作进入了崭新的历史阶段，将为中国和东盟带来互利双赢的局面，具有里程碑意义。

2003年10月，东亚“10＋3”及东盟与中国“10＋1”会议在印尼巴厘岛举行。10月7日，中国与东盟达成协议，双方同意开始实施一项大规模削减相互关税的计划。这是双方对《框架协议》的具体落实步骤之一，也标志着中国东盟自由贸易区的正式开始实施。10月8日，中国正式加入了《东南亚友好合作条约》，并与东盟国家签署了“面向和平与繁荣的战略伙伴关系”联合宣言。这是中国首次与一个地区组织结成战略伙伴关系，对促进双边政治互信关系的建立与深化具有重大的意义。

2004年11月，第八次中国—东盟领导人会议期间，中国与东盟发表了《落实中国—东盟面向和平与繁荣的战略伙伴关系联合宣言的行动计划》。会后，双方签署了《中国—东盟全面经济合作框架协议货物贸易协议》(简称《货物贸易协议》)、《中国—东盟争端解决机制协议》。

根据《货物贸易协议》的规定，《中国—东盟全面经济合作框架协议货物贸易协议》于2005年7月1日正式实施，双方将用20天的时间对彼此的关税减让表进行技术性核查，并调整相关的海关数据系统。从2005年7月20日起，正式开始按照协议规定的时间表，对原产于中国和东盟的产品相互给予优惠关税待遇。

2010年1月1日，贸易区正式全面启动。自贸区建成后，东盟和中国的贸易占到世界贸易的13%，成为一个涵盖11个国家、19亿人口，GDP达6万亿美元的巨大经济体，是目前世界人口最多的自贸区，也是发展中国家间最大的自贸区。

## 思考与实训

1. 区域经济一体化有哪些主要形式?
2. 简述经济全球化的发展与特点。
3. 简述当前国际服务贸易的发展趋势。
4. 计算与分析题

假定闭关自守状态下的 X 商品的价格，在 A 国是 10 美元，在 B 国是 8 美元，在 C 国为 6 美元，并且 A 国是小国，不能通过贸易影响 B 国和 C 国的价格。

(1) 如果 A 国对从 B 国和 C 国进口的 X 商品最初征收非歧视性的 100%从价税，那么，A 国是从国内生产 X 商品还是从 B 国或 C 国进口 X 商品?

(2) 如果 A 国与 B 国结成关税同盟，A 国是在国内生产 X 商品还是从 B 国或 C 国进口?

(3) A 国与 B 国建立的关税同盟是贸易创造关税同盟，还是贸易转移关税同盟，或两者都不是?

(4) 如果 A 国最初从 B 国、C 国进口的 X 商品征收 50%(而不是 100%)无差别从价税，A 国是在国内生产 X 商品还是从 B 国或 C 国进口?

5. 论述题

试用所学国际经济学原理，分析 2010 年"中国—东盟自由贸易区"建成的意义。用什么贸易理论能更好地解释这一区域贸易自由化的进程? 你认为这一地区能否出现统一货币? 面对这一未来贸易自由区，我国企业、产业界应如何应对?

6. 案例分析题

国际旅游不仅是外汇收入的主要来源之一，而且国际旅游业的发展带动了相关产业的发展，根据测算，旅游收入每增加 1 元，第三产业产值相应增加 10.20 元之多。而且，旅游业的发展也扩大了社会就业的机会。进入 21 世纪以来，全球旅游业得到了前所未有的发展，2000 年全球接待入境旅游人数过亿，2007 年全球接待入境旅游人数达到了史上最高，达 8.98 亿人次。2006 年据世界旅游组织统计排位，中国已成为全球第四大入境旅游接待国，旅游外汇收入居全球第六位。改革开放以来，中国入境旅游人数和入境过夜旅游者保持 17%的年均增长速度，旅游外汇收入保持 19%的年均增长速度。2007 年，全国旅游市场持续较快增长，全年入境旅游人数达 1.32 亿人次，增长 5.5%；其中入境过夜旅游人数达 5 472 万人次，增加旅游外汇收入达 419 亿美元，增长 23.5%；继续保持全球第四大入境旅游接待国地位。2008 年，我国入境旅游人数增加到 13 003 万人次，国际旅游外汇收入从 2.6 亿美元增加到 408 亿美元。过夜旅游者人数居世界位次由 1980 年的第 18 位上升到 2007 年的第 4 位；国际旅游外汇收入居世界位次由 1980 年的第 34 位上升到 2007 年的第 5 位。居民出境旅游也保持快速发展。2008 年，国内居民出境人数由 1993 年的 374 万人次增加到 4 584 万人次，居世界位次由 1995 年的第 17 位提高到 2007 年的第 6 位。国际旅游外汇支出由 1995 年的 37 亿美元增加到 2007 年的 333 亿美元，占世界比重由 0.8%提高到 3.6%。

**思考:**

(1) 入境(来华)旅游属于国际服务贸易的哪一种方式?

(2) 入境旅游对中国来说是服务出口，还是服务进口? 为什么? 那么出境旅游是服务出口还是服务进口?

(3) 国际服务贸易的哪一种方式同时也属于国际直接投资活动?

# 9 项目九 了解世界贸易组织

## 学习目标

**知识目标**

⊙理解和掌握世界贸易组织的地位、宗旨、基本原则和主要机构。

⊙掌握中国加入世界贸易组织后的权利和义务。

⊙理解中国加入世界贸易组织的意义。

**能力目标**

⊙通过引用具体的实例，分析世界贸易组织的宗旨与基本原则，培养理论与实际结合的能力。

商场如战场，群雄逐鹿，自由竞争与贸易保护此消彼长，国际贸易中无休止的关税战、货币战和商品战使各国深受其害。建立一种权威性国际组织缓解冲突，维护和协调彼此之间的贸易利益和经济关系，成为贸易各国的共同需求。于是，国际贸易组织应运而生。

## 任务一 关贸总协定

### 导入案例

20世纪30年代，资本主义世界爆发了历史上最严重的一次经济危机。为了应对危机，美国率先大幅提高关税(1930年美国国会通过了斯穆特—赫利法案，将美国的平均关税从38%提高到52%)，其他国家也纷纷提高自己的关税水平，结果加剧了经济危机。

时任美国国务卿维尔思说："经济危机期间，各国实行经济歧视并提高贸易壁垒，而完全不考虑这些歧视和壁垒对贸易以及其他国家人民产生的有害影响，……最终产生的苦难、迷茫和怨恨为那些把整个世界推入战争的集权统治者的上台铺平了道路。"

**思考：**经济危机后，各国奉行的贸易保护主义给世界带来了什么？"二战"后，美国和其他国家达成怎样的共识？

## 一、关税与贸易总协定

关税与贸易总协定(General Agreement on Tariff and Trade，GATT)简称关贸总协定，是关于关税与贸易政策的多边国际协定。它的宗旨是通过削减关税和其他贸易壁垒，削除国际贸易中的差别待遇，促进国际贸易自由化，以充分利用世界资源，扩大商品的生产与流通。它是在美国的策划下于1947年10月30日由23个原始缔约国在日内瓦订立的一项国际多边贸易协定。该协定于1948年1月1日正式生效，1995年1月1日为世界贸易组织所取代。关贸总协定共存续了47年，共有128个缔约方(截至1994年年底)。在总协定存续的47年间，总协定的成员不断增加，其涉及的领域不断扩大，缔约方之间的贸易额不断提高，在国际贸易中的作用日益加强。

## 二、关税与贸易总协定的成就

在其适用的47年里，关贸总协定一直是国际贸易领域唯一的一项多边协定，是管理和协调国际贸易事务的中心。其缔约方进行了8轮多边贸易谈判，经过多次关税减让谈判，缔约国关税已有大幅度的削减，世界贸易已增长十几倍，对"二战"后国际贸易的发展起到了巨大的保证和促进作用。

### (一) 总协定为各成员国规范了一套处理它们之间贸易关系的原则及规章

总协定通过签署大量协议，不断丰富、完善多边贸易体制的法律规范，对国际贸易进行全面的协调和管理。

### (二) 总协定为解决各成员国在相互的贸易关系中所产生的矛盾和纠纷提供了场所和规则

总协定为了解决各成员国在国际贸易关系中所产生的矛盾和争议，制定了一套解决各成员国争议的程序和方法。总协定虽然是一个临时协定，但由于其协调机制有较强的权威性，使大多数的贸易纠纷得到了解决。

### (三) 总协定为成员国举行关税减让谈判提供了可能和方针

总协定为各国提供了进行关税减让谈判的场所。总协定自成立以来，进行过八大回合的多边贸易谈判，关税税率有了较大幅度的下降。发达国家的平均关税已从1948年的36%降到20世纪90年代中期的3.8%，发展中国家和地区同期降至12.7%。这种大幅度地减让关税是国际贸易发展史上所未有的，对于推动国际贸易的发展起了很大作用，为实现贸易自由化创造了条件。

### (四)总协定努力为发展中国家争取贸易优惠条件

关贸总协定成立后被长期称作"富人俱乐部"，因为它所倡导的各类自由贸易规则对发达国家更有利。但随着发展中国家成员国的增多和力量的增大，总协定不再是发达国家一手遮天的讲坛，已经增加了若干有利于发展中国家的条款，为发展中国家分享国际贸易利益起到了积极作用。

### (五)总协定为各国提供经贸资料和培训经贸人才

关贸总协定与联合国合办的"国际贸易中心"，从各国收集统计资料和其他资料，经过整理后再发给各成员国，并且举办各类培训班，积极为发展中国家培训经贸人才。

## 三、关税与贸易总协定的局限性

由于关贸总协定产生背景的特殊性，其发展过程不可避免地存在一些局限。随着国际经济的不断发展，其本身难以克服的局限性日益突出，已经不能适应国际贸易和世界经济的发展。

(1)仅是政府间临时的行政协议，没有自己的组织基础，并不是正式生效的国际公约。

(2)权威性不强，是经济贸易利益关系调整过程中妥协的产物，只是由一些"规定"和一系列的"例外"所组成。这使得许多缔约方在贸易立法和政策执行中市场偏离关贸总协定的基本任务，导致诸如"自动"出口限制、有秩序的贸易安排等"灰色领域"措施泛滥，削弱关贸总协定的权威性。

(3)关贸总协定仅管辖货物贸易，并且农产品和纺织品、服装还不受关贸总协定自由化的约束。不仅如此，服务贸易、知识产权、与贸易有关的投资措施等 20 世纪 80 年代以后出现的新领域在关贸总协定中没有涉及，从而使得关贸总协定已经不能适应 20 世纪 80 年代以来国际贸易领域迅速扩展的需要。

(4)争端解决机制较弱。争端解决的决策要求所有缔约方"完全协商一致"做出决策，有贸易大国操作或控制争端解决结果的可能性。

## 四、乌拉圭回合多边贸易谈判

自 1947 年以来，在总协定的主持下，共举行了八轮多边贸易谈判，每一轮谈判都取得了一定的成果，如表 9-1 所示。

**表 9-1 关税与贸易总协定下的八轮多边贸易谈判**

| 谈判时间 | 地点/名称 | 涉及议题 | 参加方数目 | 关税减让幅度(%) |
|---|---|---|---|---|
| 1947 年 4—10 月 | 瑞士日内瓦 | 关税 | 23 | 35 |
| 1949 年 4—10 月 | 法国安纳西 | 关税 | 33 | 35 |
| 1950 年 9 月—1951 年 4 月 | 英国脱奎 | 关税 | 39 | 26 |
| 1956 年 1—5 月 | 日内瓦 | 关税 | 28 | 15 |
| 1960 年 9 月—1962 年 7 月 | 日内瓦(狄龙回合) | 关税 | 45 | 20 |

续表

| 谈判时间 | 地点/名称 | 涉及议题 | 参加方数目 | 关税减让幅度(%) |
|---|---|---|---|---|
| 1964年5月—1967年6月 | 日内瓦（肯尼迪回合） | 关税和非关税壁垒 | 54 | 35 |
| 1973年—1979年4月 | 日内瓦(东京回合) | 关税和非关税壁垒 | 102 | 33 |
| 1986年—1994年4月 | 日内瓦（乌拉圭回合） | 关税和非关税壁垒、服务贸易、TRIPs、TRIMs、农产品、纺织品、建立WTO等 | 123 | 33 |

在上述八个回合的谈判中，第八轮乌拉圭回合的谈判成效最大。

### (一) 乌拉圭回合谈判的背景

从20世纪70年代开始，特别是进入80年代以后，以各种非关税壁垒为特征的贸易保护主义重新抬头。为了遏制贸易保护主义，避免全面的贸易战发生，美、欧、日等共同倡导发起了此次多边贸易谈判，决心制止和扭转保护主义，消除贸易扭曲现象，建立一个更加开放、具有生命力和持久的多边贸易体制。

### (二) 谈判的主要内容

1986年9月，部长们相聚在乌拉圭的埃斯特角城，同意发起乌拉圭回合谈判。谈判议程包括所有突出的贸易政策问题：关税削减、非关税壁垒、农产品和纺织品贸易，而且要向与贸易有关的投资措施、服务贸易、与贸易有关的知识产权等几个新的领域拓展。

### (三) 谈判的主要成果

(1) 进一步降低关税，货物贸易市场准入条件改善。

(2) 在农产品和纺织品服装贸易方面加强多边约束。

(3) 就服务贸易和与贸易有关的知识产权达成协议。

(4) 争端解决机制更加有效可靠。

(5) 成立了世界贸易组织，取代临时性的关税与贸易总协定。

## 任务二 世界贸易组织概述

### 导入案例

阿富汗下议院批准阿加入世界贸易组织

据《阿富汗每日瞭望报》报道，6月18日，阿富汗下议院批准阿富汗加入世界贸易组织。

阿富汗从2001年开始申请加入WTO，2004年WTO给予阿富汗观察员身份，并于2015年接受阿富汗成为其成员。

**思考：**世界贸易组织是一个怎样的组织？阿富汗为什么要加入其中？

## 一、世界贸易组织的简介

世界贸易组织(world trade organization，WTO)简称世贸组织，它是根据乌拉圭回合谈判达成的《建立世界贸易组织协定》于1995年1月1日在瑞士日内瓦成立，1996年1月1日起开始完全取代成立于1947年的关贸总协定，成为独立于联合国之外的，目前世界上最大的多边贸易组织。世界贸易组织是以市场经济机制和多边贸易规则为基础，以乌拉圭回合达成的各项协定为法律框架，并具有国际法人地位的正式国际经济组织。

## 二、世界贸易组织的宗旨和目标

《建立世界贸易组织的协议》(以下简称《世贸组织协议》)的序言部分阐述了世界贸易组织的宗旨与目标：提高生活水平、保证充分就业，大幅度稳步地提高实际收入和有效需求；扩大货物、服务的生产和贸易；坚持走可持续发展道路，促进对世界资源的最优利用，保护环境；积极努力确保发展中国家，尤其是最不发达国家在国际贸易增长中获得与其经济发展需要相适应的份额；通过实质性削减关税等措施，建立一个完整的、更具活力的、持久的多边贸易体制。

## 三、世界贸易组织的职能和机构

根据《世贸组织协议》第三条的规定，世贸组织的职能是：负责多边贸易协议的实施、管理和运作，促进世界贸易组织目标的实现；为各成员就多边贸易关系进行谈判和贸易部长会议提供场所，并提供事实谈判结果的框架；通过争端解决机制，解决可能产生的贸易争端；运用贸易政策审议机制，定期审议成员的贸易政策及其对多边贸易体制运行所产生的影响；通过与其他国际经济组织的合作和政策协调，实现全球经济决策的更大一致性；对发展中国家和不发达国家提供技术援助培训。

为执行其职能，世贸组织在瑞士日内瓦设立相应的组织机构，如图9-1所示。

### (一) 部长会议

部长会议是世界贸易组织的最高权力机构和决策机构，由世界贸易组织成员方的部长组成。部长会议至少每两年召开一次会议，对国际贸易重大问题做出决策，在适当时候发动多边贸易谈判。

部长会议下设有四个专门委员会分别负责处理相关事宜。

#### ▶ 1. 贸易与发展委员会

该委员会职责是定期审议多边贸易协定中对欠发达国家优惠条款的执行情况，并定期向总理事会报告，以便采取进一步行动。

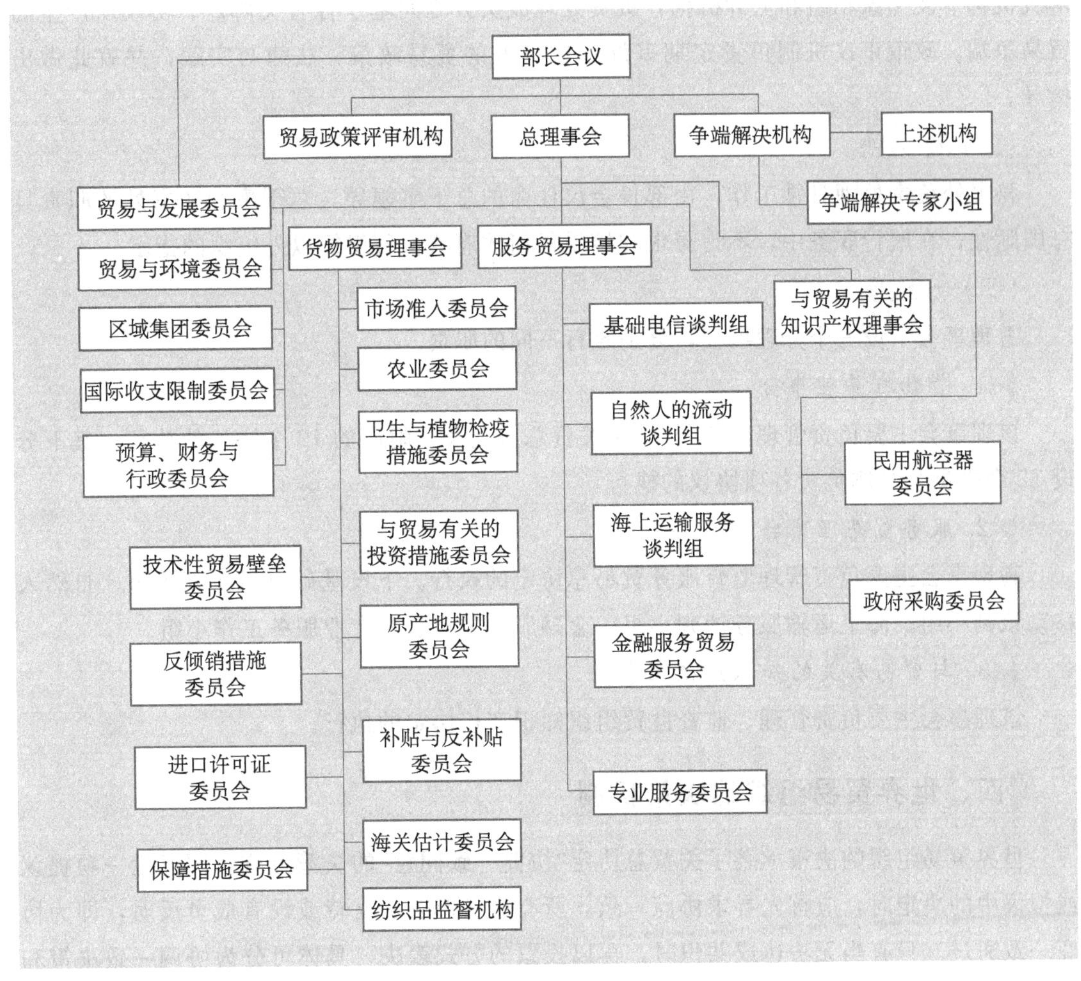


**图 9-1 国际贸易组织机构图**

▶ 2. 贸易与环境委员会

该委员会职责是协调贸易与环境措施之间的矛盾，制定必要的规范，以促进贸易的持久发展。

▶ 3. 国际收支调控委员会

该委员会负责监督审查有关协定中涉及国际收支条款以及依据这些条款而采取限制进口措施的执行情况。

▶ 4. 财政和行政预算委员会

该委员会负责确定并收缴成员方应交的会费，提出世贸组织的年度财务报告及预算，负责世贸组织的财产及内部行政事务。

### (二) 总理事会

总理事会是世贸组织的核心机构，负责日常对世贸组织的领导和管理。总理事会可视情况需要随时开会，自行拟订议事规则及议程。

争端解决机构和贸易政策评审机构两个机构均直接隶属于部长会议或总理事会。争端解决机构下设专家小组和上诉机构，负责处理成员方之间基于各有关协定、协议所产生的贸易争端。政策审议机制负责定期审议各成员方的贸易政策、法律与实践，并就此做出指导。

(三) 秘书处

秘书处负责处理日常工作，由部长会议任命的总干事领导。总干事和秘书处的职责具有国际性，在履行职务中，不得寻求和接受任何政府或世贸组织以外组织的指示。

(四) 分理事会

总理事会下设三个分理事会，分别履行不同的职责。

▶ 1. 货物贸易理事会

该理事会主要负责管理监督 1994 年关贸总协定及其附属的 12 个协议的执行，其下分设 12 个委员会具体负责各项协议的执行。

▶ 2. 服务贸易理事会

高理事会主要负责管理监督服务贸易总协定的执行。下设基础电讯谈判小组、自然人移动谈判小组、海上运输服务谈判小组、金融服务委员会及专业服务工作小组。

▶ 3. 与贸易有关的知识产权理事会

该理事会主要负责管理、监督世贸组织知识产权协定的执行。

## 四、世界贸易组织的决策机制

世界贸易组织的决策承袭了关贸总协定“协商一致同意”的决策方式，即讨论一项提议或拟议中的决定时，应首先寻求协商一致，所有成员都表示支持或没有成员反对，即为协商一致通过。只有当无法达成共识时，再以投票的方式表决，具体可分为协调一致决策和投票决策形式。世界贸易组织对不同的问题采取不同的投票方式，具体规定如下。

(1) 部长会议或总理事会在无法协商一致使通过表决决定，每个成员拥有一票。

(2) 对某些关键条款的修正要以全体成员接受才能生效。

(3) 关于条款解释的投票要以 3/4 多数通过。

(4) 有关豁免的表决要以 3/4 多数通过。但对有的义务在规定的“过渡期”内可暂不履行，在过渡期以后如果要继续豁免，就必须“一致同意”才行。

(5) 接收新成员、关于修正案的投票要以 2/3 多数通过。

(6) 对一般事项或某些普通条款的修正以简单多数通过。

此外，协议还规定了世贸组织的预算和会费原则，对成员资格、加入、特定成员之间互不适用多边贸易协议，以及接受、生效和保存、退出等都做了程序性规定。

## 五、贸易政策审议机制

贸易政策审议机制是指世贸组织成员集体对各成员的贸易政策、措施及其对过边贸易体制的影响，定期进行全面的审议。实施贸易政策审议机制目的，是促使成员方提高贸易政策和措施的透明度，履行所做的承诺，更好地遵守世贸组织规则，从而有助于多边贸易体制平稳运行。

### 六、争端解决机制

争端解决机制是解决成员政府间已发生贸易争端的事后解决机制，它使有关成员之间的利益和义务的平衡，避免采取歧视性的贸易限制措施，是保护和加强多边贸易体制稳定性和可预见性的关键因素，以及世贸组织正常运行的重要保障。争端解决机制的核心是精确的操作程序、明确的时间限制以及严格的交叉报复机制。

## 任务三 世界贸易组织原则

**导入案例**

根据韩国酒税法，韩国对国内烧酒征收 35%的税，而其他进口蒸馏酒(威士忌、伏特加、朗姆酒等)的税率是 100%。欧盟和美国认为韩国违背世界贸易组织的国民待遇条款。

**思考：**什么是国民待遇条款？韩国的做法是否违反国民待遇条款？

**分析：**本案的关键是确定威士忌、伏特加等蒸馏酒和韩国的传统烧酒是否是相同产品。因为根据国民待遇条款，只有在对相同产品征税高于国内产品的情况下才可以援引此款。如果不是相同产品，征收不同的税是理所当然的。

世界贸易组织的基本原则贯穿于世界贸易组织的各个协定与协议中，构成了多边贸易体制的基础。这些基本原则包括非歧视原则、公平竞争原则、透明度原则和自由贸易原则等。其中，非歧视原则包括最惠国待遇原则和国民待遇原则。

### 一、非歧视原则

非歧视原则又称无差别原则，是 WTO 中最基本的原则，构成了世贸组织的基石。非歧视原则的基本含义指 WTO 的各缔约方在进出口方面应以相等的方式对待所有其他缔约方，而不应该采取歧视待遇；各缔约方对进入本国市场的任何其他缔约方的产品应在国内税或其他国内商业规章等方面给予和本国产品同等待遇，而不应歧视。这个原则是通过最惠国待遇与国民待遇原则来体现的。

#### (一) 最惠国待遇原则

最惠国待遇原则是指一成员在货物贸易、服务贸易和知识产权领域给予任何其他国家(无论是否世贸组织成员)的优惠待遇(包括利益、特权、豁免等)，立即和无条件地给予其他各成员。最惠国待遇的实质是保证市场竞争机会均等。

最惠国待遇可以分为无条件的最惠国待遇和有条件的最惠国待遇两种。无条件的最惠国待遇，是指缔约国的一方现在或将来给予第三国的一切优惠，应无条件地、无补偿地、自动地适用于缔约国的另一方；有条件的最惠国待遇，是指缔约国的一方现在或将来给予第三国的优惠，缔约国的另一方必须提供一样的补偿，才能享受。

最惠国待遇原则包含四个要点。

▶ 1. 自动性

缔约方一方给予缔约另一方的优惠超过其他缔约方享受的优惠时，其他缔约方便自动享受了这种优惠。例如，A、B、C 三国均为世界贸易组织成员，当 A 国把从 B 国进口的电视关税从 20%降至 10%时，这个 10%的税率同样适用于从 C 国等其他成员进口的电视。又如，A 国和 B 国均为世界贸易组织成员，X 国为非世界贸易组织成员，但 A 国把从 X 国进口的电视关税税率从 30%降到 20%时，这个 20%的税率也应自动地适用于从 B 国等其他成员方进口的电视。但当 A 国降低从 B 国等成员方进口的电视关税税率时，降低后的关税税率并不能自动适用于 X 国，X 国只能根据与 A 国签订的双边贸易协定中的无条件最惠国待遇条款，来享有这种关税优惠。

▶ 2. 同一性

缔约一方给予缔约另一方的某种优惠自动转给其他缔约方时，受惠的标的必须相同。仍以上述 A 国、B 国和 C 国为例，A 国给予从 B 国进口的电视的关税优惠，只能适用于从 C 国等其他成员方进口的电视，而不是其他产品。

▶ 3. 相互性

任何缔约方既是给惠方，又是受惠方。

▶ 4. 普遍性

最惠国待遇适用于全部进出口产品、服务贸易的各个部门和所有种类的知识产权所有者和持有者。

### (二) 国民待遇原则

国民待遇原则是指对其他成员的货物、服务、服务提供者及知识产权所有者或持有者所提供的待遇，不低于本国同类货物、服务、服务提供者及知识产权所有者和持有者可享有的待遇。其目的是平等对待外国和本国货物、服务、知识产权所有者，实施非歧视待遇。

国民待遇原则包含三个要点。

(1) 适用的对象是产品、服务或服务提供者及知识产权所有者和持有者。

(2) 国民待遇原则只涉及其他缔约方的产品、服务或服务提供者及知识产权所有者和持有者，在进口成员方境内所享有的待遇。

(3) 国民待遇中“不低于”一词的含义是：其他缔约方的产品、服务或服务提供者，应与进口缔约方同类产品、服务或服务提供者及知识产权所有者和持有者享有同等待遇。

在货物领域方面，国民待遇包含三方面的内容。

(1) 不对进口产品征收超过对国内相同产品所征收的国内税或其他费用。

(2) 在影响产品国内销量、让售、购买、运输、分配与使用等政府规章管理方面，进口产品所享受的待遇不得低于本国同类产品所享受的待遇。

(3) 一成员方不能强制要求其生产某一产品时，必须使用一定数量或比例的国内生产的原材料或半成品。

在服务领域，一成员方给予外国服务或服务提供者的待遇不应低于本国服务或服务提供者所享受的待遇，但前者享有的此种待遇以该成员服务贸易承诺表中所列出的条件或限制为准，并且在一成员没有做出开放承诺的服务部门，外国服务或外国服务提供者不享受此种待遇。即服务贸易中的国民待遇是 WTO 成员通过谈判确定的，各个服务部门通过谈判做出具体的规定。

在知识产权方面，一成员方给予其他成员方的待遇不得低于给予本国国民的待遇，但以该成员在现行国际知识产权协定中承担的义务为前提。

## 二、公平竞争原则

在世贸组织规则框架下，公平竞争原则是指成员应避免采取扭曲市场竞争的措施，纠正不公平贸易行为，在货物贸易、服务贸易和与贸易有关的知识产权领域，创造和维护公开、公平、公正的市场环境。

公平竞争原则包括以下三个要点。

(1) 公平竞争原则体现在货物贸易、服务贸易和与贸易有关的知识产权领域。

(2) 既涉及缔约方政府行为，也涉及企业行为。

(3) 要求缔约方维护产品、服务或服务提供者在本国市场的公平竞争，不论它们来自本国或其他任何缔约方。

在货物领域方面，《1994 年关税与贸易总协定》始终遵循公平竞争的原则。为实现公平竞争，要求成员方逐步降低进口关税并加以约束；要求成员方取消数量限制，实施国民待遇和最惠国待遇。即使某些产品由国有贸易企业经营，包括把经营的专有权和特权授予某些企业，这些企业的经营活动也应以价格、质量等商业因素为依据，使其他成员企业能够充分参与竞争。货物贸易领域中的其他协议，如《反倾销协议》《补贴与反补贴措施协议》《保障措施协议》和《农业协议》等，都体现了公平竞争的原则。

在服务领域方面，世界贸易组织鼓励各成员方通过相互开放服务贸易市场，逐步为外国的服务者或服务提供者创造市场准入和公平竞争的机会，并要求成员方保证服务提供者的行为符合最惠国待遇原则及该成员方在服务贸易承诺表中的具体承诺。

在知识产权领域，公平竞争原则主要体现为对知识产权的有效保护和反不正当竞争，防止伪造、假冒含有知识产权保护的产品。

## 三、透明度原则

为保证贸易环境的稳定性和可预见性，世界贸易组织除了要求成员方遵守有关市场开放等具体承诺外，还要求成员方的各项贸易措施(包括有关法律、法规、政策及司法判决和行政裁决等)保持透明。

所谓透明度原则是指成员应及时公布其所制定和实施贸易措施及变化情况(即修改、增补或废除等)，不公布的不得实施，同时还应将这些贸易措施及其变化的情况通知世界贸易组织。成员所参加的与国际贸易政策有关的双边和多边国际协议也应予以公布，但对涉及商业秘密的事项可不公布。

透明度原则包括以下三个要点。

(1) 要求各成员将有效实施的有关管理对外贸易的各项法律、法规、行政规章、司法判决等迅速加以公布。

(2) 各成员政府之间或政府机构之间签署的影响国际贸易政策的现行协定和条约也应加以公布。

(3) 各成员应在其境内统一、公正和合理地实施各项法律、法规、行政规章、司法判决等。

透明度原则的主要内容包括贸易措施的公布和贸易措施的通知两个方面，其目的是防止缔约方之间进行不公平的贸易。

根据该原则，世界贸易组织各成员方必须承担公布和公开有关贸易措施及其变化情况的义务，但不要求成员披露可能会影响到法律的执行，或违背公共利益，或损害某些企业合法商业利益的机密信息。

## 四、自由贸易原则

世界贸易组织倡导并致力于推动贸易自由化，要求成员方尽可能地取消不必要的贸易障碍，开放市场，为货物和服务在国际间的流动提供便利。

在世界贸易组织框架下，自由贸易原则是指通过多边贸易谈判，实质性削减关税和减少其他贸易壁垒，扩大成员方之间的货物和服务贸易。

自由贸易原则包括五个要点。

(1) 以共同规则为基础。成员方根据世界贸易组织的协议，有规则地实行贸易自由化。

(2) 以多边谈判为手段。成员方通过参加多边贸易谈判，并根据在谈判中做出的承诺，逐步推进贸易自由化。货物贸易方面体现在逐步削减关税和减少非关税贸易壁垒，服务贸易方面体现则更多地体现在不断增加开放的服务部门，减少对服务提供方式的限制。

(3) 以争端解决为保障。世界贸易组织的争端解决机制具有强制性，如某成员被诉违反承诺，并经争端解决机制裁决败诉，该成员方就应执行有关裁决；否则，世界贸易组织可以授权申诉方采取贸易报复措施。

(4) 以贸易救济措施为“安全阀”。成员方可通过援用有关例外条款或采取保障措施等贸易救济措施，消除或减轻贸易自由化带来的负面影响。

自由贸易原则的例外包括以下两点：一是允许实施适量限制的例外，在特殊情况下，成员可以实行数量限制，但要做到“非歧视性”；二是《服务贸易总协定》中市场准入的例外，未谈判达成协议的部门即为限制或禁止。

## 五、市场准入原则

市场准入原则，是指一国允许外国的货物、劳务与资本参与国内市场的程度。市场准入原则旨在通过增强各国对外贸易体制的透明度，减少和取消关税、数量限制和其他各种强制性限制市场进入的非关税壁垒，以及通过各国对开放本国特定市场所做出的具体承诺，加深开放市场的程度，保证各国的商品、资本和服务可以在世界市场上公平自由竞争。

该原则在 WTO 现在达成的有关协议中，主要涉及关税减让、纺织品和服装、农产品贸易、热带产品和自然资源产品、服务贸易以及非关税壁垒的消除等领域。

## 六、公平处理贸易争端原则

国际贸易争端是伴随着国家间经济交往的开始和发展所不可避免的一种现象，指在调解争端时，要以成员方之间在地位对等基础上的协议为前提。调解人通常由总干事来担任。普遍适用。

## 七、对发展中国家和最不发达国家优惠待遇原则

对发展中国家和最不发达国家优惠待遇原则是指如果发展中国家在实施 WTO 协议时需要一定的时间和物质准备，可享受一定期限的过渡期优惠待遇。这是关贸总协定和 WTO 考虑到发展中国家经济发展水平和经济利益而给予的差别和更加优惠的待遇，是对 WTO 无差别待遇原则的一种例外。

## 八、允许豁免和实施保障措施原则

允许豁免和实施保障措施原则是指在特殊的条件下，可以暂时不承担和履行已经做出承诺的义务，对进口产品实行紧急的保障措施，如提高关税、实施数量限制和特殊限制等，但加强了豁免和实施保障措施的约束条件。

# 任务四 中国与世界贸易组织

### 导入案例

**中国加入世界贸易组织 15 周年：成为世界第一大贸易国**

2001 年 12 月 11 日，中国正式加入世界贸易组织，目前已成为全球第二大经济体，世界第一大贸易国，世界第一大吸引外资国，世界第二大对外投资国……加入 WTO 对促进

中国外贸发展和拉动经济增长发挥了重要作用。

2001年，我国进出口总额0.51万亿美元，2015年这一数字为3.96万亿美元，约为入世前的8倍。

贸易规模和发展速度的背后，更是产业结构的优化升级。商务部数据显示，2001—2014年，我国初级产品的出口份额由10%下降到5%，而工业制成品中机械与运输设备的出口份额由36%上升为46%，出口增加值不断提升。

“加入世贸组织是中国经济融入世界经济的重要里程碑，也是中国适应经济全球化发展趋势、进一步深化改革开放的客观需要。”商务部国际贸易经济合作研究院院长顾学明说，中国入世既推动了全球的经济增长，也实现了全球资源的优化配置。

目前，中国在全球化浪潮中成为世界第一大贸易国。与此同时，中国商品出口也面临关税成本增加、出口企业频遭“双反”调查等严峻挑战。根据WTO和欧委会最近发布的报告，全球有三分之一的贸易救济措施直接针对中国。仅在欧盟当前的73项反倾销措施中，就有56项针对中国进口的产品。

**思考：**中国加入世界贸易组织后取得的成绩与面临的挑战分别是什么？

## 一、中国与关贸总协定

中国是关贸总协定的创始国之一。但在新中国成立后不久，中国台湾当局就非法退出了关贸总协定，使中国与关贸总协定的关系长期中断。为扩大开放、深化改革，中国政府于1986年7月向关贸总协定正式提出“复关”申请，从此踏上“复关”的征途，直至1995年世贸组织(WTO)建立，中国“复关”未果。1996年，世界贸易组织事实取代关贸总协定后，中国“复关”谈判成了“入世”谈判。历尽艰辛，1999年11月15日中美签署中国入世双边协议，中国在“入世”谈判中取得重大突破。“入世”后的权利为中国经济发展带来机遇，但“入世”后应尽的义务也给中国带来一定挑战。

## 二、中国加入世界贸易组织的谈判

### (一) 第一阶段：20世纪80年代初到1986年7月，主要是酝酿和准备“复关”事宜

1971年，中国恢复在联合国的合法席位后，相继参加了与关贸总协定并称世界经济“三大支柱”的国际货币基金组织和世界银行，但由于当时的计划经济体制与关贸总协定的基本原则相抵触，没有申请恢复关贸总协定缔约国地位。改革开放后，随着中国对外经济贸易活动日益增多，对外经贸在国民经济中的作用不断增强，迫切需要一个稳定的国际环境。国内经济体制改革也不断向市场化发展，中国初步具备了加入多边贸易体制的条件。

1982年11月，中国政府获得关贸总协定观察员身份，并首次派代表团列席关贸总协定第36届缔约国大会。

1982年12月31日，国务院批准中国申请参加关贸总协定的报告。

1986 年 7 月 11 日，中国政府正式照会关贸总协定总干事，要求恢复中国的关贸总协定缔约国地位。

### (二) 第二阶段：1987 年 2 月—1992 年 10 月，主要是审议中国经贸体制

1987 年 3 月 4 日，关贸总协定理事会设立了关于恢复中国缔约方地位的中国工作组，邀请所有缔约方就中国外贸体制提出质询。申请"复关"的谈判，首先必须接受关贸总协定对中国经贸体制的审查，由缔约方判断中国的经贸体制是符合市场经济的基本要求。在当时的情况下，中国要回答的核心问题就是中国究竟是实行市场经济，还是实行计划经济。

1992 年 9 月，中国共产党第十四次全国代表大会接纳了邓小平南方谈话的思想，正式确立了建立"社会主义市场经济"体制的总体目标，从而使第二阶段的谈判迈出了关键性的步伐。

1992 年 10 月召开的关贸总协定第 11 次中国工作组会议，正式结束了对中国经贸体制长达 6 年的审议。

### (三) 第三阶段：1992 年 10 月—2001 年 9 月，"复关"/"入世"议定书内容的实质性谈判，即双边市场准入谈判

1994 年 4 月 12—15 日，关贸总协定部长级会议在摩洛哥的马拉喀什举行，乌拉圭回合谈判结束，与会各方签署《乌拉圭回合谈判结果最后文件》(以下简称《最后文件》)和《建立世界贸易组织协定》。中国代表团参会并签署《最后文件》。但到 1994 年年底，"复关"谈判仍因各边立场差距太大而未能达成协议，中国成为世贸组织创始国的愿望没有实施。

1995 年 11 月，中国"复关"工作组更名为中国"入世"工作组，中国恢复关贸总协定缔约国地位的谈判转为加入世贸组织谈判，中方根据要求，与世贸组织的 37 个成员继续进行拉锯式的双边谈判。

2001 年 9 月 13 日，中国与最后一个谈判对手墨西哥达成协议，从而完成了"入世"的双边谈判。

### (四) 第四阶段：2001 年 9 月—2001 年 11 月，中国"入世"法律文件的起草、审议和批准

2001 年 9 月 17 日，世贸组织中国工作组第 18 次会议通过中国加入世贸组织法律文件，中国加入世贸组织多边谈判结束。

2001 年 11 月 10 日，世贸组织第四届部长级会议一致通过中国加入世贸组织的决议。中国的立法机构——全国人大常委会批准了这些报告和议定书并由中国政府代表将批准书交存了世贸组织总干事。

2001 年 12 月 11 日，中国正式成为世贸组织第 143 个成员国。

## 三、中国加入世界贸易组织后的权利与义务

### (一) 基本权利

#### 1. 全面参与多边贸易体制

中国将充分享受正式成员的权利，其中包括：全面参与世界贸易组织各理事会和委员

会的所有正式和非正式会议，维护中国的经济利益；全面参与贸易政策审议，在其他世界贸易组织成员对中国国采取反倾销、反补贴和保障措施时，可以在多边框架体制下进行双边磋商，增加解决问题的渠道；充分利用世界贸易组织争端解决机制解决双边贸易争端；全面参与新一轮多边贸易谈判；对于现在或将来与中国有重要贸易关系的申请加入方，将要求与其进行双边谈判，并通过多边谈判解决一些双边贸易中的问题。

▶ 2. 享受非歧视待遇

中国加入世界贸易组织后，将充分享受多边无条件的最惠国待遇和国民待遇，即非歧视待遇。现行双边贸易中受到的一些不公正的待遇将会被取消或逐步取消，其中包括：美国国会通过永久正常贸易关系(PNTR)法案，结束对华正常贸易关系的年度审议；根据《中国加入世界贸易组织议定书》附件 7 的规定，欧盟、阿根廷、匈牙利、墨西哥、波兰、斯洛伐克、土耳其等成员对中国出口产品实施的与世界贸易组织规则不符的数量限制、反倾销措施、保障措施等将在中国加入世界贸易组织后 5～6 年内取消；根据世界贸易组织《纺织品与服装协议》的规定，发达国家的纺织品配额在 2005 年 1 月 1 日取消，中国充分享受世界贸易组织纺织品一体化的成果；美国、欧盟等在反倾销问题上对中国使用的“非市场经济国家”标准将在规定期限(15 年)内取消。

▶ 3. 享受发展中国家权利

除一般世贸组织成员所能享受的权利外，中国作为发展中国家还将享受世贸组织各项协定规定的特殊和差别待遇，主要内容如下。

(1) 中国经过谈判，获得了对农业提供占农业生产总值 8.5％“黄箱补贴”的权利。

(2) 在涉及补贴与反补贴措施、保障措施等问题时，享有协定规定的发展中国家待遇。

(3) 在争端解决中，有权要求世界贸易组织秘书处提供法律援助。

(4) 在采用技术性贸易壁垒及采用国际标准方面，可以根据经济发展水平拥有一定的灵活性等。

▶ 4. 获得市场开放和法规修改的过渡期

经过谈判，中国在市场开放和遵守规则方面获得了过渡期。例如，在放开贸易权的问题上，享有 3 年的过渡期；关税减让的实施期最长可到 2008 年；逐步取消 400 多项产品的数量限制，最迟可在 2005 年 1 月 1 日取消；服务贸易的市场开放在加入后 1～6 年内逐步实施。在纠正一些与国民待遇不相符的措施方面，包括针对进口药品、酒类和化学品等的规定，将保留 1 年的过渡期，以修改相关法规。对于进口香烟实施特殊许可证方面，我国将有 2 年的过渡期修改相关法规，以实行国民待遇。

▶ 5. 保留国有贸易体制

世界贸易组织允许通过谈判保留进口国国有贸易。经过谈判，中国保留了粮食、棉花、植物油，食糖、原油、成品油、化肥和烟草等 8 种关系国计民生的大宗产品的进口实行国有贸易管理(即由中国政府指定的少数公司专营)。保留了对茶、大米、玉米、大豆、钨及钨制品、煤炭、原油、成品油、丝、棉花等的出口实行国有贸易管理的权利。

▶ 6. 对国内产业提供必要的支持

对国内产业提供必要的支持主要包括：地方预算提供给某些亏损国有企业的补贴、经济特区的优惠政策、经济技术开发区的优惠政策、上海浦东经济特区的优惠政策、外资企业优惠政策、国家政策性银行贷款、用于扶贫的财政补贴、技术革新和研发基金、用于水利和防洪项目的基础设施基金等补贴项目。

▶ 7. 维持国家定价

保留了对重要产品及服务实行政府定价和政府指导价的权利，其中包括：对烟草、食盐、药品等产品、民用煤气、自来水、电力、热力、灌溉用水等公用事业以及邮电、旅游景点门票、教育等服务保留政府定价的权利；对粮食、植物油、成品油、化肥、蚕茧、棉花等产品和运输、专业服务、服务代理、银行结算、清算和传输、住宅销售和租用、医疗服务等服务保留政府指导价的权利；在向世界贸易组织秘书处做出通报后，可增加政府定价和政府指导价的产品和服务。

▶ 8. 保留征收出口税的权利

保留对鳗鱼苗、铅、锌、锑、锰铁、铬铁、铜、镍等共 84 个税号的资源性产品征收出口税的权利。

▶ 9. 保留对进出口商品进行法定检验的权利

略。

▶ 10. 有条件、有步骤地开放服务贸易领域并进行管理和审批

略。

## (二) 基本义务

▶ 1. 遵守非歧视原则

中国承诺在进口货物、关税、国内税等方面，给予外国产品的待遇不低于给予国产同类产品的待遇，并对目前仍在实施的与国民待遇原则不符的做法和政策进行必要的修改和调整。

▶ 2. 贸易政策统一实施

承诺在整个中国关境内，包括民族自治地方、经济特区、沿海开放城市以及经济技术开发区等统一实施贸易政策。

▶ 3. 确保贸易政策透明度

承诺公布所有涉外经贸法律和部门规章，未经公布的不予执行。加入世界贸易组织后设立“世界贸易组织咨询点”。

▶ 4. 为当事人提供司法审议的机会

承诺在与中国《行政诉讼法》不冲突的情况下，在有关法律、法规、司法决定和行政决定方面，为当事人提供司法审查的机会。

▶ 5. 逐步放开外贸经营权

承诺在加入世界贸易组织后3年内取消外贸经营审批权。在中国的所有企业在登记后都有权经营除国有贸易产品外的所有产品。同时中国还承诺，在加入世界贸易组织后3年内，已享有部分进出口权的外资企业将逐步享有完全的贸易权(注：贸易权仅指货物贸易方面进口和出口的权利，不包括在国内市场的销售权，不同产品的国内市场销售权取决于我国在服务贸易做出的承诺)。

▶ 6. 逐步取消非关税措施

我国承诺按照世界贸易组织的规定，将现在对400多项产品实施的非关税措施(配额、许可证、机电产品特定招标)在2005年1月1日之前取消，并承诺今后除非符合世界贸易组织规定，否则不再增加或实施任何新的非关税措施。

▶ 7. 不再实行出口补贴

中国承诺遵照世界贸易组织《补贴与反补贴措施协议》的规定，取消协议禁止的出口补贴，通知协议允许的其他补贴项目。

▶ 8. 实施《与贸易有关的投资措施协议》

中国承诺加入世界贸易组织后实施《与贸易有关的投资措施协议》，取消贸易和外汇平衡要求、当地含量要求、技术转让要求等与贸易有关的投资措施。

▶ 9. 以折中方式处理反倾销反补贴条款可比价格

在中国加入世界贸易组织后15年内，在采取可比价格时，如中国企业能明确证明该产品是在市场经济条件下生产的，可以该产品的国内价格作为依据；否则，将找替代价格作为可比价格。该规定也适用于反补贴措施。

▶ 10. 接受特殊保障条款

中国加入世界贸易组织后12年内，如中国出口产品激增对世界贸易组织成员国内市场造成市场紊乱，双方应磋商解决，在磋商中，双方一致认为应采取必要行动时，中国应采取补救行动。如磋商未果，该世界贸易组织成员只能在补救冲击所必需的范围内，对中方撤销减让或限制进口。

▶ 11. 接受过渡性审议

中国加入世界贸易组织后8年内，世界贸易组织相关委员会将对中国和成员履行世界贸易组织义务和实施加入世界贸易组织谈判所做承诺的情况进行年度审议，然后在第10年完全终止审议。

### (三) 基本承诺

▶ 1. 逐步降低关税

中国自1992年以来，经过几次大幅度自主降税，2001年的总体关税水平为14%。根据加入世贸组织承诺，2002年已降至12%，并承诺到2005年下降至10%左右。

▶ 2. 逐步开放服务市场

开放服务市场的承诺主要涉及电信、银行、保险、证券、音像、分销等部门，主要承诺如下。

电信：承诺逐步允许外资进入，但在增值和寻呼方面，外方最终股比不超过50%，不承诺外商拥有管理控制权；在基础电信中的固定电话和移动电话服务方面，外方最终股比不得超过49%。

银行：承诺在加入2年后允许外资银行在已开放的城市内向中国企业提供本币服务，加入5年后允许其向所有中国个人提供本币服务。

保险：在寿险方面，承诺允许外资进入，但坚持外资股比不超过50%，不承诺外资拥有管理控制权；承诺3年内逐步放开地域限制。

证券：A股和B股不合并，不开放A股市场(即不开放资本市场)。

音像：承诺开放录音和音像制品的分销，但不包括出版和制作，电影院的建设不允许外资控股，音像领域只允许根据中国的法律规定设立中外合作企业，同时音像制品的输入和分销必须按中国国内法律法规进行审查。

电影：承诺加入后每年允许进口20部分账电影。

## 四、我国入世以来对外经济贸易的发展与变化

(1) 根据世界组织规则和入世承诺，我国修改、废止和新制定了一些贸易法规和政策，各项贸易法规和政策的实施更加透明。

(2) 关税总水平和非关税措施大幅度降低和取消。中国的平均关税水平从15.3%下降到9.8%。中国加入世界贸易组织承诺的关税减让义务全部履行完毕。

(3) 中国对外贸易规模不断增长。从2001年加入世贸组织以来，中国对外贸易规模屡屡实现重大突破。目前，中国已成为日本、韩国、东盟和南非等国家和地区的第一大贸易伙伴，也是美国、欧盟的第二大贸易伙伴。

(4) 投资环境改善，外商投资持续发展，我国成为全球引进外资最多的国家。

(5) 积极开放服务市场。入世15年，中国服务贸易开放部门达到100个，接近发达国家水平，服务贸易实现较快增长。

(6) 在世界贸易组织中充分发挥贸易大国的影响力，为维护发展中成员利益发挥了积极作用，表现了一个大国的负责任的态度。

## 思考与实训

1. 中国何时成为世贸组织成员？

2. 中国加入世贸组织做了何种基本承诺？

3. 中国加入世贸组织后享受什么样的权利？应尽什么义务？

4. 加入世贸组织给中国经济带来的机遇有哪些？

5. 日本与美国之间给予了对方最惠国待遇，但是为什么美国对从加拿大进口的商品不征关税，而从日本进口的商品要征关税呢？请加以说明。

6. 温州打火机的“CR”困局

打火机是一个已有百年历史的传统产品，至今还保留着不少的百年品牌。20世纪50年代，欧洲是世界打火机市场的主宰，随后日本、中国台湾、韩国取而代之。我国大陆实行改革开放政策以后，温州地区的打火机制造业异军突起，截至2000年，温州生产的金属外壳打火机出口量近4亿只，约占国际市场的70%，欧洲市场的80%；在国内也占了95%的市场。温州已成为名副其实的世界打火机生产基地。

2001年10月，来自欧洲打火机进出口商会的一纸函电让整个温州打火机界受到强烈震动：欧盟正在拟定进口打火机的“CR法案”。该法案基本上是1994年美国“CR法案”的“克隆”。美国“CR法案”实施以后，我国的打火机被迫退出美国市场，转向欧洲。欧洲实施这一法案以后，温州的打火机业界将面临前所未有的冲击。

“CR法案”的主要内容就是对批发价在2欧元以下的打火机进行安全性能测试，不能达标的打火机必须安装开启保险装置，即所谓的安全锁。

**思考：**

(1) 是否违反了最惠国待遇原则和国民待遇原则？

(2) 是否不必要地限制了贸易？

# 10 第十章 中国与当代的世界贸易格局分析

## 学习目标

**知识目标**

⊙了解我国改革开放以来特别是加入 WTO 以来的对外贸易现状、问题与今后的发展战略。

⊙了解一带一路产生的历史背景、简称译法、共建原则、发展历程、合作重点、影响意义。

⊙了解当前世界经济贸易总体形势、世界经济发展中需要关注的问题、主要国家和地区经济展望。

**能力目标**

⊙能够从国际性和长远性的角度把握我国对外贸易总体形势，培养对我国和全球贸易发展变化的敏锐性、责任感和使命感。

国际金融危机爆发后，以中国为代表的新兴经济体担当了世界经济增长引擎的角色，为推动自由贸易的有序发展和世界经济的稳定复苏发挥了举足轻重的作用。美国等西方发达国家以全球经济失衡为由，通过采取量化宽松的货币政策、扩张性的财政政策、保护主义的结构调整政策主导着新一轮的全球规则变局。在此背景下，金砖国家增速普遍放缓，中国经济也面临严峻挑战。面对经济全球化的新形势，包括中国在内的新兴经济体该如何应对？

# 任务一 我国贸易发展状况

## 导入案例

20 世纪 70 年代末期，我国走上了以建立经济特区和制定优惠的外资政策为主要特色的开放之路，90 年代中期以后，我国经济便迅速进入外资拉动型的快速发展阶段。从此，我国逐步构筑起了以加工贸易为主、大规模利用外商直接投资的对外贸易新格局。2003 年，我国以 535.07 亿美元的引资额成为世界第一大引资国；2004 年，我国以过万亿美元、占世界对外贸易总额 6%的进出口总额成为世界第三大贸易国。2009 年，我国出口总额达到 1.2 万亿美元，首次超越德国成为全球最大货物贸易出口国。2016 年，我国货物贸易进出口总值 24.33 万亿元人民币，其中，出口 13.84 万亿元，进口 10.49 万亿元，贸易顺差 3.35 万亿元。无可讳言，经过 30 多年的对外开放，我国已经真正参与并融入世界分工与贸易体系之中，已经成为世界经济发展中一支不可或缺的重要力量。我国在步入开放的过程中并未如大多数发展中国家那样遭遇边缘化，而是顺应了国际分工进一步由产品分工向要素分工转化的趋势，实施了以加工贸易为主要贸易方式的对外贸易发展战略，从而使我国踏上了发展中国家新型工业化道路的捷径。

我国目前对外贸易的总体情况是什么？我国的主要贸易伙伴有哪些？我国与主要贸易伙伴的贸易关系的现状、问题、发展趋势怎样？本任务将就这些内容展开讲解。

## 一、中国对外贸易的成就

### （一）对外贸易规模不断扩大

中国对外贸易的发展史就是中国改革开放的发展史。改革开放 30 多年来，中国的进出口贸易规模迅速扩大，贸易总量增加了近 70 倍。尤其是进入 2003 年以后，与主要贸易伙伴国家的贸易关系更加密切。2002—2008 年，中国外贸年均增长 26.1%，比同期全球贸易年均增长 20%左右的速度高出 6 个百分点，也明显超过世界主要发达国家和新兴的工业化国家外贸的增长速度。2008 年，我国进出口额达到 25 632.6 亿美元，是改革开放前 30 年总和的 15 倍，中国的对外贸易额占到全球贸易总额的 9%，成为名副其实的世界贸易大国。随着中国对外贸易规模的不断扩大，特别是出口贸易快速增长，从 1994 年开始，中国对外贸易稳定的保持顺差地位，2008 年对外贸易顺差达到 2 981.3 亿美元。2002 年，中国贸易顺差达到 2 864 亿美元，仅次于日本居世界第二。2016 年，我国货物贸易进出口总值 24.33 万亿元人民币，其中，出口 13.84 万亿元，进口 10.49 万亿元，贸易顺差 3.35 万亿元，是仅次于德国的世界第二大贸易顺差经济体。

### （二）外资对贸易贡献巨大

改革开放以来，我国在利用外资方面取得了巨大的成就。改革开放初期，中国大陆吸收的海外直接投资绝大部分来自港、澳、台地区。20 世纪 90 年代以后，随着中国大陆投资环境的不断改善以及各项利用外资政策的日益明朗，加之中国经济所显现出来的惊人的潜力和良好的前景，越来越多的美国、日本、欧盟、澳大利亚、加拿大的国际著名跨国公司纷纷将资金投向中国，欧盟、新加坡等国家和地区对中国的直接投资在我国利用外资总额中的比重不断上升，每年资金增速在 20%以上。2003 年当年，全国新批设立外商投资企业 41 081 家，比上年增长 20.22%；合同外资金额 1 150.70 亿美元，同比增长 39.03%；实际使用外资金额 535.05 亿美元，同比增长 1.44%，成为 2003 年全球最大的外国直接投资接受国。截至 2016 年 8 月底，我国累计批准设立外商投资企业 85 万家，累计实际使用外资 1.72 万亿美元，连续 24 年居发展中国家首位。目前全球最大的 500 家跨国公司中有 480 多家来华投资，投资主体正在由港、澳、台中小企业向国际著名跨国公司转变，中国已经成为发展中国家的第一大引资国。

如果说外资大量进入对我国经济发展的直接作用是促进了工业的增长以及产业结构的升级和优化，那么其间接作用就是对我国外贸的重大贡献。目前包括港、澳、台商投资企业在内的外商投资经济在全国工业总产值中的比重已经超过 1/3，而且随着我国吸引外资政策导向的变化，外资在中国的产业分布上逐步出现了多样化，投入农业、服务业、高新技术产业以及环保等领域的外资越来越多，这对推动我国技术密集型和资本密集型产业的崛起，优化和提升我国产业结构也发挥了重要作用。这一方面是因为出口超过千万元的外资企业迅速增加；另一方面是因为高新技术产品出口急剧上升。

2015—2016 年，我国吸收外商直接投资前十位国家(地区)情况如表 10-1 所示。

**表 10-1 2015—2016 年我国吸收外商直接投资前十位国家(地区)情况**

| 国家(地区) | 2016 年 | | | 2015 年 | | |
|---|---|---|---|---|---|---|
| | 排位 | 实际投入外资总额(亿美元) | 占全国实际使用外资金额比 | 排位 | 实际投入外资总额(亿美元) | 占全国实际使用外资金额比 |
| 总值 | | 1 184.6 | 94.0% | | 1 186.3 | 94.0% |
| 中国香港地区 | 1 | 871.8 | 69.2% | 1 | 926.7 | 73.4% |
| 新加坡 | 2 | 61.8 | 4.9% | 2 | 69.6 | 5.5% |
| 韩国 | 3 | 47.5 | 3.8% | 4 | 40.4 | 3.2% |
| 美国 | 4 | 38.3 | 3.0% | 6 | 25.9 | 2.1% |
| 中国台湾地区 | 5 | 36.2 | 2.9% | 3 | 44.1 | 3.5% |
| 中国澳门地区 | 6 | 34.8 | 2.8% | 10 | 8.9 | 0.7% |
| 日本 | 7 | 31.1 | 2.5% | 5 | 32.1 | 2.5% |
| 德国 | 8 | 27.1 | 2.2% | 7 | 15.6 | 1.2% |
| 英国 | 9 | 22.1 | 1.8% | 9 | 10.8 | 0.9% |
| 卢森堡 | 10 | 13.9 | 1.1% | — | — | — |
| 法国 | — | — | — | 8 | 12.2 | 1.0% |

## (三)中国全面融入世界市场

改革开放以来，随着中国引进外资和对外贸易的不断发展，中国融入世界市场的步伐越来越快，2001 年 12 月 11 日中国加入世界贸易组织，标志着中国已经全面融入世界市场。中国加入世界贸易组织为中国提供了新的机遇，关税的大幅度削减和投资与贸易的自由化使中国与世界主要国家的经济贸易联系更加密切，目前中国已经成为世界第三大贸易体，第一大货物贸易出口国。中国全面融入世界市场对世界经济的贡献也在不断提高，2008 年中国国内生产总值达到 300 670 亿元，比上年增长 9.0%，中国经济对世界经济增长的贡献率超过 20%。2016 年中国国内生产总值达到 744 127 亿元，比上年增长 6.7%，中国经济对世界经济增长的贡献率达 33.2%，居世界首位。中国在对世界经济做出贡献的同时，对世界经济的依赖程度也在不断上升，2016 年中国的外贸依存度已达 65.4%。从中国对外贸易的地区结构看，美国、日本、欧盟等主要发达国家以及韩国、中国香港、中国台湾等亚洲新兴工业化国家和地区是中国对外贸易增长的主要原动力。中国前三位贸易伙伴依次为欧盟、美国和东盟(见表 10-2)。中国拥有 13 亿人口，占到世界总人口的近四分之一，是一个巨大的市场，随着中国经济结构和经济发展水平的不断提升，中国为世界各国提供了无限广阔的商机。而世界各国市场向中国全面开放，让中国经济充分融入世界经济一体化的运作体系中，中国经济将会对世界经济发展做出更大的贡献。

**表 10-2 2015—2016 年我国对主要贸易伙伴进出口情况** 单位：亿美元

| 国家(地区) | 2016 年 | | | | 2015 年 | | | |
|---|---|---|---|---|---|---|---|---|
| | 进出口额 | 出口额 | 进口额 | 差额 | 进出口额 | 出口额 | 进口额 | 差额 |
| 总值 | 36 849.3 | 20 974.4 | 15 874.8 | 5 099.6 | 39 586.4 | 22 765.7 | 16 820.7 | 5 945 |
| 中国香港地区 | 3 052.5 | 2 883.7 | 168.8 | 2 714.9 | 3 443.3 | 3 315.7 | 127.7 | 3 188 |
| 日本 | 2 748 | 1 292.4 | 1 455.6 | −163.1 | 2 786.6 | 1 356.8 | 1 429.9 | −73.1 |
| 韩国 | 2 524.3 | 935.4 | 1 588.9 | −653.6 | 2 759 | 1 013.8 | 1 745.2 | −731.4 |
| 中国台湾地区 | 1 796 | 403.7 | 1 392.3 | −988.6 | 1 885.6 | 449 | 1 436.6 | −987.5 |
| 东盟 | 4 518 | 2 555.7 | 1 962.2 | 593.5 | 4 721.6 | 2 777 | 1 944.6 | 832.3 |
| 印度尼西亚 | 534.6 | 320.7 | 213.9 | 106.8 | 542.4 | 343.5 | 198.9 | 144.6 |
| 马来西亚 | 867.2 | 375.1 | 492.1 | −117 | 973.6 | 440.6 | 533 | −92.4 |
| 菲律宾 | 471.6 | 297.9 | 173.7 | 124.2 | 456.6 | 266.9 | 189.8 | 77.1 |
| 新加坡 | 703.9 | 444.5 | 259.4 | 185.1 | 796.7 | 521.1 | 275.6 | 245.6 |
| 泰国 | 757.6 | 370.9 | 386.8 | −15.9 | 754.8 | 383.1 | 371.7 | 11.4 |
| 越南 | 982.1 | 610.6 | 371.5 | 239.1 | 958.2 | 661.4 | 296.8 | 364.7 |
| 欧盟 | 5 469 | 3 389.6 | 2 079.3 | 1 310.3 | 5 648.5 | 3 559.7 | 2 088.8 | 1 470.9 |

续表

| 国家(地区) | 2016年 | | | | 2015年 | | | |
|---|---|---|---|---|---|---|---|---|
| | 进出口额 | 出口额 | 进口额 | 差额 | 进出口额 | 出口额 | 进口额 | 差额 |
| 英国 | 743.4 | 556.9 | 186.5 | 370.4 | 785.4 | 596 | 189.4 | 406.7 |
| 德国 | 1 512.9 | 652.5 | 860.4 | −207.9 | 1 568 | 691.8 | 876.2 | −184.5 |
| 法国 | 471.2 | 246.4 | 224.8 | 21.7 | 514.2 | 267.7 | 246.6 | 21.1 |
| 意大利 | 430.5 | 263.5 | 167 | 96.5 | 446.9 | 278.4 | 168.5 | 109.8 |
| 荷兰 | 672.2 | 574.3 | 97.9 | 476.4 | 682.7 | 594.8 | 87.9 | 506.9 |
| 金砖国家 | 2 426.3 | 1 304.2 | 1 122.1 | 182.1 | 2 573.5 | 1 363.5 | 1 210 | 153.6 |
| 巴西 | 677.1 | 219.7 | 457.4 | −237.7 | 716 | 274.3 | 441.7 | −167.4 |
| 俄罗斯 | 695.3 | 373 | 322.3 | 50.7 | 680.7 | 348 | 332.6 | 15.4 |
| 印度 | 700.8 | 583.2 | 117.6 | 465.6 | 716.4 | 582.5 | 133.8 | 448.7 |
| 南非 | 353.2 | 128.4 | 224.8 | −96.5 | 460.5 | 158.7 | 301.8 | −143.2 |
| 加拿大 | 456.3 | 273.2 | 183.1 | 90.2 | 556.9 | 294.4 | 262.5 | 31.9 |
| 美国 | 5 196.1 | 3 852 | 1 344.1 | 2 507.9 | 5 583.9 | 4 096.5 | 1 487.4 | 2 609.1 |
| 澳大利亚 | 1 078.3 | 371.6 | 706.7 | −335 | 1 139.8 | 403.4 | 736.4 | −333.1 |
| 新西兰 | 119 | 47.6 | 71.4 | −23.8 | 115.1 | 49.2 | 65.8 | −16.6 |

### (四) 出口贸易结构不断优化

经过改革开放30多年的发展，我国的对外贸易实现了从初级产品出口型向工业制成品出口导向型的转变。1980年，我国初级产品占贸易的比重不到50%，但初级产品的出口额却高于制成品出口额。到了1989年，这一状况得到明显转变，这一年中国初级产品出口在总出口中的比重下降到28.7%，且从此一路继续下降。伴随着初级产品贸易量的同时下降，其出口额下降的趋势更加明显，而工业制成品在总出口中的比重逐渐上升。上述情况说明，我国已经从初级产品出口型贸易模式过渡到工业制成品贸易出口导向型贸易模式，而工业制成品本身正不断向产业链的自主研发环节延伸。

## 二、中国对外贸易存在的主要问题

### (一) 对外开放政策存在局限性

#### 1. 重商主义色彩浓重

长期以来，由于我国外贸政策以外汇储备为目标，致使我国的外汇储备迅速上升，2002年年底，我国的外汇储备额为2 864亿美元，仅次于日本而成为世界外汇储备第二大国。2016年，中国外汇储备高达30 105.17亿美元，这样高额的外汇储备不仅没有必要，而且已经引发了不少新的问题。

(1) 外汇储备的增加引起货币供应量的增加，导致不动产市场上出现泡沫，动摇了经济增长的根基。

(2) 高额的外汇储备与对外贸易顺差和外商直接投资直接相关，而贸易顺差的持续扩大会引起与主要贸易伙伴国家的贸易摩擦，使对外贸易出现障碍。

(3) 外汇储备增加，导致国际投机性热钱流入，这些热钱具有对人民币升值的强烈预期，它对中国经济稳定发展造成极大隐患。

(4) 外汇储备增加，导致人民币对外币升值，这对中国产品的出口将带来不利。

#### ▶ 2. 鼓励出口的优惠政策过度

我国对外开放政策的一个核心内容就是对出口行业和外商投资企业实行优惠政策，而这些政策实际上最终的结果却是削弱了中国产品和企业的竞争力。

(1) 在对外贸易领域，由于国家政策对加工贸易实施过多的税收等优惠，因此促使企业纷纷向加工型企业转变，而加工贸易所需的原材料又需要进口，又造成对国内原材料产业的严重冲击，两相作用的结果就是我国不合理产业结构的延续甚至恶化，使产业结构的优化升级受到阻滞。

(2) 我国吸引外商直接投资的主要初衷之一是通过国际分工引进国外的先进技术，但由于过于强调外资数量和对外资政策的过度倾斜，反而使外资企业向中国转移的只是生产环节和劳动密集型部分，核心技术优势、经营管理资源优势以及品牌和营销网络等优势最终还是牢牢掌握在外国企业手中，中国企业自身的竞争力非但没有从根本上得到提高反而下降，研发能力越来越薄弱。

对于中国企业而言，具有技术创新能力是发展的关键，中国企业要建立自己的研究与开发中心，要积累将外国技术转变和吸收为自己技术的经验和做法，必须从只是从事简单生产加工下游分工体系中摆脱出来。

### (二) 对外贸易本身存在问题

#### ▶ 1. 对外贸易依存度过高

我国超过60%的外贸依存度表明，中国的经济增长具有较高的外部依赖性。经济对外依赖程度高，容易将世界及主要国家经济周期性波动传入国内，经济发展的不稳定因素从而增加。我国与日本“手机与大葱”的贸易战就是一个很有力的例证，在此次贸易争端中，日本对我国实施紧急设限的大葱、香菇和蔺草席三类商品都是我国专供日本的，对日本市场具有很高的依赖性，如果日本不进口，那么这些商品的唯一出路就是腐烂或积压，没有其他的出口或销售渠道，贸易商品对某一特定市场的过度依赖会降低贸易中的自主性，贸易地位相对被动。

#### ▶ 2. 贫困化增长初露端倪

“微笑曲线”理论告诉人们，国际分工体系链条如同一张微笑的嘴巴，形成一条微笑曲线。在微笑曲线的两端即高端，是价值和利润空间最大的上游的产品研发阶段，以及下游的与生产配套的相关服务阶段，它们是高附加值的创造阶段；微笑曲线的中端也就是最低端是价值和利润空间最小的处于中游的以劳动密集型为特征的组装加工阶段。最大限度地实现资源在全球范围内的最优利用，发达国家将经过分解的生产加工过程分散配置在全球不同国家。中国吸引外资的优势主要是丰富而廉价的劳动力资源和部分自然资源，在国际分工体系中，中国的制造业加工企业正处在价值和利润空间最小的微笑曲线的中端地位，这使本来就落后的中国继续停留在从属者的地位，使本来就贫穷的中国能够获得的利润更低。而发达国家始终处在上游的技术领先者和下游物流配送等配套服务提供者的地位，牢牢控制着微笑曲线的两端即高端位置。

▶ 3. 地区贸易水平差异巨大

在我国内部，东部沿海地区有着较为雄厚的经济基础，较为先进的生产工艺，较高的文化教育和科学技术水平，较好的劳动力素质、较高的市场发育程度以及发达的金融业、充裕的资本和强大的技术创新能力，但自然资源相对匮乏。中西部地区恰好相反，土地辽阔、资源丰富，劳动力虽丰富却素质低，在科技能力、经济发展水平、市场发育程度等诸多方面都远落后于东部地区。区域经济社会发展水平和实力的差异，决定了东部沿海地区对外资的吸引大，外资进入多，从而东部地区的优势又进一步得到强化。由此导致中国的地域分工状况呈现出东部地区以生产和输出精、深加工和高附加值工业制成品为主，而西部地区以生产和输出自然资源及其初级加工品为主的分工格局。目前，中西部地区在国家进出口总额中的比例不足10%，而东部地区却占到了90%以上。

## (三) 贸易摩擦日益频繁

中国加入世界贸易组织后，意味着中国在享受更多权利的同时要承担更多义务。在历经国际化浪潮无情洗礼之后，中国国际贸易环境中贸易摩擦与冲突已经突出地暴露出来。

▶ 1. 贸易保护主义抬头

世界贸易组织的根本宗旨和原则之一，就是要实现全世界范围内的公平贸易和全世界人类的共同富裕。然而，美国等西方发达国家虽然口口声声提倡贸易自由化，但实际上贸易保护主义却卷土重来，中国长期以来的贸易顺差已经成为他们采取保护手段拒绝和限制中国产品的主要原因，反倾销和贸易保障这两项措施被越来越频繁地使用。

▶ 2. 设计普惠制毕业机制

欧盟是对我国提出反倾销指控最多的国家和地区，最近几年欧盟的经济增长速度逐渐放缓，而亚洲等发展中国家的经济却处于发展的快车道。为了应对来自亚洲国家的压力，针对经济增长速度较高的亚洲国家，尤其是中国，欧盟修改了它的普惠制政策，设计了“普惠制毕业机制”，即对于那些已经不再符合享受普惠制条件的国家和产品停止继续给予普惠制待遇。

▶ 3. 新贸易壁垒日益凸显

新贸易壁垒是相对于包括关税壁垒以及配额、许可证制度等非关税壁垒在内的传统贸易壁垒而言的。随着社会的进步以及各国，尤其是发达国家人民生活水平的日益提高，人们的安全意识、健康意识和环保意识也逐步增强，消费者对产品质量以及安全、环保性能的要求越来越高。而科技的日新月异又为增加产品的技术含量从而全面提高产品的质量创造了条件，为构筑新的标准提供了可能。乌拉圭回合中达成的新《技术性贸易壁垒协议》反映了新贸易壁垒的核心内容，主要是：①技术性贸易壁垒，具体包括安全标准、卫生标准、包装标识、信息技术标准。②环境壁垒，也称"绿色贸易壁垒"，主要包括环境标志、环境技术标准、环境管理体系标准、多边环境协议、制止绿色补贴等。③社会壁垒，即关于社会保障、劳动者待遇、劳工权利、劳动标准等方面的规定。④反倾销壁垒，为抵消倾销产品在进口国因价格低廉而具有的市场竞争力，被广泛认同的反倾销措施已日益成为贸易保护者保护本国经济的手段。

中国是一个发展中大国，新贸易壁垒对中国纺织品和服装产品、食品和农产品、机电产品的出口影响严重，每年所造成的损失价值高达数百亿元。

### (四) 贸易环保方面困难重重

#### ▶ 1. 企业环保意识淡薄

我国作为一个发展中大国，环保法规与标准尤其是与经贸有关的尚不健全，与发达国家差距甚远。特别是近年来，由于乱上项目、盲目开发，严重影响了生态环境的质量。同时，我国外贸行业还存在环保意识淡漠、行政管理薄弱，外贸发展战略存在严重缺陷、政策不完善、环保投入不足等问题。这些问题已经危及对外经济贸易及整个国家经济的健康发展。

## 拓展阅读

### 100 秒就能测大米重金属是否超标

2017 年 4 月 24 日，中国科学仪器发展年会在南京开幕。各种最前沿的检测技术、检测神器在年会上亮相。记者了解到，其中最吸引大家的就是食品安全检测。

民以食为天，而大家吃得最多的食品，非米饭莫属。这些年关于大米重金属超标的新闻屡见不鲜，怎么保障自己吃上的大米是安全健康的？此次年会上，就有一款大米检测"神器"。只见工作人员把需要检测的大米放入样品杯，然后放在一个电饭锅大小的检测仪中。100 秒的时间，检测仪器就测出大米中的重金属含量了。是否超标，一目了然。

工作人员介绍，此前检测大米，需要加热融合，还要各种检测溶剂，一个样品检测就需要一两个小时，而这款快速检测仪大大加快了检测时间。不仅如此，这个快检仪器还能一次性检测 18 个样品，远远提高了检测效率。想要快速知道自己买的大米有没有问题，这个仪器就能满足大家的需求。

除了与老百姓日常相关的检测仪器，还有很多高大上的检测神器。记者了解到，此次年会以"融合与发展"为主题，采取"科学仪器＋检验检测"相融合的模式，探索了生命科学、环境、新材料、新能源等方面科学仪器的新应用，有利于制造业的发展。

资料来源：徐岑. 100 秒就能测大米重金属是否超标. 新浪网.

▶ 2. 环保法制建设落后

目前我国引进外资、进口等环节中的环境条款还不完善，对国外进口产品和外商投资企业的环境保护要求不严，对外国产品和污染密集型企业的进入管制较为宽松。改革开放以来，我国初步构建了环境保护法的体系，但因地方和部门保护主义的作梗，现行的经济发展政策、会计法规未将环境资源纳入核算范围。在利益驱动下，“上有政策，下有对策”，我行我素的局面并未根本改观，保护环境与恶化环境的现象并存，假冒伪劣行为禁而不绝。

## 拓展阅读

### 我国现行绿色贸易法律制度框架

我国现行的绿色贸易法律制度，主要体现为环境法规对贸易的规定以及贸易法规对环境的规定。这些规定较为分散和原则，主要包括《对外贸易法》《海关法》《进出口商品检验法》《环境保护法》《水污染防治法》《大法》《海洋环境保护法》《矿产资源法》《野生动物保护法》《清洁生产促进法》《出口货物原产地规则》《进出口商品经营管理办法》《动植物检疫条例》等。上述法律法规中的一些条款对绿色贸易进行了规定，其具体措施包括环境税费、排污权交易制度、检验检疫、环境标志以及一些其他具体措施。

资料来源：转引自廖华. 论我国构建绿色壁垒的必要性及法律对策[J]. 法商研究，2002，6：18.

▶ 3. 企业认证意识淡薄

ISO14000 环境管理体系已成为世界各国企业跨越绿色贸易壁垒的重要跳板。但遗憾的是，我国企业对此反应迟钝，不积极主动地进行认证。一些企业担心认证会降低价格竞争能力，认证不积极，存在侥幸心理。例如，在绿色标志认证方面，我国外贸企业要获取国外认可的绿色标志，不仅要支付大量的检验、测试、评估等费用，还要支付不菲的认证申请费和标志的使用年费，使一些企业望而生畏。

▶ 4. 我国环境标准过低

环境标准是有关控制污染、保护环境的各种标准的总称。我国的环境标准与国际标准相比过低，缺乏跨越绿色贸易壁垒的实力。在我国 19 278 项已有的国家标准中，采用国际标准和国外先进标准的不足 50%，高新技术标准严重缺乏。此外，国外标准在产品研发阶段就已开始制定，而我国的标准制定却相对落后，周期也长。

▶ 5. 我国农产品生产规模小

我国农业存在组织化程度低、过于分散、生产标准化程度低、信息反应迟钝、规模小和应对能力弱的特点。例如，全国 1 600 万亩茶园中，有 70%是分散农户经营的，难以实施统一的茶叶生产标准。水产养殖业生产过于分散，使得质量控制、标准的实施难以落实。

▶ 6. 污染产业向我国转移

由于发达国家推行贸易壁垒，其本国环境标准已日趋严格，在这些国家已被限制或淘汰的重污染产业正在向发展中国家转移。这种转移污染行为使发展中国家环境状况更为恶化，国家利益受到损害，在国际贸易中的地位受到影响。由于我国环境保护标准低，环境保护和管理体系不健全，环境保护门槛较低，在发达国家纷纷推行绿色贸易壁垒并日益提高其环境标准的情况下，必然会造成低标准的产品大量涌入我国，洋垃圾进口事件的屡屡发生便是很好的例证。

我国与发达国家或区域性经济组织因为环境问题产生双边或多边的贸易摩擦，这会影响双边或多边贸易关系，不利于我国外贸的稳定发展。

## 拓展阅读

### 纺织产业现绿色壁垒　需关注纺织服装出口新标准

从江苏张家港检验检疫局获悉，国际环保纺织协会(OEKO-TEX)发布实施的2016版OEKO-TEX100标准大幅更新，数十种防霉剂、邻苯二甲酸盐、有机锡、致癌染料等物质纳入管控。例如，限制清单新增了9种氯化苯酚，此类物质是织造浆料中常用的防霉、防腐和抗菌剂，但具有致畸致癌性，纤维中残留的含氯苯酚在旧衣物焚烧销毁时还会形成二噁英类物质，造成持久危害。

日益严苛的绿色壁垒对纺织产业的影响日益凸显，据统计，2016年以来，我国出口纺织服装被国外实施通报召回的事件超过百起，在技术壁垒不断筑高的形势下，行业性风险防范不容松懈。

对于广大出口企业，要在竞争激烈的国际市场求得生存和发展，张家港检验检疫局建议：一方面要强化社会责任意识，及时关注纺织产业的技术法规动态，加大“绿色工艺”的研发投入，减少有害排放，赢得社会尊重，实现企业可持续发展；二是严格落实质量控制，对于限于技术等因素暂时无法彻底避免的有害物质残留，在加强原辅材料把关的基础上，务必严格落实成品检测，确保产品质量符合要求，避免产生后续质量纠纷。

资料来源：纺织产业现绿色壁垒　需关注纺织服装出口新标准. 中国服装工业网.

# 任务二　“一带一路”对世界贸易的影响

## 导入案例

在“一带一路”国际合作高峰论坛即将开幕之际，澳大利亚悉尼大学商学院中国工商管理学教授汉斯·杭智科(Hans Hendrischke)博士和悉尼科技大学澳中关系研究院副院长罗震(James Laurenceson)博士接受了人民网记者专访。他们对澳大利亚参与“一带一路”建设，实现“一带一路”倡议与澳“北部大开发”计划对接建言献策，并表示澳大利亚期盼搭乘“一带一路”快车，加速区域发展。2017 年 3 月，李克强总理访澳期间，中国建筑股份有限公司与澳大利亚一家基础设施企业签署合作谅解备忘录，内容包括在西澳大利亚州建设铁路线，连接西澳州的铁矿和港口之间的路径。罗震表示，早在 2014 年 11 月，习近平主席访澳，澳大利亚开始对“一带一路”倡议的加深理解和认可，此次李克强总理访澳，双方深入推进了战略对接。罗震说，中国在基础设施建设方面全球领先，尤其是铁路建设。西澳州的铁路基础设施项目仅建设期间就会给澳大利亚带来 3 300 个就业机会，“一带一路”带来的成效将非常明显。杭智科表示，澳大利亚参与到“一带一路”共建中的方式多种多样，最为显著的方式就是基础设施建设，尤其是和澳大利亚“北部大开发”计划的对接。澳大利亚北部需要来自中国和周边邻国的市场需求，和“一带一路”的对接必然会带来共赢。2012 年，中澳签署了关于加强基础设施建设谅解备忘录，重点加强联合基础设施建设合作。罗震表示，“一带一路”和“北部大开发”的对接更简易的方法是以此前这份谅解备忘录为基础，因此作为启动平台，进一步促进“一带一路”的共建合作。杭智科还强调，中国投资贸易并不会对澳大利亚的国家利益带来威胁。当然，从商业角度来讲，过度依赖一个商业合作伙伴，必然会加大商业风险，企业一般都会分散经营风险。澳大利亚也应该多与周边各经济体增强联系，而“一带一路”恰恰给澳大利亚提供了与周边南太邻国加强基础设施建设对接的途径。

资料来源：人民网.

**思考：**“一带一路”给合作的国家带来的是威胁还是机遇？

“一带一路”是“丝绸之路经济带”和“21 世纪海上丝绸之路”的简称。它将充分依靠中国与有关国家既有的双多边机制，借助既有的、行之有效的区域合作平台。“一带一路”经济区开放后，承包工程项目突破 3 000 个。2015 年，我国企业共对“一带一路”相关的 49 个国家进行了直接投资，投资额同比增长 18.2%。2015 年，我国承接“一带一路”相关国家服务外包合同金额 178.3 亿美元，执行金额 121.5 亿美元，同比分别增长 42.6% 和 23.45%。

## 一、“一带一路”产生的历史背景

### （一）古代背景

丝绸之路是起始于古代中国，连接亚洲、非洲和欧洲的古代陆上商业贸易路线，最初的作用是运输古代中国出产的丝绸、瓷器等商品，后来成为东西方之间在经济、政治、文化等诸多方面进行交流的主要道路。

丝绸之路从运输方式上，主要分为陆上丝绸之路和海上丝绸之路。

陆上丝绸之路，东汉起自中国古都洛阳，西汉起自古都长安（今西安），经河西走廊、中亚国家、阿富汗、伊朗、伊拉克、叙利亚等而达地中海，以罗马为终点，全长 6 440 千米。这条路被认为是连接亚欧大陆的古代东西方文明的交汇之路，而丝绸则是最具代表性的货物。

随着时代发展，丝绸之路成为古代中国与西方所有政治经济文化往来通道的统称。除了“陆上丝绸之路”和“海上丝绸之路”，还有北向蒙古高原，再西行天山北麓进入中亚的“草原丝绸之路”等。

（二）“一带一路”中国背景

(1) 产能过剩、外汇资产过剩。

(2) 中国油气资源、矿产资源对国外的依存度高。

(3) 中国的工业和基础设施集中于沿海，如果遇到外部打击，容易失去核心设施。

(4) 中国边境地区整体状况处于历史最好时期，邻国与中国加强合作的意愿普遍上升。

**拓展阅读**

“一带一路”简称译法

2015 年 9 月 23 日，据国家发改委消息，国家发展改革委会同外交部、商务部等部门对“一带一路”英文译法进行了规范。

一、在对外公文中，统一将“丝绸之路经济带和 21 世纪海上丝绸之路”的英文全称译为“the Silk Road Economic Belt and the 21st-Century Maritime Silk Road”，“一带一路”简称译为“the Belt and Road”，英文缩写用“B&R”。

二、“倡议”一词译为“initiative”，且使用单数。

三、考虑到“一带一路”倡议一词出现频率较高，在非正式场合，除首次出现时使用英文全称译文外，其简称译法可视情况灵活处理，除可使用“the Belt and Road Initiative”外，也可视情使用“the land and maritime Silk Road initiative”。

资料来源：中国日报网.

## 二、“一带一路”共建原则

“一带一路”建设秉承共商、共享、共建原则。

(1) 恪守联合国宪章的宗旨和原则。遵守和平共处五项原则，即尊重各国主权和领土完整、互不侵犯、互不干涉内政、和平共处、平等互利。

(2) 坚持开放合作。“一带一路”相关的国家基于但不限于古代丝绸之路的范围，各国和国际、地区组织均可参与，让共建成果惠及更广泛的区域。

(3) 坚持和谐包容。倡导文明宽容，尊重各国发展道路和模式的选择，加强不同文明之间的对话，求同存异、兼容并蓄、和平共处、共生共荣。

(4) 坚持市场运作。遵循市场规律和国际通行规则，充分发挥市场在资源配置中的决定性作用和各类企业的主体作用，同时发挥好政府的作用。

(5) 坚持互利共赢。兼顾各方利益和关切，寻求利益契合点和合作最大公约数，体现各方智慧和创意，各施所长，各尽所能，把各方优势和潜力充分发挥出来。

## 三、发展历程

### (一) 构思提出

2013年9月和10月，中国国家主席习近平在出访中亚和东南亚国家期间，先后提出共建“丝绸之路经济带”和“21世纪海上丝绸之路”的重大倡议，得到国际社会高度关注。

丝绸之路经济带战略涵盖东南亚经济整合、涵盖东北亚经济整合，并最终融合在一起通向欧洲，形成欧亚大陆经济整合的大趋势。21世纪海上丝绸之路经济带战略从海上联通欧亚非三个大陆和丝绸之路经济带战略形成一个海上、陆地的闭环。两者合称“一带一路”战略。

### (二) 涵盖范围

丝绸之路经济带圈定新疆、重庆、陕西、甘肃、宁夏、青海、内蒙古、黑龙江、吉林、辽宁、广西、云南、西藏13省(直辖市、自治区)；21世纪海上丝绸之路圈定上海、福建、广东、浙江、海南5省(直辖市)，共计18个省、直辖市、自治区。

### (三) 丝路新图

#### 1. 北线A

北美洲(美国，加拿大)—北太平洋—日本、韩国—日本海—海参崴(扎鲁比诺港，斯拉夫扬卡等)—珲春—延吉—吉林—长春(即长吉图开发开放先导区)—蒙古国—俄罗斯—欧洲(北欧，中欧，东欧，西欧，南欧)。

#### 2. 北线B

北京—俄罗斯—德国—北欧。

#### 3. 中线

北京—郑州—西安—乌鲁木齐—阿富汗—哈萨克斯坦—匈牙利—巴黎。

#### 4. 南线

泉州—福州—广州—海口—南海—河内—吉隆坡—雅加达—科伦坡—加尔各答—内罗毕—雅典—威尼斯。

#### 5. 中心线

连云港—郑州—西安—兰州—新疆—中亚—欧洲。

### (四) 战略实施

中国政府积极推动“一带一路”建设，加强与沿线国家的沟通磋商，推动与沿线国家的务实合作，实施了一系列政策措施，努力收获早期成果。

#### 1. 高层引领推动

2013年9月7日上午，中国国家主席习近平在哈萨克斯坦纳扎尔巴耶夫大学做演讲，提出共同建设“丝绸之路经济带”。

2015年2月1日，推进“一带一路”建设工作会议在北京召开。中共中央政治局常委、国务院副总理张高丽主持会议并讲话。

2015 年 3 月，为推进实施“一带一路”，让古丝绸之路焕发新的生机活力，以新的形式使亚欧非各国联系更加紧密，互利合作迈向新的历史高度，中国政府特制定并发布《推动共建丝绸之路经济带和 21 世纪海上丝绸之路的愿景与行动》。

#### 2. 签署合作框架

与部分国家签署了共建“一带一路”合作备忘录，与一些毗邻国家签署了地区合作和边境合作的备忘录以及经贸合作中长期发展规划，研究编制与一些毗邻国家的地区合作规划纲要。

#### 3. 推动项目建设

加强与沿线有关国家的沟通磋商，在基础设施互联互通、产业投资、资源开发、经贸合作、金融合作、人文交流、生态保护、海上合作等领域，推进了一批条件成熟的重点合作项目。

中国积极开展亚洲公路网、泛亚铁路网规划和建设，与东北亚，中亚、南亚及东南亚国家开通公路通路 13 条，铁路 8 条。此外，油气管道、跨界桥梁、输电线路、光缆传输系统等基础设施建设取得成果。这些设施建设，为“一带一路”打下牢固的物质基础。

#### 4. 完善政策措施

中国政府统筹国内各种资源，强化政策支持。推动亚洲基础设施投资银行筹建，发起设立丝路基金，强化中国—欧亚经济合作基金投资功能。推动银行卡清算机构开展跨境清算业务和支付机构开展跨境支付业务。积极推进投资贸易便利化，推进区域通关一体化改革。

2013 年 10 月 2 日，习近平主席提出筹建倡议。2014 年 10 月 24 日，包括中国、印度、新加坡等在内 21 个首批意向创始成员国的财长和授权代表在北京签约，共同决定成立亚洲基础设施投资银行。

## 四、合作重点

“一带一路”沿线各国资源禀赋各异，经济互补性较强，彼此合作潜力和空间很大，重点在以下方面加强合作。

### （一）政策沟通

加强政策沟通是“一带一路”建设的重要保障。加强政府间合作，积极构建多层次政府间宏观政策沟通交流机制，深化利益融合，促进政治互信，达成合作新共识。

### （二）设施联通

基础设施互联互通是“一带一路”建设的优先领域。在尊重相关国家主权和安全关切的基础上，沿线国家宜加强基础设施建设规划、技术标准体系的对接，共同推进国际骨干通道建设，逐步形成连接亚洲各次区域以及亚欧非之间的基础设施网络。强化基础设施绿色低碳化建设和运营管理，在建设中充分考虑气候变化影响。

抓住交通基础设施的关键通道、关键节点和重点工程，优先打通缺失路段，畅通瓶颈路段。推进建立统一的全程运输协调机制，促进国际通关、换装、多式联运有机衔接，逐步形成兼容规范的运输规则，实现国际运输便利化。推动口岸基础设施建设，畅通陆水联运通道，推进港口合作建设，增加海上航线和班次，加强海上物流信息化合作。拓展建立民航全面合作的平台和机制，加快提升航空基础设施水平。

加强能源基础设施互联互通合作，共同维护输油、输气管道等运输通道安全，推进跨境电力与输电通道建设，积极开展区域电网升级改造合作。

共同推进跨境光缆等通信干线网络建设，提高国际通信互联互通水平，畅通信息丝绸之路。加快推进双边跨境光缆等建设，规划建设洲际海底光缆项目，完善空中(卫星)信息通道，扩大信息交流与合作。

### (三) 贸易畅通

投资贸易合作是"一带一路"建设的重点内容。宜着力研究解决投资贸易便利化问题，消除投资和贸易壁垒，构建区域内和各国良好的营商环境，积极同沿线国家和地区共同商建自由贸易区，激发释放合作潜力。

拓宽贸易领域，优化贸易结构，挖掘贸易新增长点，促进贸易平衡。创新贸易方式，发展跨境电子商务等新的商业业态。

加快投资便利化进程，消除投资壁垒。加强双边投资保护协定、避免双重征税协定磋商，保护投资者的合法权益。

拓展相互投资领域，开展农林牧渔业、农机及农产品生产加工等领域深度合作，积极推进海水养殖、远洋渔业、水产品加工、海水淡化、海洋生物制药、海洋工程技术、环保产业和海上旅游等领域合作。

推动新兴产业合作，按照优势互补、互利共赢的原则，促进沿线国家加强在新一代信息技术、生物、新能源、新材料等新兴产业领域的深入合作，推动建立创业投资合作机制。

### (四) 资金融通

资金融通是"一带一路"建设的重要支撑。深化金融合作，推进亚洲货币稳定体系、投融资体系和信用体系建设。扩大沿线国家双边本币互换、结算的范围和规模。推动亚洲债券市场的开放和发展。共同推进亚洲基础设施投资银行、金砖国家开发银行筹建，有关各方就建立上海合作组织融资机构开展磋商。加快丝路基金组建运营。深化中国一东盟银行联合体、上合组织银行联合体务实合作，以银团贷款、银行授信等方式开展多边金融合作。支持沿线国家政府和信用等级较高的企业以及金融机构在中国境内发行人民币债券。符合条件的中国境内金融机构和企业可以在境外发行人民币债券和外币债券，鼓励在沿线国家使用所筹资金。

加强金融监管合作，推动签署双边监管合作谅解备忘录，逐步在区域内建立高效监管协调机制。

### (五) 民心相通

民心相通是"一带一路"建设的社会根基。传承和弘扬丝绸之路友好合作精神，广泛开展文化交流、学术往来、人才交流合作、媒体合作、青年和妇女交往、志愿者服务等，为深化双多边合作奠定坚实的民意基础。

扩大相互间留学生规模，开展合作办学，中国每年向沿线国家提供1万个政府奖学金名额。沿线国家间互办文化年、艺术节、电影节、电视周和图书展等活动，合作开展广播影视剧精品创作及翻译，联合申请世界文化遗产，共同开展世界遗产的联合保护工作。深化沿线国家间人才交流合作。

加强旅游合作，扩大旅游规模，互办旅游推广周、宣传月等活动，联合打造具有丝绸之路特色的国际精品旅游线路和旅游产品，提高沿线各国游客签证便利化水平。推动21世纪海上丝绸之路邮轮旅游合作。积极开展体育交流活动，支持沿线国家申办重大国际体育赛事。

## 五、影响意义

“一带一路”战略构想意味着我国对外开放实现战略转变，这一构想已经引起了国内和相关国家、地区乃至全世界的高度关注和强烈共鸣。之所以产生了如此巨大的效果，就在于这一宏伟构想有着极其深远的重要意义。

### （一）“一带一路”的战略构想顺应了我国对外开放区域结构转型的需要

众所周知，1978年召开的党的十一届三中全会开启了中国改革开放的历史征程。从1979年开始，我们先后建立了包括深圳等5个经济特区，开放和开发了14个沿海港口城市和上海浦东新区，相继开放了13个沿边、6个沿江和18个内陆省会城市，建立了众多的特殊政策园区。但显然，前期的对外开放重点在东南沿海，广东、福建、江苏、浙江、上海等省市成为“领头羊”和最先的受益者，而广大的中西部地区始终扮演着“追随者”的角色，这在一定程度上造成了东、中、西部的区域失衡。“一带一路”尤其是“一带”起始于西部，也主要经过西部通向西亚和欧洲，这必将使得我国对外开放的地理格局发生重大调整，由中西部地区作为新的牵头者承担着开发与振兴占国土面积三分之二广大区域的重任，与东部地区一起承担着中国走出去的重任。同时，东部地区正在通过连片式的“自由贸易区”建设进一步提升对外开放的水平，依然是我国全面对外开放的重要引擎。

### （二）“一带一路”战略构想顺应了中国要素流动转型和国际产业转移的需要

在改革开放初期，中国经济发展水平低下，我们急需资本、技术和管理模式。因此，当初的对外开放主要是以引进外资、国外先进的技术和管理模式为主。有数据显示，1979—2012年，中国共引进外商投资项目763 278个，实际利用外资总额达到12 761.08亿美元。不可否认，这些外资企业和外国资本对于推动中国的经济发展、技术进步和管理的现代化起到了很大作用。可以说，这是一次由发达国家主导的国际性产业大转移。而今，尽管国内仍然需要大规模有效投资和技术改造升级，但我们已经具备了要素输出的能力。据统计，2014年年末，中国对外投资已经突破了千亿美元，已经成为资本净输出国。“一带一路”建设恰好顺应了中国要素流动新趋势。

### (三)"一带一路"战略构想顺应了中国与其他经济合作国家结构转变的需要

在中国对外开放的早期，以欧、美、日等为代表的发达经济体有着资本、技术和管理等方面的优势，而长期处于封闭状态的中国就恰好成为它们最大的投资乐园。所以，中国早期的对外开放可以说主要针对的是发达国家和地区。而今，中国的经济面临着全面转型升级的重任。长期建设形成的一些产能需要出路，而目前世界上仍然有许多处于发展中的国家却面临着当初中国同样的难题。因此，通过"一带一路"建设，帮助这些国家和地区进行道路、桥梁、港口等基础设施建设，帮助它们发展一些产业，如纺织服装、家电，甚至汽车制造、钢铁、电力等，提高这些国家和地区经济发展的水平和生产能力，就顺应了中国产业技术升级的需要。

### (四)"一带一路"战略构想顺应了国际经贸合作与经贸机制转型的需要

2001 年，中国加入了 WTO，成为世界贸易组织的成员。中国"入世"对我国经济的方方面面都产生了巨大影响。可以说，WTO 这一被大多数成员国一致遵守国家经贸机制，在一定程度上冲破了少数国家对中国经济的封锁。但是，近年来国际经贸机制又在发生深刻变化并有新的动向。"一带一路"战略与中国自由贸易区战略是紧密联系的。有资料显示，目前我国在建自贸区，涉及 32 个国家和地区。在建的自由贸易区中，大部分是处于"一带一路"沿线上。因此，中国的自由贸易区战略必将随着"一带一路"战略的实施而得到落实和发展。

"一带一路"战略目标是要建立一个政治互信、经济融合、文化包容的利益共同体、命运共同体和责任共同体，是包括欧亚大陆在内的世界各国，构建一个互惠互利的利益、命运和责任共同体。"一带一路"战略构想对全球地缘政治具有深刻影响。

#### ▶ 1. 探寻经济增长之道

"一带一路"是在后金融危机时代，作为世界经济增长火车头的中国，将自身的产能优势、技术与资金优势、经验与模式优势转化为市场与合作优势，实行全方位开放的一大创新。通过"一带一路"建设共同分享中国改革发展红利、中国发展的经验和教训。中国将着力推动沿线国家间实现合作与对话，建立更加平等均衡的新型全球发展伙伴关系，夯实世界经济长期稳定发展的基础。

#### ▶ 2. 实现全球化再平衡

传统全球化由海而起，由海而生，沿海地区、海洋国家先发展起来，陆上国家、内地则较落后，形成巨大的贫富差距。传统全球化由欧洲开辟，由美国发扬光大，形成国际秩序的"西方中心论"，导致东方从属于西方，农村从属于城市，陆地从属于海洋等一系列不平衡不合理效应。如今，"一带一路"正在推动全球再平衡。"一带一路"鼓励向西开放，带动西部开发以及中亚、蒙古等内陆国家和地区的开发，在国际社会推行全球化的包容性发展理念；同时，"一带一路"是中国主动向西推广中国优质产能和比较优势产业，将使沿途、沿岸国家首先获益，也改变了历史上中亚等丝绸之路沿途地带只是作为东西方贸易、文化交流的过道而成为发展"洼地"的面貌。这就超越了欧洲人所开创的全球化造成的贫富差距、地区发展不平衡，推动建立持久和平、普遍安全、共同繁荣的和谐世界。

### 3. 开创地区新型合作

中国改革开放是当今世界最大的创新，“一带一路”作为全方位对外开放战略，正在以经济走廊理论、经济带理论、21世纪的国际合作理论等创新经济发展理论、区域合作理论、全球化理论。“一带一路”强调共商、共建、共享原则，超越了马歇尔计划、对外援助以及走出去战略，给21世纪的国际合作带来新的理念。

“一带一路”是一个宏伟的战略构想，它的建设过程不仅涉及众多国家和地区，涉及众多产业和巨量的要素调动，这期间产生的各种机遇不可估量，主要有以下几方面。

第一，产业创新带来的机遇。产业创新涉及产业转型升级和产业转移等带来的红利。随着“一带一路”战略的实施，中国的一些优质过剩产业将会转移到其他一些国家和地区。在国内，因为市场供求变化，一些过剩的产业，也许在其他国家能恰好被合理估值；在国内，因为要素成本的上升而使一些产业、产品失去了价格竞争力，也许在其他国家，较低的要素成本会使这些产业重现生机。在国内，因为产品出口一些发达国家受限而影响整个产业的发展，也许在其他国家就能绕开这些壁垒等。此外，由于产业转移引致的产业转型升级更是机遇无限，如技术改造、研发投入、品牌塑造等都会给投资者带来无限机遇。

第二，金融创新带来的机遇。“一带一路”战略的实施首先需要有充足的资金流，巨量的资金需求只能通过金融创新来解决。我们已经发起设立“亚投行”和“丝路基金”，但这也只能解决部分资金问题，沿“带”、沿“路”国家和地区一定会进行各种金融创新，包括发行各种类型的证券、设立各种类型的基金和创新金融机制等，这期间的红利和机遇之多是不可想象的。

第三，区域创新带来的机遇。“一带一路”本质上是一个国际性区域经济的范畴，随着“一带一路”战略的实施，必将引发不同国家和地区的区域创新，这包括区域发展模式、区域产业战略选择、区域经济的技术路径、区域间的合作方式等，这期间的每个创新都蕴含着无限的机遇。

## 任务三 国际贸易发展的新动向

### 导入案例

**经济日报：外贸新阶段要摆脱“速度情结”**

当前，我国外贸发展的基本面没有根本改变，与发达国家、发展中国家的产业互补优势没有改变，外贸结构调整和动力转换加快的趋势没有改变。须充分考虑这些基本情况和形势变化，夯实持续发展基础，摆脱“速度情结”和“数字情结”，把工作着力点从短期的增长快慢转移到长期的结构调整上来，更加注重外贸增长的质量和效益。

国家统计局公布的数据显示，我国2016年全年进出口总额243 344亿元，比上年下降0.9%，降幅比上年收窄6.1个百分点。其中，出口138 409亿元，下降2.0%；进口104 936亿元，增长0.6%。这表明，在全球市场需求疲弱，外贸转型压力增大的不利局面下，我国外贸在2016年实现了回稳向好的目标，成绩来之不易。同时也要认识到，我国外贸发展进入新阶段，应摆脱"速度情结"和"数字情结"，更加注重增长的质量和效益。

衡量我国外贸发展的历史阶段，不仅要考察进出口数据情况，也要放在经济全球化的大背景下、"一带一路"和"走出去"战略实施的过程之中、大宗商品价格变化以及我国贸易结构与全球贸易结构的差异等诸多条件中观察。

从国际环境看，世界经济仍处在深度调整期，长周期繁荣已转变为当前的中低速增长，总体复苏疲弱态势难有明显改观。跨国公司主导的大规模国际产业转移明显放缓，发达国家正大力推动"产业回归"和"再工业化"。同时，贸易保护主义持续升温，经贸摩擦政治化倾向抬头，部分区域局势动荡，使得对外经贸关系更加复杂。从国内情况看，我国劳动力、土地、资源等生产要素成本持续上升，环境承载能力已经达到或接近上限，低成本制造的传统优势明显弱化。

基于以上情况，我国外贸发展已出现"一慢、一快、一多、一升、一降"的态势——国际产业转移放慢、产业和订单向周边国家转移加快、贸易摩擦增多、企业生产要素成本上升、传统竞争优势下降。可以说，外贸已经进入新阶段，困难不是短期的。

从另一角度来看，我国外贸发展的有利条件仍然存在。第一，我国综合国力和国际地位持续上升，比以往更有条件为外贸发展营造良好的外部环境。第二，我国与发达国家、发展中国家产业具有较强互补性，世界市场对我国产品仍有巨大需求，随着供给侧结构性改革深入推进，我国产业创新升级步伐明显加快，为外贸发展和结构调整增添新动能。第三，我国工业体系较为完整、行业配套能力强、基础设施完善、劳动力素质高，综合竞争优势依然明显，并在较长时期内继续保持。第四，我国已培养出一大批有国际竞争力的行业、企业和有国际视野的企业家队伍，积累了开拓市场和国际化经营的宝贵经验，为外贸持续发展奠定了宝贵基础。最关键的因素在于，党中央、国务院对外贸高度重视，出台多项政策措施创造了良好的政策环境，自贸区、"一带一路"等战略加快实施，为外贸发展注入强劲动力。总的来看，我国外贸有"三个没有改变"：外贸发展的基本面没有根本改变，与发达国家、发展中国家的产业互补优势没有改变，外贸结构调整和动力转换加快的趋势没有改变。

今后一段时期内的外贸工作，须充分考虑这些基本情况和形势变化，夯实持续发展基础，摆脱"速度情结"和"数字情结"，把工作着力点从短期的增长快慢转移到长期的结构调整上来，更加注重外贸增长的质量和效益。虽说2017年的外贸形势依然复杂严峻，但只要落实好中央经济工作会议的要求，深化外贸供给侧结构性改革，不断努力促进外贸继续保持回稳向好，相信外贸工作一定能继续为国民经济和社会发展作出更大贡献。

资料来源：冯其予. 经济日报.

**思考：** 我国的外贸发展进入到了什么阶段？为什么？

## 一、当前世界经济贸易总体形势

2015 年，受有效需求普遍不足、大宗商品价格大幅下滑、全球贸易持续低迷、金融市场频繁震荡等不利因素叠加影响，世界经济增速低于预期。发达经济体总体温和复苏，但基础并不牢固。美国、英国相对较好，全年分别增长 2.4%和 2.2%，但受贸易低迷等因素拖累，美国四季度经济环比折年率增长 1.4%，增速较三季度回落 0.6 个百分点；欧元区全年增长 1.6%，较 2014 年提高 0.7 个百分点；日本经济仍陷低迷，全年仅增长 0.5%，四季度再度出现萎缩。新兴经济体经济增速连续第五年放缓且严重分化，部分国家出现资本外流、货币贬值、外储下降、汇市动荡相互作用的共振现象。中国和印度仍然保持高增长，但已有所减缓；巴西和俄罗斯出现严重衰退，年度增长下降幅度均超过 3.0%；中东地区经济保持增长，但油价下跌和地缘政治紧张局势对部分国家产生冲击；受大宗商品价格下跌等因素影响，撒哈拉以南非洲国家增速明显下滑，其中尼日利亚经济仅增长 2.7%，大幅下滑 3.6 个百分点。国际货币基金组织统计显示，2015 年世界经济增长 3.1%，为 2009 年以来最低增速。其中，发达国家增长 1.9%，高出 2014 年 0.1 个百分点；新兴市场和发展中国家增长 4.0%，低于 2014 年 0.6 个百分点。

进入 2016 年，全球经济呈现企稳迹象，金融市场信心回升，大宗商品价格反弹，多数主要经济体货币对美元小幅升值，但实体经济依然脆弱，市场需求依旧低迷，宏观政策效力减弱，世界经济低增长高风险局面难有根本改观。发达经济体复苏势头放缓，美国经济好于其他发达国家，但一季度企业投资、出口、制造业采购经理人指数等指标表现不佳，GDP 环比折年率仅增长 0.5%，显示经济增长势头仍不强劲；欧元区政府负债率已开始下降，债务危机风险减小，但难民潮、英国脱欧公投等问题增加欧洲经济的不确定性；日本经济政策效应衰减，经济增长动力进一步减弱。新兴经济体总体反弹乏力，巴西、俄罗斯等国工业产值萎缩，增长前景不容乐观。国际货币基金组织预计，2016 年世界经济增长 3.2%，高于 2015 年 0.1 个百分点，延续弱势复苏格局。发达国家增长 1.9%，与 2015 年持平。新兴经济体和发展中国家增长 4.1%，高于 2015 年 0.1 个百分点。

2014—2017 年世界经济增长趋势如表 10-3 所示。

**表 10-3　2014—2017 年世界经济增长趋势**　%

| 国家或地区 | 2014 年 | 2015 年 | 2016 年 | 2017 年 |
|---|---|---|---|---|
| 全球 | 3.4 | 3.1 | 3.2 | 3.5 |
| 发达国家 | 1.8 | 1.9 | 1.9 | 2.0 |
| 美国 | 2.4 | 2.4 | 2.4 | 2.5 |
| 欧元区 | 0.9 | 1.6 | 1.5 | 1.6 |
| 英国 | 2.9 | 2.2 | 1.9 | 2.2 |

续表

| 国家或地区 | 2014 年 | 2015 年 | 2016 年 | 2017 年 |
|---|---|---|---|---|
| 日本 | 0.0 | 0.5 | 0.5 | −0.1 |
| 新兴市场和发展中国家 | 4.6 | 4.0 | 4.1 | 4.6 |
| 中国 | 7.3 | 6.9 | 6.5 | 6.2 |
| 印度 | 7.3 | 7.3 | 7.5 | 7.5 |
| 俄罗斯 | 0.6 | −3.7 | −1.8 | 0.8 |
| 巴西 | 0.1 | −3.8 | −3.8 | 0.0 |
| 南非 | 1.5 | 1.3 | 0.6 | 1.2 |

资料来源：国际货币基金组织．世界经济展望．

受全球经济放缓、国际需求不振影响，2015 年世界货物贸易增长疲软。据世界贸易组织统计，2015 年，世界贸易量增长 2.8%，连续第四年低于 3%，并且连续第四年低于世界经济增速；贸易额从 2014 年的 19 万亿美元大幅下降 13%至 16.5 万亿美元。发达国家出口量增长 2.6%，进口量增长 4.5%，其中欧洲成为 2015 年全球贸易亮点，拉动全球进口量增长 1.5 个百分点。发展中国家出口量增长 3.3%，进口量增长 0.2%，其中亚洲出口量增长 3.1%，进口量增长 1.8%。

进入 2016 年，世界经济延续弱势复苏格局，美元加息进程不确定性增大，地缘政治风险上升，全球贸易难以摆脱困境。世界贸易组织 4 月公布的最新数据显示，2016 年前 2 个月全球 71 个经济体(出口总值占全球贸易总值 90%)出口总值同比下降 9.5%(按照美元计价)，比 2015 年同期降幅进一步回落 0.5 个百分点，发达经济体和新兴经济体均出现不同程度下降，其中美国、日本和欧盟出口额分别下降 7.4%、7.1%和 6.7%，巴西、俄罗斯、南非和印度出口额分别下降 4.7%、35%、19.6%和 9.8%；进口方面，前 2 个月全球 71 个经济体下降 8.2%，比 2015 年同期回升 0.8 个百分点。世界贸易组织预计，2016 年世界贸易量增长率为 2.8%，与 2015 年持平。其中，发达国家出口量增长 2.9%，略好于 2015 年，进口量增长 3.3%，增速较 2015 年有所放缓；发展中国家和新兴市场经济体出口量增长 2.8%，较 2015 年下滑，为金融危机以来首次低于发达国家出口增速；进口量增长 1.8%，增速较 2015 年有所改善，但仍低于发达国家。

2014—2017 年世界贸易增长趋势如表 10-4 所示。

**表 10-4 2014—2017 年世界贸易增长趋势** %

| 项　目 | 2014 年 | 2015 年 | 2016 年 | 2017 年 |
|---|---|---|---|---|
| 世界货物贸易量 | 2.8 | 2.8 | 2.8 | 3.6 |
| 出口：发达国家 | 2.4 | 2.6 | 2.9 | 3.8 |
| 发展中国家和新兴经济体 | 3.1 | 3.3 | 2.8 | 3.3 |
| 进口：发达国家 | 3.5 | 4.5 | 3.3 | 4.1 |
| 发展中国家和新兴经济体 | 2.1 | 0.2 | 1.8 | 3.1 |

资料来源：世界贸易组织．贸易快讯．

与世界经济和国际贸易双双低迷形成鲜明对比的是，全球跨国直接投资(FDI)流量强劲反弹。据联合国贸发会议最新数据，2015 年，全球 FDI 逆势增长 36%，约为 1.7 万亿美元，为金融危机以来最高水平。在跨国并购的驱动下，流入发达国家的直接投资飙升 90%至 9 360 亿美元；流入发展中国家的直接投资增长 5%，达到 7 410 亿美元的历史最高水平。与之相对，2015 年“绿地投资”停滞不前，其中对发展中国家绿地投资有所下降，表明跨国企业资本投资增长乏力。由于主要由跨境并购而非生产性绿地投资推动，全球 FDI 的增长未能有效转化为生产能力的扩张，贸易投资发展的互动性有所减弱。由于全球经济复苏缓慢、国际市场需求疲软、金融市场频繁动荡以及一些主要新兴经济体经济增长减速，以及地缘政治风险和地区紧张局势加剧，2016 年全球 FDI 流动可能出现下降。

## 二、世界经济发展中需要关注的问题

当前，世界经济仍处于危机后修复调整、筑底企稳阶段，内生动力欠缺，增长基础薄弱。发达国家有效需求不足，复苏步伐放慢；发展中国家结构调整艰难，下行压力加大。

### (一) 全球经济内生动力疲弱，面临长期停滞风险

国际金融危机爆发至今，全球经济复苏依然缓慢而脆弱，国际市场需求疲软、信心不振的局面没有明显改善。目前全球经济已陷入低需求、低增长、低就业之间的恶性循环，短期内难以摆脱这一困境。一是劳动力市场供过于求。据国际劳工组织报告显示，2015 年全球失业人数为 1.97 亿，较金融危机前的 2007 年增加了 2 700 万。同时，由于就业质量不高，全球约有 15 亿人工作岗位不稳定，占全球就业人口的 46%。国际劳工组织预计全球范围内失业人数在未来两年将进一步增加，2017 年将超过 2 亿。二是传统增长模式动力减弱，新的增长引擎尚不强劲，新旧动能平顺转换衔接面临较大挑战，经济驱动力出现“青黄不接”局面。三是全球经济结构性调整任务更加艰巨。发达国家虚拟经济过度发展、社会福利负担居高不下等痼疾难除，转型成本高、难度大。部分新兴经济体和发展中国家产业结构单一、财政金融状况脆弱、抗风险能力差，实现转型升级既需要自身大力推进结构性改革，还有赖于外部环境的改善。

### (二) 国际贸易环境严峻，增长动力严重不足

2008 年金融危机之前，全球贸易在 10 多年间一直以两倍于全球产出的增速扩张。自 2011 年以来，全球范围内的产业转移放缓、投资和贸易不振，汇率震荡扭曲贸易成本等因素导致全球贸易增长大幅减速、增速大幅放缓，乃至连续数年低于全球经济增速。尤其值得关注的是，全球范围内贸易保护主义盛行，形式既包括直接限制贸易措施，也包括货币竞争性贬值和区域贸易集团对非成员的隐形歧视，这些都进一步对贸易复苏形成阻碍。世界银行报告称，全球贸易疲软、大宗商品价格低迷以及地缘政治局势紧张将成为 2016 年全球经济面临的主要风险。经济合作与发展组织分析认为，在过去 50 年里，只有 5 年全球贸易增长慢于全球经济增速，且随后都发生了经济衰退，由此推断，当前世界经济贸易环境不容乐观。

### (三) 宏观政策空间缩窄，金融风险有所提升

国际金融危机期间，各国扩张性的财政政策为应对危机发挥了积极作用，但也使各国政府积累了大量债务。随后世界经济持续低增长，又使得各国无力推进财政整固。近年来，一些国家政府债务率不断攀升，削赤减债任务十分艰巨。据国际货币基金组织统计，2015 年，发达经济体政府负债率(政府债务总额占 GDP 的比重)高达 104.8%，较 2007 年提高 33.4 个百分点；新兴经济体和发展中国家政府负债率为 45.1%，较 2007 年提高 7.8 个百分点。当前，全球经济增长偏低、劳动生产率止步不前，迫切需要加大政策支持以促进经济增长，但财政政策空间已大为缩窄。目前主要国家货币政策仍偏宽松，美联储对进一步加息态度谨慎，未来加息时机和力度存在较大的不确定性；欧洲中央银行和日本中央银行都实行负利率政策，且量化宽松规模还在不断加大，政策环境史无前例的宽松。尽管发达国家的宽松政策对稳定金融市场信心起到了积极作用，一定程度上也有助于新兴经济体的结构调整，但在实体经济缺乏热点的情况下，大量资金涌入股市、房地产市场、商品市场，推高金融资产价格，埋下金融风险隐患。同时，宽松货币政策导致货币竞相贬值，不仅成为相关国家刺激出口的重要手段，加剧国际贸易困难，也可能在债务过高的经济体诱发偿债危机，进而加大国际金融市场的动荡。

## 三、主要国家和地区经济展望

### (一) 美国

2015 年，美国经济增长 2.4%，与 2014 年持平。其中，个人消费增长 3.1%，为经济增长贡献 2.11 个百分点；私人投资增长 4.9%，政府支出和投资增长 0.7%，分别为经济增长贡献 0.82 个和 0.13 个百分点；贸易逆差创四年来新高，拖累经济下滑 0.64 个百分点，为近年之最；企业盈利下滑 3.2%，为 2008 年危机以来首次下滑。

2016 年以来，美国经济开局不利，一季度 GDP 环比折年率仅增长 0.5%，增速创 2014 年二季度以来新低。企业批发库存下降，利润增长乏力，消费者信心不断走低，表明经济仍存在隐忧。但近期，美国经济的积极迹象有所增多。3 月份核心 CPI 同比上涨 2.2%，创四年半新高，基本摆脱通缩风险。非农业新增就业 21.5 万人，小幅好于预期；失业率为 5%。

### (二) 欧元区

2015 年，欧元区主权债务问题进一步缓和，劳动力市场和信贷市场有所改善，但内部需求动力不足，加上地缘政治局势紧张、难民危机发酵等因素影响，经济增长持续低迷。2015 年欧元区经济增长 1.6%，其中德国增长 1.7%，法国增长 1.2%，意大利增长 0.8%，希腊则继续下降。国际油价下跌和新兴市场经济增长趋缓加大欧元区通缩压力，2015 年欧元区通胀水平仅为 0.6%，远远低于欧央行 2%的目标。

进入 2016 年，欧元区部分经济指标出现回暖迹象，但零售市场低速增长，消费者信心依旧低迷，通缩风险挥之不去，复苏的可持续性仍然存在变数。受油价下跌影

响，2月物价年率下降0.2%，自2015年9月以来首次出现负值，3月份也仅为零增长。市场预计，欧洲央行为实现2%的通胀目标，可能将采取新一轮经济刺激措施，包括进一步降低超额准备金利率(目前为-0.3%)以及扩大每月600亿欧元的量化宽松计划。

国际货币基金组织预计，2016年欧元区经济增长1.5%，略低于2015年。

(三) 日本

2015年，日本经济增长0.5%，较2014年略有好转。国内需求增长停滞，其中民间需求下降0.1%，特别是民间最终消费需求下降1.3%，公共需求增长0.4%。在日元小幅升值的情况下，日本出口仍增长2.7%，进口增长0.2%。宽松货币政策对股市的刺激效应减弱，日经指数2015财年(截至2016年3月31日)收盘价5年来首次出现同比下跌，跌幅为13%。

进入2016年，日本经济主要指标表现疲弱，经济前景不乐观。特别是一季度，日元实际有效汇率累计升值6.6%，成为全球升值幅度最大的货币之一，可能对今后一段时期出口产生负面影响。与此同时，日本宏观经济政策已难有更大作为。财政政策方面，继续提高消费税虽有望一定程度上缓解日本庞大的公共债务，但同时也将挫伤居民消费和企业生产投资的积极性，导致内需不足问题进一步恶化。货币政策方面，2月份日本央行实行负利率政策，但3月份贷款增速仍降至近三年以来的最低值，显示负利率政策效果不彰；日本央行已持有34.5%的政府债券，继续通过大举购债实施量化宽松的空间也在缩小。

国际货币基金组织预计2016年日本经济增长0.5%，与2015年持平。

(四) 新兴市场和发展中国家

2015年，新兴市场和发展中国家经济增速连续第五年下滑。能源等大宗商品价格下跌、进口急剧下降、金融市场大幅震荡、外部金融条件收紧、资本流入减少及货币进一步贬值，使得新兴经济体风险因素增多、下行压力加大，全年经济增长4%，为2008—2009年金融危机以来最低水平。其中，亚洲发展中国家增长6.6%，仍然遥遥领先于其他地区。印度是全球主要经济体中增长最快的，2015财年GDP增长7.6%，为5年来最高水平。油价暴跌使得印度进口支出大幅下降，提高了个人、企业和政府的购买力，拉动印度GDP增长1个百分点左右。拉美多数国家经济保持增长，但巴西经济萎缩3.8%，为20世纪90年代来以来最严重衰退，其中固定资产投资连续7个季度下降，家庭消费支出连续4个季度下降。俄罗斯经济继续衰退，全年下降3.7%。

进入2016年，得益于美联储加息步伐放缓，新兴经济体发展的外部环境有所改善，资本外流减少，汇率总体趋于稳定。第一季度，新兴市场的股票、债券和汇率均出现多年来的最大涨幅。但若美联储进一步加息，新兴经济体外部环境的改善可能逆转，特别是大宗商品出口可能再度下滑，对经济增长构成阻碍。国际货币基金组织将主要商品出口国和地区经济增速不同程度下调，其中中东地区2016年经济增速预期下调0.5个百分点至

3.1%，俄罗斯2016年经济增速预期下调0.8个点至－1.8%，巴西2016年经济增速下调0.3个百分点至－3.8%的新低。此外，国际货币基金组织预计2016年撒哈拉以南非洲的石油出口国经济仅增长2%。

## 思考与实训

1.“一带一路”的提出具有怎样的战略意义？

2. 国际贸易中的非关税壁垒的作用有何特点？

3. 简单比较自由贸易政策和保护贸易政策。

4.“中国2006年反倾销第一案”——轮胎出口频遭调查 2005年年末，南非等国家发起的对中国轮胎行业的反倾销调查，在国内引起广泛关注，被称为“中国2006年反倾销第一案”。这次提起的反倾销调查，涉及的产品主要包括轿车、轻卡以及重卡轮胎。一些企业如山东威海的成山集团聘请了律师积极应诉。

外国对中国轮胎行业提出反倾销调查，已非首次。两年前，埃及曾对中国轮胎行业进行过反倾销调查。国内其他部分企业虽然应诉，但最终败诉，后来不得不放弃这一市场。2003年，秘鲁、埃及和土耳其等国先后对我国出口轮胎提出反倾销调查。威海另一家轮胎出口企业——三角集团与当地经销商一道收集相关证据，聘请专业律师积极应诉，最终取得了有利的裁决结果。据了解，在中国，轮胎行业是遭受国外反倾销调查最多的几个行业之一。有资料显示，中国是世界上第二大轮胎生产国，每年有1/3的轮胎要出口海外。近几年来，垄断国际市场近60%份额的跨国公司在中国频频建厂，通过各种营销手段来挤占中国轮胎企业的国内市场，迫使中国企业只能加大力度开拓欧美、南美、亚洲和非洲等海外市场。

中国轮胎行业在过去五年里经历的第五次沉重打击，从委内瑞拉、秘鲁到印度、土耳其，再到今天的南非，中国轮胎出口企业的国际化战略正遭遇各国反倾销壁垒的挑战。中国轮胎生产和出口在雄居世界第二位的情况下，遭受的贸易壁垒越来越多，应当引起警惕和关注。首先，我国轮胎出口遭受越来越多的反倾销调查。到目前为止，全球共有澳大利亚、巴西、秘鲁、埃及、阿根廷、土耳其、南非、墨西哥和印度9个国家对我国发起过反倾销调查，并且大部分为发展中国家，涉案产品也基本上为汽车斜纹轮胎或较低科技含量的自行车或摩托车轮胎。其次，我国轮胎出口开始遭受知识产权壁垒。例如目前我国就遭受着美国的“337条款”调查的威胁。2005年3月23日，应美国俄亥俄州阿克伦城的Flexsys America LP公司的申请，美国国际贸易委员会决定对进口橡胶助剂进行“337条款”调查，中国山东圣奥化工股份有限公司成为被调查对象。再次，国外技术性贸易壁垒和动植物卫生检验检疫方面的贸易壁垒也越来越多。自2000年起到目前为止，共有28个国家发布了51个关于轮胎的技术法规、技术标准和合格评定程序，2002年，新西兰还公布了旧轮胎的进口卫生标准。美国将从2007年6月1日起实施新的轮胎测试标准。达不到新测试标准的轮胎将不能进入美国市场，已进入美国市场的不符合新标准的轮胎将面临召回要求。

最后，我国轮胎出口企业还将面临日益严峻的国外“绿色壁垒”的限制。发达国家利用其科技优势，在国际贸易中实施绿色认证。到目前为止，欧盟国家实施的绿色认证标签涉及近万种产品，日本政府要求自2000年后向日本出口的所有商品必须符合国际绿色认证要求，美国厂商也把贸易“绿色化”搞得如火如荼。目前全世界已有50多个国家实施了绿色标志制度。我国的轮胎出口要想占领美国和欧盟市场，应当尽快通过美国DOT和欧盟ECE认证及ISO14000认证，避免遭受“绿色壁垒”制约。我国轮胎出口近期连连遭受一些发展中国家的反倾销调查，与我国已经跃居为世界第二大轮胎出口国的情景相比不足为奇。

试分析：在WTO没有真正建立起统一的公平贸易环境和机制的情况下，各国为了保护自身国内市场，或滥用各种规则，或设置各种贸易壁垒，那么面临对外贸易这种新形势，我国应当采取什么样的应对策略呢？

5. 截至目前，中国已经是哈萨克斯坦、乌兹别克斯坦、吉尔吉斯斯坦、塔吉克斯坦等中亚国家的第二大贸易伙伴，并成为中亚各国重要投资来源地。南亚方面，中国已连续4年成为马尔代夫最大的旅游客源国，两国在经贸、旅游等领域的合作潜力很大。中国已成为斯里兰卡第二大贸易伙伴和第二大进口来源国，中斯自贸区谈判亦正在进行。中国与中亚和南亚合作，将助力丝绸之路经济带和21世纪海上丝绸之路经济带建设，并为沿途国家注入发展新活力，这些国家也将在“一带一路”的建设中发挥重要作用。

结合材料回答：

(1) 实施“一带一路”战略必要性和紧迫性有哪些？

(2) 实施“一带一路”战略的具体措施有哪些？

6. 2002年3月5日，美国总统布什宣布了进口钢铁201保障措施调查案最终救济方案。根据该方案，美国从2002年3月20日起，对板坯、板材、长板等12种进口钢铁产品实施为期3年的关税配额限制或加征高达8%～30%的惩罚性关税，以限制钢材进口，保护本国国内的钢铁工业。这一措施涉及日本、欧盟、韩国、中国、俄罗斯、乌克兰、巴西等国钢铁产品的对美出口，是迄今为止美国对进口钢铁施加的最严重的一次贸易限制。它再次掀起了世界范围内的钢铁纠纷。和以往出台的钢铁保护措施相比，这次钢铁保护措施明显具有被制裁国家面广、所涉及产品面广、保护措施持续时间长的特点。应欧盟的要求，在中国、日本等国家的支持下，世界贸易组织介入调查，认定美国钢铁行业受到的损害不是进口钢铁产品的剧增所致，并最终做出美国201钢铁保障措施违反世界贸易组织规则的裁定，要求美国取消该保障措施。

试用国际贸易知识和WTO有关规则分析美国为什么会败诉。

# 参考文献


[1] 朱钟棣，郭羽诞，蒋振中. 国际贸易教程新编[M]. 上海：上海财经大学出版社，2003.

[2] 李月娥，李永. 国际贸易理论与政策[M]. 上海：立信会计出版社，2005.

[3] 李慧中. 新编国际贸易教程[M]. 太原：山西经济出版社，2002.

[4] 海闻，P. 林德特，王新奎. 国际贸易[M]. 上海：上海人民出版社，2003.

[5] 王廷玖，李小北，王振民. 国际贸易学[M]. 北京：经济管理出版社，2002.

[6] 俄林. 地区间贸易和国际贸易[M]. 北京：商务印书馆，1986.

[7] 王秋红. 国际贸易学[M]. 北京：清华大学出版社，2010.

[8] 王钰. 中国与其主要贸易伙伴[M]. 北京：中国经济出版社，2011.

[9] 申艳玲，解青芳. 国际贸易理论与实务[M]. 3 版. 北京：清华大学出版社，2014.

[10] 徐运保. 国际贸易理论与实务[M]. 北京：中国人民大学出版社，2016.

[11] 贾金思，姚东旭，濮烨. 新编国际贸易通论[M]. 北京：首都经济贸易大学出版社，2005.

[12] 姚大伟. 国际贸易概论[M]. 北京：中国人民大学出版社，2014.

[13] 张鸿，文娟. 国际贸易[M]. 2 版. 上海：华东师范大学出版社，2015.

[14] 李富. 国际贸易概论[M]. 北京：中国人民大学出版社，2014.

[15] 龚晓莺. 国际贸易理论与政策[M]. 北京：经济管理出版社，2008.

[16] 周学明. 国际贸易概论[M]. 2 版. 北京：清华大学出版社，2013.

[17] 金焕. 国际贸易概论[M]. 2 版. 北京：电子工业出版社，2013.

[18] 薛荣久，崔凡，杨凤鸣. 国际贸易[M]. 6 版. 北京：对外经贸大学出版社，2016.

[19] 尹翔硕. 国际贸易教程[M]. 2 版. 上海：复旦大学出版社，2005.

[20] 袁永友. 国际贸易基础知识[M]. 3 版. 北京：对外经济贸易大学出版社，2012.

[21] 许荣久，陈泰峰. 世界贸易组织概论[M]. 北京：清华大学出版社，2011.

[22] 石广生. 中国加入世界贸易组织知识读本[M]. 北京：人民出版社，2005.

[23] 张鸿，文娟. 国际贸易：原理制度案例[M]. 上海：上海交通大学出版社，2006.

[24] 亚当·斯密. 国民财富的性质和原因的研究[M]. 北京：商务印书馆，1979.

[25] 托马斯·孟. 英国得自对外贸易的财富[M]. 北京：商务印书馆，1959.

[26] 彼得·林德特，查尔斯·金德尔伯格. 国际经济学[M]. 谢树森，等，译. 上海：上

海译文出版社，1985.
[27] 弗里德里希·李斯特. 政治经济学的国民体系[M]. 北京：商务印书馆，1997.
[28] 贾恩卡洛·甘道尔夫. 国际贸易理论与政策[M]. 王根蓓，译. 上海：上海财经大学出版社，2005.
[29] 保罗·克鲁格曼. 克鲁格曼国际贸易新理论[M]. 黄胜强，译. 北京：中国社会科学出版社，2001.
[30] 孙丽云，王立群. 国际贸易[M]. 5 版. 上海：上海财经大学出版社，2014.
[31] 张二震，马野青. 国际贸易学[M]. 南京：南京大学出版社，2003.
[32] 王志明，乔桂明. 国际经济学[M]. 上海：复旦大学出版社，2000.
[33] 黄卫平，朱文晖. 走向全球化[M]. 北京：法律出版社，2000.
[34] 亚蒂什，N. 巴格瓦蒂，阿温德·潘纳加里亚，T. N. 施瑞尼瓦桑. 高级国际贸易学[M]. 王根蓓，译. 上海：上海财经大学出版社，2004.
[35] 多米尼克·萨尔瓦多. 国际经济学[M]. 张二震，仇向洋，译，南京：江苏人民出版社，1992.
[36] 西蒙·库兹涅茨. 现代经济增长[M]. 戴睿，易诚，译. 北京：北京经济学院出版社，1989.
[37] 陈桂玲. 解读诺贝尔经济学大师[M]. 北京：对外贸易经济大学出版社，2005.
[38] 郭玉军. 国际商务[M]. 北京：中国人民大学出版社，2011.
[39] 凯恩斯. 就业、利息和货币通论[M]. 高鸣业，译. 北京：商务印书馆，1999.
[40] 黎孝先. 国际贸易实务[M]. 北京：对外经济贸易大学出版社，2004.
[41] 张培刚. 发展经济学[M]. 北京：经济出版社，2001.
[42] 许心礼，等. 西方国际贸易新理论[M]. 上海：复旦大学出版社，1989.
[43] 汪尧田，周汉民. 世界贸易组织总论[M]. 上海：上海远东出版社，1995.
[44] 徐海宁. WTO 规则教程[M]. 北京：中国对外经济贸易出版社，2002.
[45] 姚曾荫. 国际贸易概论[M]. 北京：人民出版社，1987.
[46] 何丹 .2015 年我国关税总水平为 9.8%. 前瞻网 .

# 教师服务

感谢您选用清华大学出版社的教材！为了更好地服务教学，我们为授课教师提供本书的教学辅助资源，以及本学科重点教材信息。请您扫码获取。

## 教辅获取

本书教辅资源，授课教师扫码获取

## 样书赠送

**国际经济与贸易类**重点教材，教师扫码获取样书

清华大学出版社

E-mail: tupfuwu@163.com
电话：010-83470332 / 83470142
地址：北京市海淀区双清路学研大厦 B 座 509

网址：http://www.tup.com.cn/
传真：8610-83470107
邮编：100084